自有品牌

中国的实证研究

Private Label

A Positive Study of China

李健生 著

东北财经大学出版社
Dongbei University of Finance & Economics Press
大连

图书在版编目（CIP）数据

自有品牌：中国的实证研究 / 李健生著. 一大连：东北财经大学出版社，
2015.12
ISBN 978 - 7 - 5654 - 2105 - 1

Ⅰ. 自… Ⅱ. 李… Ⅲ. 零售企业 - 品牌战略 - 研究 - 中国 Ⅳ. F724.2

中国版本图书馆 CIP 数据核字（2015）第 218656 号

东北财经大学出版社出版发行

大连市黑石礁尖山街217号 邮政编码 116025

教学支持：（0411）84710309

营 销 部：（0411）84710711

总 编 室：（0411）84710523

网 址：http：//www. dufep. cn

读者信箱：dufep @ dufe. edu. cn

大连图腾彩色印刷有限公司印刷

幅面尺寸：170mm×240mm 字数：214千字 印张：15 3/4
2015年12月第1版 2015年12月第1次印刷
责任编辑：李 季 责任校对：刘咏宁
封面设计：张智波 版式设计：钟福建
定价：45.00元

国家自然科学基金 2011 年项目：自有品牌（PB）开发对零供关系的影响研究，批准号：71172122。

教育部人文社科 2010 年青年基金项目：自有品牌成长与作用机理及跨文化比较研究，项目编号：10YJC630115。

序言

　　自有品牌通常被界定为中间商拥有的品牌，目前越来越多的零售商开始实施自有品牌战略用以塑造店铺差异化并提高顾客忠诚度。20 世纪 90 年代，我留学日本一桥大学和北九州大学，在从事流通理论研究的过程中，专门考查了发达国家自有品牌的发展，收集了大量的文献资料。回国后，我对这些素材进行系统的归纳和整理，并将其引入博士生课堂，作为博士生课程"流通与营销理论"的一个讨论专题。

　　2000 年前后，或者准确地说在入世前夕，外资零售企业虽然逐渐进入中国市场，但还没有大举推出自有品牌产品，零售商自有品牌的开发只处于尝试阶段。同时，关于自有品牌的国内相关研究文献，也是少之又少。可以说，无论是在自有品牌的实践探索还是理论研究上，当时国内基本上处于起步阶段。因此，在 10 多年前的博士生课堂上探讨自有品牌，应该是很新鲜而具有前瞻性的。

　　健生是我指导的博士生，也是留校任教的优秀青年教师。他在博士生课堂上对这一研究主题产生了浓厚的兴趣，并向我提出打算将自有品牌作为自己的研究方向。我当时虽然给予了很大的鼓励和支持，但心中难免还是有一些担忧的，这是因为：一是不知道自有品牌在国内会发展得如何；二是在国外营销与零售领域研究中，自有品牌也多多少少有些"冷门"。

此外，实证研究一般需要一定的样本支持，而不管是零售企业样本还是消费者样本，都要基于自有品牌在中国市场已有一个长足发展的事实。

可喜的是，入世之后，中国零售市场的发展进入到"井喷"阶段。外资零售快速渗透，内资零售不断跑马圈地，自有品牌开发也成为一些零售商的重要战略选择。因此，自有品牌研究，特别是自有品牌的实证研究已经具备有利的"市场情境"。到 2010 年前后，中国零售商自有品牌的实践越来越丰富，关注自有品牌的学者日益增多，国家相关科学基金也开始对该领域的研究提供支持。"功夫不负有心人"，经过 10 余年的积累沉淀，健生申报的两项自有品牌课题分别得到了教育部人文社科基金和国家自然科学基金的资助。

该专著出版，是健生所获得的相关课题的重要研究成果，更是健生 10 多年来致力于自有品牌研究的最大收获，称得上"十年磨一剑"。我相信，该专著和他的另一部译著《自有品牌：与狼共舞》，将会在国内自有品牌的理论界和实践界产生一定的共鸣。

该专著的主要特点或特色在于：研究定位、本土实证和跨文化比较。首先，在研究定位上，主要关注自有品牌开发对零供关系及其质量的影响。这一定位使得对自有品牌的研究维度划分豁然开朗，并使得零供关系研究有了一个新的切入点。基于这一定位，该专著顺利完成了自有品牌对零供协同关系、零供渠道权利关系、零供博弈关系、零供战略关系以及零供关系质量的影响的研究。这些研究成果在国内外同类研究中是有着一定创新性的。其次，在研究方法上，几乎全部采用贴近本土的实证研究。如果说面向消费者取样进行实证研究比较容易操控，那么，面向零售商采取样本开展本土实证研究难度还是很大的。最后是跨文化比较研究，即面向中英两国消费者，研究了感知风险对自有品牌购买倾向的影响，并进行了跨文化比较。

学海无涯，学无止境。当前，零售企业正处于找回自我本色的时代，国内自有品牌的明天会更好！在这样的大背景下，我欣慰地看到本专著能够付诸出版。希望这部专著有助于指导国内自有品牌的发展，更希望健生进一步开展一系列的后续研究。

夏春玉

2015 年 8 月 28 日于东财园

前言

在全球市场范围内，零售商开发自有品牌已成为普遍现象。自有品牌的出现，可以说是市场力量不断地向零售商倾斜的结果，其不仅增强了零售商的竞争实力，而且还提升了零售商的市场份额。零售商可以借由自有品牌的开发实现向上游的纵向整合，使得零供之间由纯粹的垂直客户关系变成了垂直竞争关系，这一方面强化了零售商的纵向约束能力，另一方面也改变了零供之间彼此的互动关系。

西方对自有品牌的研究最早始于20世纪初期，目前形成的理论成果较为丰富，实践亦相对成熟。相比国外而言，自有品牌在中国市场的发展实践时间较短，在理论研究和实践发展上都不尽成熟。尽管国内零售商自有品牌开发尚处于起步阶段，但在全球市场范围内，自有品牌发展已经给供应商带来了巨大的挑战和威胁。近年来，由于零供冲突不断，零供关系已成为国内学术界关注的热点议题，但在相关学术研究成果中，探讨自有品牌开发对零供关系影响的研究成果并不多见。尽管从零售商-消费者视角开展的自有品牌研究已取得了一定成果，但是还鲜有学者探讨不同国家和地区的市场环境差别与消费者行为差异对自有品牌发展的影响。本书针对上述研究问题，一方面，依托渠道理论、博弈理论和供应链协同理论将实证研究、数理逻辑和案例研究等方法结合起来，分别从零供协同、零供渠道权力、零供渠道博弈和零供战略关系四个视角来探讨研究自有品牌开发对零供关系的影响，并在研究中检验了自有品牌开发对零供关系质量的影响；另一方面，从零售商-消费者视角展开自有品牌感知风险、感知质量差异、信任及购买意愿等变量构成的实证模型研究，并辅以零售商开发自有品牌策略的多案例比较研究；最后，基于跨文化的比较视角，对不同文化背景下的消费者自有品牌购买意愿及其影响因素进行了比较研究。本书的主要研究发现可以概括为以下几个方面：

第一，自有品牌开发对零供关系质量的影响。本书将零供关系的两个变量——零供渠道权力和零供协同水平引入自有品牌开发与零供关系质量的研究框架，通过实证研究发现零售商自有品牌获取独立性越大，越会有效促进零供协同水平的提高，进而有效降低零供冲突，加强零供之间的沟通和信任；与发达国家不同，目前中国零售市场自有品牌开发还尚未对零售商渠道权力产生显著的正向影响，但零售商渠道权力的提升却能够有效加强零供之间的沟通、信任和承诺；并且，零售商自有品牌开发规模对零供之间的承诺产生显著的负向影响；零售商自有品牌获取独立性对零供之间的信任、承诺产生显著的正向影响。这表明，在中国市场上，零售商自有品牌开发对零供关系及其质量已经产生了一系列显著性影响。

第二，自有品牌开发对零供渠道博弈关系的影响。本书基于不同的渠道模型，采用数理逻辑研究发现：自有品牌开发可以被视为"零售商的一种渠道行为"，其改变了零供双方的渠道博弈关系；研究结论表明，自有品牌开发不仅是零售商获取高额利润的重要手段，更是对抗制造商直销渠道策略的重要武器。在当今制造商通过网络直销或网络零售大发展背景下，零售商开发自有品牌对其提高市场竞争力更具有战略意义。

第三，自有品牌开发对零供战略关系的影响。本书选取沃尔玛和宝洁作为案例研究对象，对"宝玛"模式进行观察和剖析，研究发现自有品牌是一把"双刃剑"，因零供之间战略关系选择不同而发挥不同的"杠杆"作用；自有品牌既可以促进零供之间的战略合作，又可能加剧零供之间的竞争博弈，是零供战略关系调节的一个重要变量。这对于零供战略关系的发展和选择具有重要启示。

第四，自有品牌认知度对店铺忠诚的影响。本书将品牌认知理论引入自有品牌的研究中，以 KS 商场为例，应用回归分析方法检验自有品牌认知度不同维度对店铺忠诚的影响，以及价格敏感性对上述关系的调节作用。研究发现：自有品牌的品牌识别、品质认知、品牌联想均对店铺忠诚具有显著正向影响；其中，在自有品牌的品牌回忆、品质认知、品牌联想对店铺忠诚的影响中，价格敏感性具有显著的负向调节作用。该研究揭示了顾客价格敏感性、自有品牌认知维度与店铺忠诚之间的关系，能够帮助零售商丰富其决策思维。

第五，外部线索对自有品牌购买意愿的影响。本书基于线索利用理论和信任理论，构建了自有品牌外部线索、感知风险、信任及自有品牌购买意愿的概念模型。通过实证研究发现：价格、包装、商店声誉及口碑推荐对自有品牌感知风险有显著的负向影响，促销活动对自有品牌感知风险有显著的正向影响；价格、包装对自有品牌信任没有显著的影响，促销活动对自有品牌信任有显著的负向影响，商店声誉、口碑推荐对自有品牌信任有显著的正向影响；自有品牌感知风险对自有品牌信任、购买意愿有显著的负向影响；自有品牌信任对购买意愿有显著的正向影响；商店声誉对自有品牌购买意愿有显著的正向影响，自有品牌感知风险和信任在二者之间起到了部分中介作用。本研究给零售商的启示是，在自有品牌开发中要重视外部线索，努力降低消费者的感知风险，培养顾客对自有品牌的信任。

第六，跨文化视角下感知风险对自有品牌购买倾向的影响。本书基于文化维度理论，以中英两国消费者为例，对感知风险、熟悉度、感知质量差异和自有品牌购买倾向之间的关系进行了跨文化比较研究。研究表明：权力距离对感知经济风险、感知社会风险、感知时间风险有显著的正向影响，不确定性规避对感知功能风险有显著的负向影响；在英国，感知功能风险、感知经济风险对预测自有品牌购买倾向有直接作用，而在中国，只有感知社会风险会对消费者的自有品牌购买倾向产生影响；感知质量差异会对自有品牌购买倾向产生显著的负向影响。跨文化比较研究发现，中英两国消费者在自有品牌感知风险和购买倾向上确实存有较大差异。

第七，零售商自有品牌发展策略研究。本书以 4 家零售企业为研究对象，通过对其自有品牌开发策略进行比较得出相关结论。研究表明，自有品牌是零售商发展成熟的标志，而为消费者贡献多少价值是衡量其自身成熟的标志；自有品牌开发并非大型零售商的专有权利，小型零售商也可以做好这一工作；零售商无论大小，策略匹配是其发展自有品牌成功的关键，并且在其引入自有品牌之前，都需要细致的分析和规划研究，然后选择与自身实际情况相匹配的要素组合策略。不同主体自有品牌开发策略的比较研究，为零售商自有品牌开发策略选择提供了决策参照。

可见，本书分别从零售商-供应商视角、零售商—消费者视角，对自有品牌开展了一系列研究，即上述 7 个研究专题，并侧重于自有品牌开发对零供关系的影响，感知风险、信任等消费者感知变量对自有品牌购买意愿的影响，以及关于零售商自有品牌开发策略的选择等方面。以上研究，除了一个内容是立足于中英消费者调研做出的跨文化比较研究，其他皆是立足国内开展的实证研究。此外，本书第 1 章着重阐述了研究的背景与贡献；第 2 章进行了相关理论综述；第 3 章至第 9 章介绍了自有品牌的实证研究成果；第 10 章对研究结论与未来研究方向进行了总结，从而使得全书内容体系相对完整。

自有品牌开发已经成为零售商面临的一个重要趋势和挑战，也成为零售学界所关注的一个热点。本书基于中国情境对自有品牌进行了相关研究，得到了国家自然科学基金和教育部人文社科基金的大力支持，希望本书的研究成果能够为后续开展的相关研究提供借鉴，并为零售商提供相应的决策参考。

李健生

2015 年 8 月

目录

第1章 导论

1.1 自有品牌的产生与发展

根据菲利普·科特勒对品牌所下的定义，品牌就是一个名字、称谓、符号、设计，或是上述的总和，其目的是使自己的产品或服务有别于竞争者。品牌种类有多重维度的划分，按品牌的所有权来分，品牌可分为生产者或制造商品牌（national brand 或 manufacturer brand，NB 或 MB）和中间商品牌（intermediary brand）。所谓中间商品牌就是批发商或零售商开发并使用的自有品牌，在国外市场进化过程中，零售商自有品牌也经常被称为"店铺品牌（store brand）"、"自拥标签（own label）"或"自有商标（private label）"。目前国内学术界和企业界更习惯将其同制造商品牌对应起来，称之为自有品牌（private brand，PB），即与制造商品牌相对应的，由中间商通过搜集、整理、分析消费者对某类商品的需求特性的信息，提出新产品功能、价格、造型等方面的开发设计要求，进一步选择合适的生产企业或自行建厂进行开发生产，最终由中间商使用自己商标对新产品注册，并在本企业内销售的商品品牌^①。

　　自有品牌的起源，可以追溯到很久以前^②，近现代的自有品牌出现于 19 世纪，主要是由于工业革命和零售革命的推动。英国是公认的近现代自有品牌的发源地，自 1892 年英国玛尔科公司首次运用自有品牌后，零售商自有品牌在西方发达国家逐渐普及推广开来，甚至后来出现了一些经营的商品几乎全部是自有品牌商品的零售商，如英国著名的马狮百货集团和美国马尔斯公司。

　　可以说，上述零售商自有品牌是在 19 世纪中叶开始的零售革命推动下逐步发展的。在工业革命以前，零售业形式主要为小型店铺（私营业主），一般实行专业化经营，虽然个别"前店后场"的经营形态符合了自有品牌的一些属性特征，但还不是真正意义的自有品牌，只能称之为"老字号"，因为真正意义上的自有品牌主体必须是中间商，即从事分销服务的主体（如批发商和零售商）。工业革命之后，大规模的生产要求大规模的分销与之相对应，传统的小型店铺已经不再满足或适应机械化大生产的要求，日益增多的产业工人聚集而居促进了城市化的发展，于是在 19 世纪中叶，百货商店在巴黎诞生，而后蔓延至整个西方世界掀起了第一次零售革命的风暴。零售业的持续革命推动了零售业种与业态的不断丰富，以及零售商规模和实力的不断提高，同时也推动了近现代零售商自有品牌的发展。经过百年风雨洗礼和沉淀积累，20 世纪后半段自有品牌在欧美市场进入蓬勃发展阶段，自有品牌产品开始成为欧美国家零售巨头销售利润的重要来源。

　　20 世纪 90 年代以后，伴随着零售国际化步伐，自有品牌开始从欧美发达市场走向发展中国家市场，跨国零售公司（如美国沃尔玛、法国家乐福、英国乐购等）发挥了重要的示范作用。我国零售商自有品牌正是在上述时期起步的，到目前已有 20 余年的发展时间，2010 年自有品牌全球平均市场份额达到了 20%，国内的市场份额仅仅为 3%，尚处于发展的初级阶段。即便如此，由于基数小，我国自有品牌的销售

---

　　① 本书研究的自有品牌主要是指零售商所拥有的自有品牌。
　　② 从某种意义上讲，自有品牌的历史跟零售业自身的历史一样长，那些裁缝、鞋匠、面包坊主等都是在生产和销售自有品牌产品，还有我国的张小泉剪刀、同仁堂等老字号，都可以被当做自有品牌。本书研究的自有品牌则是指近现代意义上的零售商自有品牌。

增长速度是很高的，如 2006 年国内自有品牌销售规模达 43.5 亿元，相比上年增长了 52%。在外资零售商的示范带动下，本土零售商纷纷尝试推出自有品牌产品，如上海联华、华润万家、大商集团等全国性大型零售商，一些区域性或地域性的中小零售商也纷纷试水自有品牌产品的开发。

从世界范围来看，零售商自有品牌已经显示出强劲的发展势头。据波士顿顾问集团（Boston Consulting Group）2007 年的研究显示，在 1990—2006 年期间，自有品牌在英国、比利时、德国、法国、西班牙、意大利和美国都获得了高速持续增长。AC 尼尔森从 38 个市场的 14 个产品领域、80 大品类所采集到的数据表明，截至 2005 年的第一季度，自有品牌商品占全球商品销售总值的 17%，其增长率为 5%，是制造商品牌的 2 倍以上。目前。可以说，自有品牌正在占领整个世界，特别是在快销品世界，零售商自有品牌已出现在 95% 以上的快销品品类中。全世界每 100 美元中就有 20 美元是花在自有品牌商品上的，包括欧洲，北美，亚太地区，新兴市场和拉丁美洲。据估计，自有品牌已经出现在全世界各个国家的大约 2 600 个品类的商品中，从价值上来衡量，自有品牌占快销品购买量的一半以上。自有品牌快销品欧洲国家数据见表 1-1。

可见，自有品牌发展至今，无论其涉及的品类还是其品质，都已有了相当大的增长和提升，很多零售商不止使用一个名称（子品牌）来区别它们经营的自有品牌产品系列，并且个别零售商的自有品牌也不仅仅只在自己的门店独家销售，也可以经过特许在别的零售门店销售。随着时间的推移，零售商自有品牌涵盖的商品范围不断扩大，从过去的食品领域扩展到日用品、玩具、服装等多个领域，占商品种类和销售额的比例也在逐步扩大。与此相对应，自有品牌自身也在不断地发展升级，从刚开始的"低质低价"转变为"优质优价"。美国学者 Kumar 结合自有品牌发展历程和阶段特征，将自有品牌划分为四代，分别是无名品牌（generic）、山寨品牌（copycat brands）、溢价品牌（premium store brands）和价值创新者（value innovators）。上述几种形态自有品牌的出现，基本遵循了时间的先后顺序，并在零售店铺中发挥了不同的作用，

表 1-1　　　　　　自有品牌快销品欧洲国家数据（百分比）

年度 国别	2001 年 市场 占有率	2006 年 市场 占有率	2011 年 市场 占有率	2001 年 销售额/ 10 亿美元	2006 年 销售额/ 10 亿美元	2011 年 销售额/ 10 亿美元
法国	18	21	22	30	38	45
德国	17	26	31	38	62	79
意大利	14	14	14	16	17	19
荷兰	18	21	22	6	8	9
西班牙	15	22	25	13	23	31
瑞典	12	14	15	4	5	6
英国	30	37	40	54	77	95
欧洲	19	24	18	186	263	324

资料来源：数据监控提供的快销品自有品牌数据。

同时作为不同零售商开发能力和组合策略的体现。这几代自有品牌产品也会在同一市场（卖场）存在，以满足不同的消费群体。四代自有品牌发展特征与策略见表 1-2。

正如美国的 Philip Fitzell 教授在其 2003 年出版的《21 世纪的自有品牌营销》一书中所指出的：自有品牌正在成为零售和食品服务贸易的未来必由之路。如今在全球范围内，零售商自有品牌正在给供应商带来挑战和威胁，并使得零供关系发生深刻变革。当初自有品牌在欧美国家市场起步发展时，由于其低质、低价的原因，曾被"传统的品牌"所轻视，被认为是获得零售货架空间权力的、穿着品牌燕尾服的乡巴佬。在其不经意间逐步成长、成熟起来后，渐渐对制造商品牌构成了巨大威胁。看看目前国内市场处于蹒跚起步状态的自有品牌，历史是否会在不同的市场重新上演呢？

表 1-2　　　　　　　　四代自有品牌发展特征与策略对比一览表

品牌类型	无名品牌	山寨品牌	溢价品牌	价值创新者
战略	产品无差异，价格最低	仿制产品，价格稍低	价值增值	最优性价比
目的	为消费者提供低价选择；拓展消费群体	增强与制造商的议价能力；增加零售商利润	提供增值产品；实现店铺差异化；增加产品销量；增强议价能力	提供最优价值；建立消费者店铺忠诚；形成良好口碑
品牌策略	无品牌或标明价格标签	统一自有品牌，按品类划分具体自有标签	采用多个子品牌或自有标签	品牌名称与产品类别关系不大
定价策略	大比例折扣，低于一线品牌价格20%-50%	中度折扣，低于一线品牌价格5%-25%	接近或高于一线品牌价格	大比例折扣，低于一线品牌价格20%-50%
品类范围	基础消费品	模仿强势一线品牌大部分产品	提升形象的产品，一般是新鲜产品	所有品类
产品质量	质量较差	接近制造商产品质量	质量等同或好于制造商产品	功能性质量等同于一线品牌，但在非增值性特征和外观上稍差
研发力度	无投入，制造企业代工生产	交给具有相似技术的制造商重新设计	花费大力气利用相似或更新的技术，研发最佳产品	就成本利润分析而论进行大的投入和创新
包装	简易、便宜的包装	尽量接近一线品牌	独特的包装，体现差异化	包装独特但成本低

品牌类型	无名品牌	山寨品牌	溢价品牌	价值创新者
货架摆放	视觉效果差	靠近一线品牌摆放	显著的视觉捕捉位置	与其他产品同等正常摆放
促销力度	无促销	频繁的价格促销	倾向于广告宣传，价格促销较少	店内无自有品牌广告，正常促销
目标定位	销售最便宜的产品	销售同等质量却便宜的产品	销售最优产品	销售性价比最优的产品，质量达到同等产品质量

资料来源：Kumar and Steenkamp，Private Label Strategy，2007，P27−28。

1.2 本书的背景、依据及意义

1.2.1 本书的背景

近十余年来，随着信息技术进步和快速的全球化，零售商与供应商之间力量对比发生了较大变化，进而也导致了零供关系发生变化：零售商利用连锁组织模式在全球或区域范围内快速扩张，并通过不断提高采购规模提高面向供应商的议价和谈判能力；同时，零售商还依托"守门人"地位，不加节制地收取"进场费"等行为引发了供应商的强烈不满，零供矛盾层出不穷并时而激化为冲突，零供关系（retailer-supplier relationship，RSR）尖锐化引起了学术界的关注。并且，基于互联网技术的新兴产业日益兴盛，网络零售业呈现了快速增长的态势，据中国电子商务研究中心监测数据显示：2014 年全国网上零售额达到了 27 898 亿元，同比增长 49.7%，占到社会消费品零售总额的 10.6%。然而，中华全国商业信息中心公布的数据显示：2014 年全国百家重点大型零售企业商品零售额同比增长仅为 0.4%。网络零售业的快速发展引发了网络零售商和传统实体零售商之间的激烈竞争，并在逐渐改变零售业现有格局，对传统实体零售业造成了巨大的冲击，甚至对整个流通生态环境产生了影响。

与此同时，作为零售商的杀手锏或战略武器，自有品牌在全球市场范围内快速兴起，并成为零售商锻造价值经营体系的一个重要手段。据2006年全球财富500强统计，世界排名前十位的零售商的自有品牌快销品销售总额和世界排名前十位的快销品制造商销售总额的对比为330亿美元比422亿美元，个别大型零售商（如美国沃尔玛、德国阿尔迪）的自有品牌快销品销售额已经超越同等排名的制造商（见图1-1和图1-2）。可见，自有品牌已经成为零售商不可忽视的成长力量，其成长和发展促使零供之间的竞争日趋激烈。而且，面对来自网络零售商的威胁与挑战，传统实体零售商亟待改变依靠规模扩张获取利润的经营方式，需要向依托价值管理的内涵式增长转变，自有品牌开发便成为传统实体零售商的重要选择对策之一。

全球销售额：10亿美元

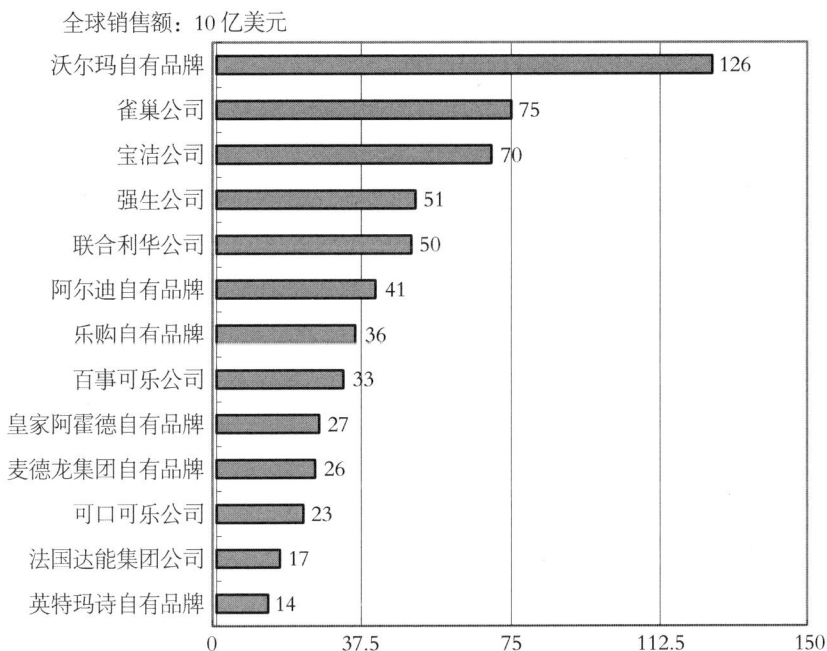

图 1-1 世界级制造商品牌和自有品牌销售额

资料来源：全球财富500/M + M planet retail，2005。

自有品牌收入：10 亿美元

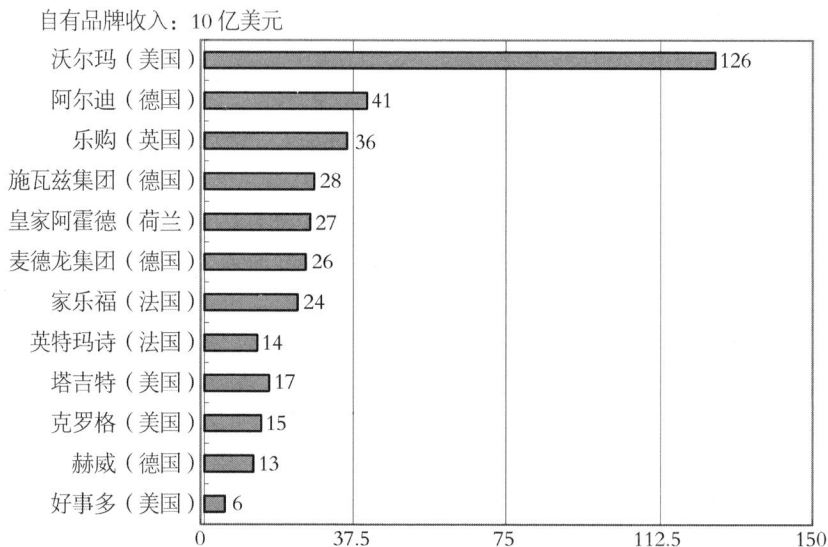

图 1-2　全球大规模零售商自有品牌销售额

资料来源：全球财富 500/M + M planet retail，2005。

　　在中国，由于法律规制的欠缺以及市场成熟度不够，作为营销渠道重要的构成主体，零售商与供应商之间长期以来既相互依赖又不停博弈，二者之间既有利益上的本质之争，又有组织和战略层面的合作共赢，如何处理好零供关系，已经是零售商和供应商需要共同面对的议题。近十多年来，自有品牌在世界上所占的市场份额增加了 50% 以上，其中西欧增加了 50%，北美增加了 40%，拉丁美洲则增加了 300%，日本更是增加了 500%，自有品牌增速是知名快销品（CPG）品牌的二倍。据 M+M planet retail 预测，目前世界市场自有品牌快销品的市场份额达到了 22%，同世界各区域市场横向比较，中国市场这一份额比例较低，还不到 5%。这表明，自有品牌在中国市场的成长空间很大，要走的路还很长，这也意味着中国市场自有品牌的发展潜力很大。

　　自有品牌市场被认为是一个万亿美元级的产业，一些国外学者甚至认为自有品牌将是品牌制造商面临的最大挑战，自有品牌不仅是制造商品牌最大的竞争对手，而且也是唯一的另类品牌竞争者，其还会在分销渠道上给制造商品牌带来麻烦。总而言之，自有品牌越来越多地改变了人们普遍接受的购物行为和消费模式，它是一个可能会占据 2/3 以上顾客实际购买力的品牌，一个质量和价值越来越被视为（至少）均等的品牌，一个通过平衡公司权力和零售商预算来超越任何传统品牌的品牌，一个可能把制造商带入业务下降进而步入恶性循环的品牌。

在中国市场，尽管起步阶段的自有品牌所占的市场份额不高，随着外资和本土零售商虎视眈眈地加大自有品牌战略推进力度，国内消费者迟早也会像国外的消费者一样，逐渐接受并喜欢自有品牌产品。因此，面对中国市场巨大的成长潜力，无论是制造商还是零售商，都不应该忽视来自自有品牌的影响和贡献。随着自有品牌市场份额或者占零售商销售份额的不断提高，其有可能成为调节零供关系的一个重要因素。

正如美国学者 Kumar 和 Steenkamp（2007）所指出的：对自有品牌的忽视，使得欧美的制造商付出了惨痛教训。那么，零供双方到底应如何看待自有品牌发展对彼此关系的影响呢？是选择一味的对抗还是开展有效的战略互动？这便需要我们关注自有品牌开发对零供关系的影响，其不仅是一个理论问题，更是一个零供双方在实践中需要澄清的问题。目前上述问题尚未得到充分解释和有效回答。此外，现有对自有品牌的研究多是基于西方的社会、经济、文化背景，而随着自有品牌在中国市场份额的不断提升，自有品牌在中国市场的发展应该得到更多的关注。因此，本书立足中国市场开展了一系列实证研究，一方面以自有品牌开发对零供关系的影响为探索研究视角；另一方面在中国情境下对自有品牌相关的成长、作用机理进行了探索研究，并通过跨文化比较研究对比中外自有品牌消费者购买倾向的差异，从而为中国零售商开发自有品牌提供理论借鉴和决策参考。

1.2.2 本书的依据

从前面图1-1和1-2的排名对比可见，零售商从来没有像今天这样如此强大，一些巨型零售商的自有品牌快销品销售额，已经可以和一些全球知名的制造商比肩了。零售商已不再甘心做上游供应商的分销工具了，借由自有品牌发展开始面向市场定义、创造并提供价值，使得制造商不得不面对零售商的崛起和挑战。而零售商在开发自有品牌的过程中，会受到零售商自身的因素（规模、业态、声誉等）、制造商的因素（制造商品牌价格、制造商声誉等）、消费者的因素（年龄、收入、感知等）等方面的影响，这就使得零售商不得不深入了解上述因素对自有品牌开发的影响及其作用机理和路径。

（1）流通主导权转移促使零供角色发生转化

在卖方市场格局下，由于商品的稀缺性，供应商往往是产销链或传统分销链中的核心企业，在链条中占据主导或支配地位，拥有相对应的渠道权力[①]。相比而言，零售商处于传统分销链条的末端，往往处于弱势地位，甚至仅仅是供应商的分销工具，在合同条款制定、销售组织以及售后服务等方面，零售商只能被动接受供应商的一些安排。换句话说，流通主导权掌握在供应商手中。而到了买方市场，由于产能过剩以及产品同质化严重，制造商之间围绕消费者展开的竞争变得异常激烈，消费者以及贴近消费者的通路开始成为稀缺资源，零售商掌控的销售终端（货架）成为了制造商争夺的对象，零售商的地位开始逐步提高，与此对应，制造商在分销链或供应链中的地位开始弱化。

随着产品同质化、消费者需求不确定性的日渐显著，处于渠道最前端的零售商由于能够及时把握顾客的需求，因而成为了厂商产品流向市场的"守门人"，于是供应商逐渐变得越来越依赖于零售商。当然，供需变化只是促成零供关系转变的原因之一，另一方面，连锁组织方式的应用，则促成了规模巨大、实力雄厚且集成度高的大型零售商的出现。近几十年来，零售连锁化、信息化、集约化和国际化发展特征显著，其产业集中度不断提高，从而导致零供之间的力量对比发生了显著变化，使得供应链结点间的利益分配格局得以重新划分，零售商逐渐掌握了流通主导权，与此相应其渠道权力得到了显著提高。

美国学者舒尔茨 2001 年在其著作中指出了上述流通主导权的"对角线转移"现象，即流通主导权由初期的制造商拥有过渡到零售商拥有，最终将由消费者拥有。当然，也有国内学者对国内市场是否上演这一转移过程抱有怀疑态度（张闯，2004），毕竟因市场成熟度的差异，

---

① 本书中的供应商是指品牌制造商，不包括自有品牌制造商，零供关系可以是一种松散的产销关系或分销关系，也可以是一种紧密的供应关系。

不同国家、不同行业的市场演化进程会存有差异，加之近十余年来电子商务的快速兴起，也给制造商提供了绕过零售商直接面向消费者开展销售的发展机遇。但无论如何，零售商由于靠近市场前端对厂商的吸引力量是无法抗拒的。

不可否认的事实是，借助于连锁组织的规模扩张和信息技术的集约管理，零售商获得了旺盛的生命力，其不仅对价格、促销等营销要素发挥了支配作用，而且对进入其卖场的商品开始收取名目繁多的通道费，从而凭借渠道权力大幅侵蚀和压榨供应商的利润空间，甚至还肆意拖欠供应商的货款，从而无偿占用供应商的资金①。特别是一些大型零售商凭借规模优势开始成为产销链中的主导者，不仅如此，还充分发挥"守门人"功能，不断推出自有品牌产品，直接对供应商构成了替代威胁和竞争挑战。

事实上，零供之间为了争夺渠道权力经历了反复博弈，但在对抗中也并未一味地排斥合作，如宝洁与沃尔玛式的厂商联盟个例也是存在的。特别是在供应链管理理论兴起后，零供双方意识到可以通过信息共享、协同决策等实现双赢，从而分享供应链的协同效应，并藉此创造了诸如 ECR、VMI、CPFR 等协同手段和运作模式。如此，零供双方在共享增值的同时，也提高了相互之间的依赖程度，这应和了渠道权力既能够发挥支配作用又存在反向依赖的特征。可以说，在流通主导权转移过程中，竞争与合作贯穿了零供角色转换的整个过程，在此过程中，零供之间的渠道权力会此长彼消，似乎"不均衡—均衡—打破均衡—再度均衡"成了零供博弈的反复逻辑。然而，自有品牌诞生后，在某种程度上触动并扰乱了零供之间的利润分配关系。那么，自有品牌开发会不会给零供关系带来影响呢？

（2）自有品牌开发对零供关系产生的影响

如上，从零供角色转变来看，零售商自有品牌的出现可以说是市场力量（market power）不断向零售商倾斜的结果，反过来其又强化了零售商的市场地位。例如，Katz .ML（1987）认为，零售商开发自有品牌

---

① 李俊阳 . 通道费与协调工商关系的机制研究[J]. 财贸经济，2007(1).

可以获得更多的价格折扣，同时也使得它们对供应商的后向一体化威胁成为可能，由此提高了零售商的谈判地位；Hoch 和 Banerji（1993）也认为引入自有品牌后，零售商就有了其可以完全支配的品牌，从而有了更多的选择，不但增强了自身力量，而且也改变了零供之间的互动关系；Chintagunta（2000）研究发现，自有品牌推出后，供应商对零售商的强硬态度有所软化，这表明自有品牌使得零售商的市场地位有所加强；Scott Morton 和 Zettelmeyer（2004）研究也表明，零售商可以通过自有品牌战略性的定位而获得更有利的交易条件。上述研究成果在某种程度上印证了零售商开发自有品牌的重大意义。

可见，自有品牌开发为零售商带来的利益和市场地位得到了学者们的普遍认同，学者们（Nandan 和 Dickinson，1994）总结自有品牌的作用可归纳如下：降低采购成本，增加销售利润；塑造店铺差异化，促进顾客忠诚；打造零售品牌，提升店铺形象；巩固市场地位，提升谈判与博弈能力等。由上述总结可以推断：自有品牌开发不仅增强了零售商的实力，而且还提升了零售商的市场地位，进而改变了零供之间的互动关系。

事实上，自有品牌一旦开发成功，会增加零售商的利润空间，并通过贴牌市场、规模定制压低供应商利润空间；零售商甚至涉足生产领域，自行设计并生产自有品牌产品。这种向上游纵向整合使得零供间由纯粹的垂直客户关系变成了垂直竞争关系，同时也强化了零售商的纵向约束能力，正所谓一个受欢迎的自有品牌会把零售商的状态从一个单独的客户演变成一个竞争对手（Dhar 和 Hoch，1997）。由此可见，自有品牌不仅在扩展零售商利润空间方面发挥了作用，而且在诸多方面对提升零售商的市场地位产生了积极影响。那么，零售商自有品牌开发到底通过哪些路径来影响或调解零供关系的呢？这是一个不仅要知其然更要知其所以然的问题。

（3）本书的研究定位

零供关系已成为营销和零售领域研究的热点。在学术研究中，零供关系涵盖了多种维度关系，具体可表现在社会维度、管理维度、沟通维度、心理维度、经济维度等多方面（阮平南、姜宁，2009），不管从哪些维度对零供关系做出考量，其结果表现为关系质量。因此，界定零供关系的核心问题是：充分认识到其与关系质量的区别。由于零供双方是营销渠道的重要成员，因此渠道理论便成了学者们研究零供关系时的一个重要依托，可以说，零供关系在本质上是渠道关系。

随着零售商组织规模与市场范围的不断扩张，零售商给供应商（制造商）带来的挑战和威胁越来越大（Kumar 和 Steenkamp，2007）。如前所述，零售商自有品牌开发战略功不可没。自有品牌在国外市场刚起步发展时，曾一度由于其低质、低价的原因，被"传统的品牌"所轻视，被认为是获得零售货架空间权力、穿着品牌燕尾服的乡巴佬（McEwen，2005），但在其逐步成长、成熟起来后，开始逐步对制造商品牌构成了巨大威胁。2006 年 2 月，奥利奥（Oreo）饼干和 Oscar Mayer 午餐肉的生产商——卡夫食品公司在自有品牌吞噬了它的市场份额后，不得不宣布关闭 20 家工厂并裁员将近 8 000 人（Chandler 和 Schmeltzer，2006）便是例证。

有学者认为，自有品牌代表了零售企业的实力与营销管理的成熟度（McGoldrick，2004），是零售商获得渠道权力和市场势力的重要战略手段（Narasimhan 和 Wilcox，1998）。这说明，自有品牌在零供关系演变中扮演了某种角色。McGoldrick（1990）指出：自有品牌成长与成熟是引发零售商和制造商之间关系发生深刻变化的重要力量，是市场控制力量在制造商与零售商之间发生转移的重要里程碑。那么，自有品牌是如何影响零供关系的呢？其在零供关系演化过程中发挥了哪些直接或间接的作用？这是本书将要研究并回答的问题。

纵览国内外学者们对自有品牌的研究，其视角基本上可以归纳为以下几个：一是消费者视角（PB-C）；二是零售商视角（PB-R）；三是供应商视角（PB-S）；四是消费者与供应商关系视角（C-PB-S）；五是消费者与零售商关系视角（C-PB-R）。本书研究视角（即视角六）是零售商-供应商关系视角（R-PB-S），即自有品牌（PB）对零供关系（RSR）及其质量影响研究，同时兼顾了消费者视角的跨文化消费比较及零售商视角的案例研究。图 1-3 示意了本书的研究定位。

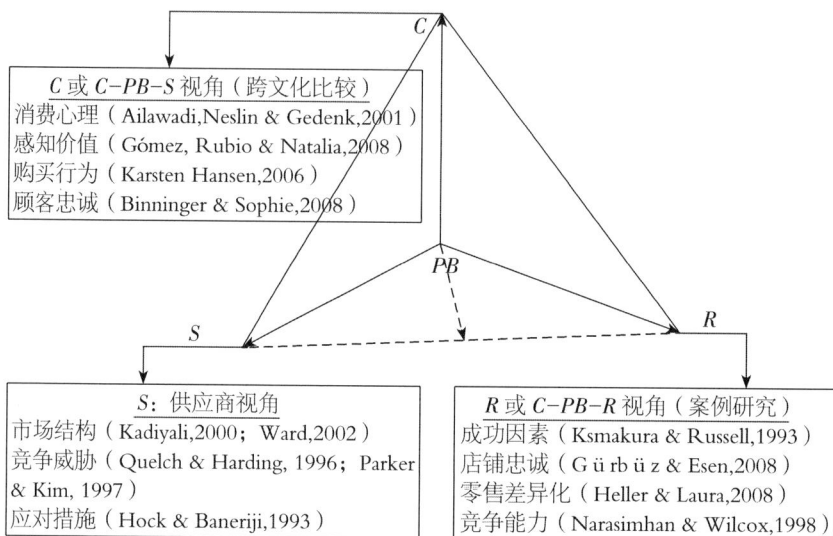

图 1-3　本书的研究定位（图中虚线指向部分）

上图示意的研究视角中，前三个视角可以被称作基础研究视角，四、五视角可以被称作以消费者为中心的视角，是在基础研究视角上的延伸。由于以消费者为中心的实证研究获取消费者问卷比较便利，目前学者们从该视角进行延伸研究的较多。但面向厂商的实证调查研究难度较大，目前国内外学者从第六种视角（即 R–PB–S）着手开展的研究还不多。

1.2.3　研究意义

（1）理论意义

如图 1-3 所表明的，单独地站在消费者、制造商或零售商视角去研究自有品牌，虽是最基本的出发视角，但却不全面。因为，上述都是单线条的视角，尽管在自有品牌发展初期，立足这些视角的研究帮助人们认识了自有品牌。现在，将渠道主体关联起来已成为一个重要的研究视角或出发点。学者们已经开始了探索研究，如将自有品牌和制造商品牌结合起来去研究消费者需求或购买行为特征；或者从消费者视角出发，关注自有品牌对零售商差异化以及顾客店铺忠诚的影响。研究视角的拓宽不仅打开了自有品牌的研究空间，也为本书的研究定位带来了启发。

那么，将自有品牌与零供关系结合起来，解读自有品牌开发对零供关系及其质量的影响，同前述以消费者为中心的扩展研究一样，是颇具理论价值和现实意义的。由上面研究定位图以及随后的综述可见，学者们仿佛兵分两路，对消费者与零售商视角（C-PB-R）和消费者与供应商视角（C-PB-S）开展的研究较多，但对零供关系视角（R-PB-S）的关注和研究却很少。或许，这是因为相对以消费者为中心的扩展研究而言，零供关系视角下的研究模型构建、变量设计以及零供数据的取得要困难得多。目前国内外营销学者们大多专注于传统的渠道关系研究，而未将自有品牌开发作为一个重要的考察对象（自变量）纳入到渠道关系（渠道关系也不能等同或替代零供关系）研究中来。零售学者们虽然给予了自有品牌众多视角的关注，但在自有品牌与零供关系视角方面的针对性研究成果还不多，这也为本书的选题和研究提供了机会。

零供互动博弈伴随着国外自有品牌的成长与成熟过程，自有品牌市场份额的不断增长不仅给零售商带来了新的利润源泉，而且提高了零售商同制造商讨价还价的能力，并促进了渠道权力向零售商的转移（Narasimhan 和 Wilcox，1998）。可以说，自有品牌的出现，是零售业的一次创新，同时其不断地发展演化升级，是零售商和制造商之间的关系发生了深刻变化的产物。自有品牌表征了市场营销形势的复杂化和零售商作为一个整体能力素质的增强，是市场控制力量在生产商与零售商之间发生转移的重要里程碑（McGoldrick，1990）。可见，零供关系的变化为考察和探索 PB 成长与演进机理提供了一个重要的理论线索，即可以丰富自有品牌发展理论，同时拓展了传统的渠道关系研究范畴。

国内零售业已经逐步实现开放，近年来，在外资零售商的带动下，国内自有品牌呈现快速发展的态势。但是自有品牌市场份额还较低，无论是本土零售企业的运营理念还是顾客的消费理念都还不成熟。总体而言，目前国内对自有品牌的研究处于初级阶段，缺少系统化的理论成果，其主要表现为对国外成果充分转化吸收并立足本土实际进行创新的研究较少，以及对不同国家和地区进行跨文化比较研究的较少。除了跨文化比较研究部分，本书的所有实证研究都是在中国市场环境下展开的，相对在西方市场情境下进行的研究，本书在中国情境下对相关理论、问题进行了实证研究，这在一定程度上丰富了我国零售商自有品牌研究成果。

（2）实践意义

长期以来，国内零售商去功能化和本色消失倾向比较明显，呈现"食利型生存"特征（陈立平，2009）。自有品牌开发战略能够得到零售商的关注，在某种程度上代表了零售商本色或价值创造功能的回归，同时也是有别于过往的零售商新型盈利模式。换句话说，零售商开发自有品牌，有助于零售商从依托连锁扩张的外延式增长转变为依托价值管理的内涵式增长。然而，尽管自有品牌在国内市场获得了起步发展，但目前并未像学者们所描述的那样作为战略手段被零售商所充分重视，这主要源于国内外研究成果中关于自有品牌成长机理的研究还不多，理论研究对实践的指导力度不够，国内零售企业发展自有品牌缺少系统的理念指引，误区重重（翁文涵，2006），如认知误区与应用误区，同时还有诸多战略层面和策略层面的缺失，如战略缺失、定位缺失、文化缺失、组织和治理缺失、供应链缺失等。正因为企业界对自有品牌成长机理缺乏系统认知，零售商在开发自有品牌时自我形容为：仿佛是"听着炮火在决策"（张丽君，2009）。

事实上，理论指导的缺乏会导致企业行动的盲从和对别人的机械模仿。相应的，自有品牌开发的诸多问题也没有得到有效的理论回答。例如，零售商在开发自有品牌时如何处理与不同实力大小供应商的关系？自有品牌开发是如何影响零供关系的？零售商利用自有品牌如何和供应商合作共赢抑或博弈抗衡？零售商如何选择开发自有品牌的产品品类？如何才能提升消费者对零售商自有品牌的认知度和购买意愿，进而培养消费者的店铺忠诚？等等。

本书研究的实践意义在于：通过案例和样本实证研究，以近距离观察和大范围抽样相结合的方法，相互检验和相互补充，来探索归纳和实证检验自有品牌开发对零供关系及其质量的影响，以及自有品牌成长和发展不同阶段或零售商自有品牌开发与应用的不同状态下，自有品牌发挥的不同功能和作用。本书预期的研究结论，可为零供双方提供相关理论支持和决策参考，扩展零供双方面向未来发展的决策空间，找到零供和谐相处之道。同时为零售商开发自有品牌提供理论借鉴，帮助国内零售企业避免走弯路，减少盲动和决策失误，扩大面向未来的决策空间，提高民族零售企业的核心竞争力。

1.3　相关术语的界定

1.3.1　零供关系界定

零供关系由来已久，在范畴上归属于厂商关系。自从近现代意义上的零售商出现后，零供关系便诞生并有了彼此的专业分工，制造商专注于大规模生产，零售商则专注于面向消费者开展大规模分销。在卖方市场下，零售商只不过是制造商的分销工具罢了，零供关系体现为基于简单交易的供销关系，后来演变为分销关系。在买方市场下，制造商越来越重视终端渠道，零售商市场地位开始获得提升，特别是零售商门店连锁化、经营区域化之后，制造商不得不开始考虑准时供应和库存优化问题，零供之间出现了供应链协同关系。

零供关系在本质上是一种基于产销合作的渠道关系，在传统渠道关系下，零供关系体现为分销关系，在现代渠道关系下，零供关系则体现为供应链协同关系。因此，渠道关系是零供关系的根本或基石，很多零供关系的拓展研究都是以渠道理论为出发点的。作为营利性的两个独立主体，当然也是渠道关系中两个重要的构成主体，零供双方在处理彼此关系时，其出发点就是尽可能地为自身争取最大的利润空间，使用的手段无外乎有两种：竞争或合作。也就是说，"竞合"已经成为研究厂商关系或零供关系的重要视角，于是，渠道理论自然成为了学者们研究零供之间"竞合"的重要依托。

竞合即博弈，分为竞争博弈和合作博弈，因此博弈理论亦为零供关系拓展研究提供了重要的理论支持。零供博弈是指在不同市场条件下，零供主体之间选择竞争或合作的策略。并且，零供博弈是基于零供渠道关系展开的，脱离渠道关系，零供博弈似乎无从谈起。于是，学者们开始尝试依据交易成本理论和博弈理论，对零供关系进行分类，概括起来其可以分成 2 类（汪旭晖，2009）：即"基于渠道权力的讨价还价"（power-based bargaining）和"协作解决问题"（collaborative problem solving），其中，"基于渠道权力的讨价还价"是从"竞"的视角出发的，其管理手段与目标比较清晰，获取的利益也容易计算，是零供纷争的主要表现形式；相对而言，"协作解决问题"是从"合"的视角出发的，零供协同需要大量信息技术与决策工具，非一般的零供之间所能发展的关系，零供彼此之间需要"门当户对"。因此，立足渠道关系，从竞合视角出发，零供关系可以被分为"竞"的关系维度，即渠道权力关系，以及"合"的关系维度，即零供协同关系。

大量的文献研究表明，零供之间基于渠道权力压榨彼此利润空间，仅仅对零售供应链局部环节进行优化是一种短视、不成熟、不可持续的初级竞争手段，其本质是对利润空间的分割而不是基于供应链效率提升的价值创造共赢。相反，拥有渠道权力的一方完全可以不利用权力进行价格压榨，而是利用其权力建立供应链的协作机制。这说明，零供之间是选择相互压榨还是协同共赢，反映了零供双方的经营理念及所在市场的成熟程度，是衡量零供关系的两个重要维度。

如前所述，零供协同需要零供主体具有相应的信息技术使用与决策能力，以及双方要具有一定的互适性。根据渠道权力结构模型，渠道权力均衡条件下的强强零供主体（如宝洁与沃尔玛）与零强供弱渠道权力结构条件下的零供主体（如沃尔玛与其众多供应商）较为适合发展零供协同关系。这说明，若要推动零供关系走向和谐发展，更为重要的是推动上述两种情境下的零供主体走向协同管理。经验表明，作为零供双方的代表，大型零售商和制造商对零供关系的引领和示范作用较大。大型零供主体如选择相互竞争，则进一步体现为渠道博弈关系（这里博弈取竞争博弈之意）；如选择相互合作，则进一步体现为渠道战略联盟关系。这意味着，在渠道权力结构均衡的条件下，大型零供主体之间的零供关系，可以从渠道博弈关系和战略关系两个维度做出描述。

学者们往往将零供关系的好坏描述为关系质量。从关系营销角度来看，关系质量代表了交易双方的满意程度。学者们在研究中衡量关系质量的维度有 20 余个，如用于反向衡量的冲突，还有正向衡量的沟通、信任和承诺等。本书认为，不论从上述哪一个维度出发，其本质是对零供关系的"结果"做出衡量，即关系质量的好坏（或满意程度高低），其并不能反映零供关系的本身或关系类型，以零供冲突为例，对其做出衡量只能说明零供主体之间的冲突大小，冲突本身并不能反映零供之间是何种关系。上述表明，零供关系本身与其关系质量在衡量维度上是不同的，换句话说，两个主体关系如何并不能说明二者是何关系。

本书研究自有品牌开发对零供关系及其质量的影响，基于此，本书在考度零供关系时，基于相关理论（见综述部分），选择了零供协同关系、零供渠道权力关系、零供渠道博弈关系和零供战略关系四个维度来代表零供关系，并选择冲突、沟通、信任和承诺四个维度对零供关系质量做出衡量。

结合上面的陈述，本书归纳出的零供关系界定图如图 1-4 所示。

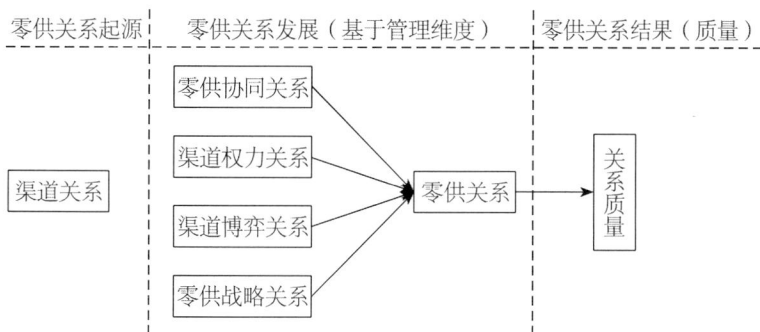

图 1-4　零供关系界定图

正如本书在前面已指出，在学术研究中，零供关系涵盖了多种维度关系，具体可表现在社会维度、管理维度、沟通维度、心理维度、经济维度等多方面（阮平南，姜宁，2009），本书上述细分维度的确定，是基于渠道关系从管理维度做出的细分界定。

1.3.2　核心概念

（1）自有品牌（private brand）

本书对自有品牌概念界定采用 AC Nielsen 的定义，自有品牌是相对于制造商品牌而言的，是由零售企业拥有的品牌，并通过独家或控制的渠道进行分销。这里需要说明，从广义上来讲，自有品牌是指分销商或中间商拥有的品牌，其范畴要大于 AC Nielsen 定义，本书采取 AC Nielsen 定义将自有品牌的拥有主体确定为零售商。

（2）渠道关系（channel relation）

渠道关系是指渠道系统中各个成员之间的交往状态和合作深度。渠道关系有横向关系、纵向关系、类型间关系和多渠道关系四种形态。横向关系指的是同一渠道、同一层次、相似企业之间的关系；纵向关系指同一渠道、不同层次上的企业之间的关系；类型间关系指同一渠道、同一层次、不同类型企业之间的关系；多渠道关系指一个企业不同渠道之间的关系。渠道关系的类型和状态对渠道的产出效率和效果产生着重大的影响。显然，本书研究的零供关系属于纵向和多渠道关系范畴，在种类上分为四种，即松散型渠道关系、管理型渠道关系、产权型渠道关系和契约型渠道关系（林曦，2004）。

（3）零供博弈（R-S game）

目前学术界对零供博弈没有完整定义，但站在博弈视角研究零供关系的成果已经比较丰富。本书认为零供博弈是指零售商与供应商之间为了获取更多的利润分割空间或取得自身的战略优势而展开的竞争与合作。零供双方可通过有效改变或改善博弈参与者、附加值、规则、策略和范围等基本手段来改变或改善其博弈格局（汪长江，2010）。零供之间的博弈可以体现在多个层面，如讨价还价、渠道权力争夺、纵向约束与抗衡势力（countervailing power）等。

（4）战略关系（strategic relationship）

战略关系是指双方或多方上升到战略层面考虑或执行与对方或其他方的竞争或合作，进而形成的双方或多方关系的总和。对战略关系的考察，除了体现竞合导向的关系外，还可以沿循关系形成和发展历程、关系选择和关系维系这一逻辑展开分析（温晓俊，2009）。

（5）渠道权力（channel power）

渠道权力是指一个渠道成员对处于同一渠道系统内、不同层次上另一个渠道成员的营销决策变量施加影响和控制的能力（El-Ansary 和

Stem，1972）。本书将利用庄贵军（2004）引进并经过检验的渠道权力
测量量表，从零售商自我感知的角度完成测量。

（6）供应链协同（supply chain collaboration）

供应链协同是指两个或两个以上的企业为了实现某种战略目的，通过公司协议或联合组织等方式而结成的一种网络式联合体。供应链协同的外在动因显而易见，是为了应对竞争加剧和环境动态性强化的局面；其内在动因包括：谋求中间组织效应，追求价值链优势，构造竞争优势群和保持核心文化的竞争力。供应链协同是供应链管理中的重要概念，目的在于有效地利用和管理供应链资源。其中，零供协同是供应链协同的一种。

（7）零供关系（retailer-supplier relationship）

零供关系是指零售商与供应商（制造商）之间各种关系的总和。零供之间的关系可以从多个维度做出描述，总体上讲是竞合关系。

（8）关系质量（relationship quality）

根据关系营销观点，关系质量是指顾客对企业及其员工的信任感与顾客对买卖双方之间关系的满意程度。本书中的关系质量是指零供之间的关系质量，即零售商与供应商之间基于冲突、沟通、信任与承诺等衡量维度所决定的彼此之间关系的满意程度。

（9）自有品牌认知度（private brand awareness）

反映了消费者在不同情境下对自有品牌的识别、辨别的能力，与自有品牌在消费者记忆中的节点强度有关，并会对消费者进行购买决策产生一定的影响。

（10）感知风险（perceived risk）

对某一特定产品或品牌的购买会产生消极效用，感知风险主要包含六个维度：感知功能风险、感知经济风险、感知社会风险、感知身体风险、感知心理风险和感知时间风险。

（11）信任（trust）

消费者认为可以相信某一产品或品牌的心理状态。

（12）购买意愿（purchasing intention）

消费者对某一产品或服务的主观倾向，反映了消费者购买某种产品

或服务的可能性大小，只有消费者具有了购买意愿，才会采取购买行动，因此购买意愿可以用于预测消费者的购买行为。

（13）店铺忠诚（store loyalty）

消费者伴随着较高取向态度在同一店铺进行重复购买，由重复购买和取向态度两个构面构成。

（14）价格敏感性（price sensitivity）

消费者对产品或者服务价格变化的感知和反应的程度，侧重于分析价格变动对顾客心理的影响。

（15）不确定性规避（uncertainty avoidance）

在特定的社会中，社会成员对不确定性和不明确性的承受能力。他们能感受到不确定性所带来的威胁，并设法避免该类情况的出现。

（16）权力距离（power distance）

在具有较小权力的社会成员对其所在的社会中对权力分配不均等的接受程度和期待程度。

（17）外部线索（external cues）

线索就是"信息"，例如价格、颜色、销售人员态度、朋友观点等。线索分为内部线索和外部线索，外部线索是与产品相关的属性。

1.4 本书研究的问题、框架、目标、过程与方法

1.4.1 本书研究的问题与预期创新点

（1）本书研究的问题

本书将着重研究以下几个问题。

问题一：自有品牌开发对零供关系质量的影响

本书将针对这一问题构建相应的研究模型，在变量关系设置上，将自有品牌开发作为自变量，将零供关系质量作为因变量，将零供协同与渠道权力作为中介变量。本书将采取实证研究方法，在中国市场选取零售商代表企业进行抽样调查，并完成对变量之间相关假设的检验。

本书针对上述问题将要检验并回答的主要问题是：①在目前中国市

场，零售商自有品牌开发是否会显著地影响零供协同关系？②在目前中国市场，零售商自有品牌开发是否会显著地影响零供渠道权力关系？③在目前中国市场，零售商自有品牌开发是否会显著地影响零供关系质量？④零售商自有品牌开发的相关主导因素是如何发挥影响作用的？⑤研究模型中的两个中介变量即零供协同和渠道权力是如何影响因变量的各结构变量的？

本书将选取自有品牌产品开发规模和自有品牌产品获取独立性作为自变量（自有品牌开发）的测度指标，其中自有品牌产品开发规模因素包括品项数量、品类数量（Middleton，1996）、销售份额（Grant，2004）和子品牌数量；自有品牌产品获取独立性因素包括生产与设计方式、物流与配送模式等。关于本部分实证研究所采用的量表，自变量的测量量表来自于作者的访谈设计，中间变量的测量量表采取国内外学者使用过的比较成熟的量表，其中渠道权力的测量量表来自于国内学者（庄贵军，2004），零供协同的测量量表来自于国外学者（Simatupang和 Sridharan，2004），因变量零供关系质量采取学者们常用的承诺、信任、沟通、冲突等维度进行测量。

问题二：自有品牌开发对零供渠道博弈关系的影响

本书针对这一问题将基于零供间的不同渠道模型（包括直接渠道、间接渠道、混合渠道等），构建相应的数理公式进行推导分析，着重考察自有品牌开发对零供渠道博弈关系的影响。

本书在这里将要回答的主要问题是：①自有品牌开发在零供渠道博弈中充当什么样的角色？②零售商借由自有品牌战略是如何与供应商博弈并争夺利润空间的？③自有品牌开发在零供渠道博弈关系中发挥了什么作用？

问题三：自有品牌开发对零供战略关系的影响

本书在实证研究和渠道博弈分析的基础上，将采取案例观察和纵向分析的方式，对自有品牌开发对零供战略关系的影响做出剖析，从而归纳出相应的理论框架。

本书在这里将要回答的主要问题是：①自有品牌开发是否会对大型零售商与大型供应商的战略关系产生影响？②自有品牌开发是如何对零

供战略关系产生调节作用的？③零供双方应该如何借由自有品牌发展彼此之间的战略关系？

问题四：自有品牌认知度对店铺忠诚的影响

本书针对这一问题构建相应的研究模型，将自有品牌认知度作为自变量，店铺忠诚作为因变量，价格敏感性作为调节变量。本书以 KS 商场消费者为研究对象，采用实证研究方法，完成对变量之间相关假设的检验。

本书在这里将要回答的主要问题是：①自有品牌认知度是否会对消费者的店铺忠诚产生影响？②消费者的价格敏感性是否会调节自有品牌认知度与店铺忠诚之间的关系？

问题五：外部线索对自有品牌购买意愿的影响

本书针对这一问题构建相应的研究模型，将外部线索作为自变量，自有品牌购买意愿作为因变量，感知风险和信任作为中介变量。本书将采取实证研究方法，在中国市场进行抽样调查，并完成对变量之间相关假设的检验。

本书在这里将要回答的主要问题是：①外部线索是否会对消费者的自有品牌购买意愿产生影响？②外部线索是否会影响消费者的感知风险和信任？③感知风险和信任是否会影响消费者的自有品牌购买意愿？④感知风险和信任是否会中介外部线索对自有品牌购买意愿的影响？

问题六：跨文化视角下感知风险对自有品牌购买倾向的影响

本书针对这个问题构建相应的研究模型，以中英两国消费者为研究对象，基于霍夫斯泰德的文化维度理论，进行跨文化比较研究，分析感知风险、熟悉度、感知质量差异和自有品牌购买倾向之间的关系，并对其进行实证研究，完成相关的假设检验。

本书在这里将要回答的主要问题是：①感知风险、感知质量差异和熟悉度是否会对自有品牌购买倾向产生影响？识别哪种类型的感知风险在其中发挥作用。②以感知风险作为中介变量，探讨文化价值观的不同维度对自有品牌购买倾向的影响。③人口统计学特征是否会对自有品牌购买倾向产生影响？

问题七：零售商自有品牌发展策略

本书针对这个问题，以4家零售商为研究对象，采取案例分析的方法，通过对其自有品牌发展策略进行比较得出相关结论。

本书将在这里回答的主要问题是：①开发自有品牌是否是大型零售商的专有权利？②不同规模、经营状况的零售商如何结合自身实际开发自有品牌？③零售商开发自有品牌有无规律或经验可循？

（2）本书创新点

一是开发了自有品牌开发程度的衡量量表。本书依托渠道权力理论和供应链协同理论，构建了实证研究模型，并经过企业访谈完成了自有品牌开发程度的衡量量表，并将其作为自变量置于零供关系研究中。

二是立足中国现阶段市场，通过实证研究发现自有品牌开发对零供协同、渠道权力以及零供关系质量的一些影响。本书立足国内市场选取样本企业开展实证研究，在中国情境下考察自有品牌开发对零供关系的影响，完成了自有品牌开发对零供渠道权力、零供协同以及零供关系质量影响的实证检验，并发现了一些有价值的结论。

三是探索研究并尝试回答了自有品牌开发对零供关系的影响。本书主要探讨自有品牌开发对零供关系的影响，这是基于前述研究定位，对自有品牌开展研究的一个重要的视角。本书采取实证研究、数理逻辑推导、案例观察和研究等方法来探索研究并尝试回答了自有品牌开发对零供关系影响的相关假设和命题，取得的成果有望丰富自有品牌发展理论，有效扩展零供决策空间，促进零供关系和谐发展。

四是通过实证研究，揭示了外部线索对自有品牌购买意愿的影响路径。以往的研究成果虽然对"感知风险和信任是否会对自有品牌购买意愿产生影响"有所关注，但将自有品牌外部线索与感知风险、信任结合起来，研究其对购买意愿影响的成果还不多。本书完成了外部线索对自有品牌购买意愿影响的实证研究，检验了感知风险和信任在其中的中介作用。

五是尝试回答了在中西方不同文化、经济、社会背景下感知风险与自有品牌购买倾向关系的差异。自有品牌虽然已经引起广泛的关注，但就感知风险和消费者的接受程度而言，有关自有品牌的跨文化比较研究还较少。本书通过建立跨文化分析模型探讨中英两国消费者的自有品牌购买倾向，丰富了自有品牌的相关研究。

1.4.2 本书的研究框架

本书的研究框架主要包括两个部分：基于零供关系视角部分和基于零售商—消费者视角部分。

一部分从零供关系视角出发，可以被概括为："一个核心问题、四个维度关系"；

"一个核心问题"即"自有品牌开发对零供关系及其质量影响"这一核心问题；"四个维度关系"分别是：

（1）零供协同关系，即检验自有品牌开发是否对零供协同关系产生显著影响，进而影响零供关系质量。

（2）零供渠道权力关系，即检验自有品牌开发是否对渠道权力关系产生显著影响，进而影响零供关系质量。

（3）零供渠道博弈关系，即考察自有品牌开发是如何在零供渠道博弈中发挥作用进而影响渠道博弈关系的。

（4）零供战略关系，即考察自有品牌开发是如何在零供战略关系中发挥调节作用的。

本书通过不同的研究方法和路径，在完成自有品牌开发以上四个维度关系影响研究的基础上，进一步检验了自有品牌开发对零供关系质量的影响，并将其与零供协同、渠道权力一同组合在一起构建起结构模型。图 1-5 给出了本部分研究的基本框架。

另一部分从零售商—消费者视角出发，包括三项实证研究和一项案例研究。

（1）自有品牌认知度，即检验自有品牌认知度是否会对消费者的店铺忠诚产生显著的影响，并考察价格敏感性在其中的调节作用。

（2）自有品牌购买意愿，即检验外部线索是否会对消费者的自有品牌购买意愿产生显著的影响，并考察感知风险和信任在其中的中介作用。此外，基于跨文化比较的视角，检验感知风险在中西方文化背景下，对自有品牌购买意愿的影响差异，及文化价值观对消费者感知风险

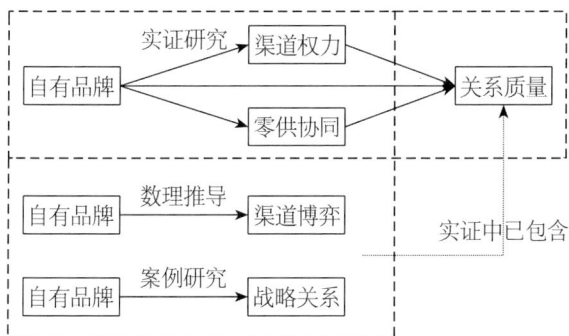

图 1-5　本书研究的基本框架

的影响。

（3）自有品牌开发策略，即考察不同规模、不同产权主体的零售商开发自有品牌的策略。

该部分研究框架详见具体章节。

本书共有六章，主要内容如下：

第 1 章，导论。首先对自有品牌的产生与发展进行了介绍，然后对本书选题背景、依据和研究意义进行了阐述，确立了本书的研究定位；接下来，介绍了本书的主要研究问题、基本框架和研究目标；最后陈述了本书的研究过程、研究方法以及创新点。

第 2 章，相关理论综述。首先对本书研究所依托的相关理论进行了综述；然后对自有品牌与零供关系的研究进行了综述。

第 3 章，自有品牌开发对零供关系质量的影响。本部分属于实证研究，以自有品牌开发为自变量，以零供协同、渠道权力为中介变量，以零供关系质量为因变量，从而构建起实证研究模型，在问卷调查统计的基础上完成对相关假设的检验。

第 4 章，自有品牌开发对零供渠道博弈关系的影响。本部分依据不同的渠道结构模型，研究并探讨了自有品牌开发对零供渠道博弈关系的影响。

第 5 章，自有品牌开发对零供战略关系的影响。本部分采取案例研究方法，对"宝玛模式"进行观察和剖析，最终归纳出自有品牌开发对零供战略关系影响的理论框架。

第 6 章，自有品牌认知度对店铺忠诚的影响。本部分采用实证研究的方法，以自有品牌认知度为自变量，店铺忠诚为因变量，价格敏感性为调节变量，从而构建实证研究模型，在问卷调查的基础上完成相关假设的检验。

第 7 章，外部线索对自有品牌购买意愿的影响。本部分采用实证研究方法，以自有品牌的外部线索作为自变量，消费者的自有品牌购买意愿作为因变量，感知风险和信任作为中介变量，从而构建实证研究模型，在问卷调查的基础上完成相关假设的检验。

第 8 章，跨文化视角下的感知风险对自有品牌购买倾向的影响。本部分采用实证研究的方法，基于霍夫斯泰德的文化维度理论，探究了感知风险、感知质量差异、熟悉度与自有品牌购买倾向的关系，构建了相关概念模型，并以中英两国消费者为研究对象，在问卷调查的的基础上完成相关假设的检验。

第 9 章，零售商自有品牌发展策略。本部分采用案例研究方法，以 4 家零售企业为研究对象，通过对其自有品牌发展策略进行比较得出相关结论。

第 10 章，结论、讨论与展望。本部分对全书的主要研究结论进行了总结和讨论，并指出了本书的研究局限及拓展研究方向。

1.4.3　本书的研究目标

本书的研究目标，就是有效回答前面各研究子项中提出的有关问题，同时为国内零售商自有品牌开发与成长提供一个逻辑路线，并总结概括出自有品牌开发对零供关系产生了哪些影响？其影响路径主要有哪些？还要通过实证研究，检验跨文化背景下的消费倾向差异以及零售商自有品牌开发策略差异问题。

本书将在研究中解决以下三个关键问题：

（1）量表开发与检验问题

本书将着手开发自有品牌开发衡量量表，这是研究得以顺利进行下去的关键问题。虽然相关变量的测量借用了成熟的量表（如渠道权力和零供协同量表），但也需要在国内完成测试，在经过信度和效度检验后才能进行正式的大样本调研。

（2）零售商样本选择问题

虽然国内大大小小的零售企业很多，又涉及多业种和业态，因此，拥有自有品牌的零售商样本选择是一个关键问题。本书选择的零售商样本需具有一定的代表性，包括所有制性质（如外资、民营、国有股份等）的代表性，不同规模零售商的代表性，还有业态上的代表性（主要选择超市、大卖场、仓储式商店、便利店等），在业种选择上，还包括一些专业店，如个人护理用品店、药店等。显然，能够顺利完成样本选择和调研是十分关键的。

（3）案例企业的选取问题

本书案例企业的选取十分关键，虽然本书将对个别企业代表进行高层访谈，如访谈企业选择既有外资零售商的代表，也有国有控股零售商的代表，还有民营和中小零售商的代表。但鉴于反映零供战略关系的实用性，上述企业访谈均作为量表开发的辅助，本书选取了零供战略联盟历史较长的宝洁与沃尔玛作为观察和研究对象，无疑，案例素材的顺利搜集以及高层成功访谈将成为案例研究中的关键问题。

1.4.4 本书的研究过程与方法

本书研究过程历时数年，其研究步骤、研究路线及研究方法见下表。

表 1-3 本书研究过程与方法一览表

研究步骤	研究路线	研究方法
文献检索与消化	• 持续、全方位检索中外关于自有品牌的文献并加以消化 • 购买国外自有品牌书籍，进行消化和翻译	文献法
理论溯源扩展检索	• 溯源相关理论，扩展检索相关文献并进行消化，完成理论储备和文献二度消化	文献法
拓展研究	• 围绕核心理论，进行相关方向的拓展研究，如渠道权力（博弈），供应链协同，最终初步确定研究定位	头脑风暴法

续表

研究步骤	研究路线	研究方法
模型构建	• 基于研究定位，逐步确定变量关系，构建起研究模型，同时找到适用的衡量量表	头脑风暴法
确定案例研究方案	• 对选取的 4 家企业的自有品牌主管进行访谈，确定自有品牌的衡量维度，探索案例研究路径	访谈法 案例法
量表预测与修正	• 根据参考量表设计调查问卷，首先对访谈企业进行调查，积累经验后利用去国内有关零售会议的机会，填写 38 份问卷进行预测试，完成变量测试检验，为正式研究准备	问卷调查法
完成前期研究	• 完成部分文献综述，完成阶段性研究成果，包括渠道博弈分析和案例观察研究	数理分析法 案例研究
样本问卷调查	• 委托高校学生利用寒假和暑假，分两个批次完成国内样本问卷调查	问卷调查法
数据处理与分析	• 完成问卷数据的汇集，利用 SPSS、结构方程软件完成数据处理与分析	统计分析法
实证研究	• 利用数据处理结果，完成实证研究	实证研究
形成初稿	• 合成相关研究成果，形成研究初稿，直至评审修改定稿	专家意见法

第2章　相关理论综述

2.1　零供关系相关理论综述

如前言所述,自有品牌开发对零供关系的影响是本书的一个重要研究视角。目前对零供关系的研究,主要集中在三大领域:一是营销学领域。零供双方是渠道内上下游的关系,渠道成员如何建立和利用权力,如何处理冲突,如何通过合作获取竞争优势,是西方渠道行为理论的研究重点。二是供应链领域。以管理科学、运筹学等理论为基础,重点研究如何进行零售供应链优化与管理,如最优库存设计、激励机制与合同设计、供应链协同、风险控制与规避等。三是产业组织领域。以微观经济学与博弈论为基础,重点研究零供博弈关系,如何设计最优合约解决双方的委托代理问题,对双方的策略行为进行福利评价,并在此基础上探讨反垄断问题。

2.1.1　渠道理论为零供关系的基础研究提供了传统理论基石和实证方法

零供关系首先是一种渠道关系。西方对于渠道的理论研究有两大领域：一是研究渠道的结构，探讨渠道是怎样构成的；二是研究渠道行为，探讨渠道成员怎样认识、建立和处理渠道关系。在后一领域中，渠道成员如何建立和利用权力，如何处理冲突，如何通过合作获取竞争优势，是西方渠道行为理论的研究重点（庄贵军，2000）。因此，渠道行为理论特别是渠道权力理论是开展渠道关系研究的重要依托。相应地，渠道行为相关领域的理论，还包括交易成本理论、社会交换理论、公平理论、承诺-信任理论和资源基础理论等，这些理论已成为国内外学者们进行渠道关系研究的重要依托。

目前西方营销学者们普遍认为渠道权力是一个渠道成员对另一个渠道成员行为的控制力和影响力。另一种从社会学中引出的定义方法也被西方营销理论界所普遍接受，这就是从渠道成员之间相互依赖的角度对渠道权力进行定义。Bowersox 和 Cooper（1992）认为渠道权力有赖于渠道成员所感知到的相互之间的依赖程度，渠道权力是依赖关系的结果。因此，渠道权力能以感知依赖的角度从渠道主体的某一方做出单向测量，这种做法常被国内外学者用来进行渠道权力的实证研究（Zemanek 和 Pride，1996；Dapiran 和 Hogarth-Scott，2003）。

对于倾斜权力关系中的权力主体而言，由其主导的渠道系统将使渠道资源和利益按照有利于自己的方式进行分配，因而权力主体有一种继续维持或增强这种不平衡状态的动机。不平衡的依赖导致了权力的倾斜，而在一个权力倾斜的关系中，对资源和利益进行分配将可能导致渠道权力客体受到"剥削"。结合渠道权力产生的基础与渠道关系中的依赖关系，渠道权力的客体可以采取发展战略性资源、组织联盟对抗、寻求替代者、减少对特定关系的投资、双边锁定和发展自身的稀缺性等策略来抵消主体的影响，反之主体亦有其道。科兰等学者（2001）认为，"渠道成果取决于给定关系中的权力平衡"，因而，随着市场环境复杂性和不确定性程度的增加，渠道成员也正在改变导致渠道效率偏低的权力倾斜的竞争状态，而逐步走向渠道联盟，使渠道关系中的权力结构趋向均衡。渠道联盟是渠道系统中上下游的企业之间为降低渠道运营成本，增加渠道共享收益而结成的战略联盟。可见，渠道权力主体和客体要么安于现状或者继续博弈，要么打破权力倾斜走向渠道联盟。

国内学者对渠道关系问题的关注始于 21 世纪初，近年相关研究得到了较快的发展。一些学者还以中国市场为背景进行了一系列的实证研究（庄贵军，2002；张闯，2009；唐鸿，2009；胡保玲、郑浩，2009；曹艳爱，2007），这些学者们拉开了国内渠道关系领域研究的序幕，并积极促成了与国际前沿的接轨。正如本书在前面所提及的，零供关系的本质是渠道关系，那么渠道权力理论便可以为我们解读零供关系提供相应的理论基石。在实证研究上，相关研究变量及其观测量表都已成熟。事实上，零售商和供应商是传统分销渠道中的主体，因此零供关系也是学者们在研究渠道关系时重点考察对象，相关研究正在逐步走向深入（钱丽萍与刘益等，2010；汪旭晖，2009）。然而，若想全方位考察零供关系，单独依赖渠道行为理论还是不够的，尚需寻找新的理论基石与依托。

2.1.2　博弈理论为零供关系的拓展研究提供了新的切入点和数理模型

博弈论本是一种古老的思维游戏。1928 年，数学家冯·诺伊曼（JohnVon Neumann）创立了二人零和博弈；1944 年，冯·诺伊曼与摩根斯顿（Oskar Morgenstern）合著《博弈论与经济行为》一书，开始将博弈论用于经济分析。1950 年，数学家纳什（Nash.Jr）定义了纳什均衡（Nash equilibrium），将博弈论由零和博弈推进至非零和博弈，使其能更广泛地贴近现实分析。同一年，托克（Tucker）界定了囚徒困境，此后博弈论的研究进一步精炼化、延展化。1965 年，泽尔腾（Selten）将动态分析引入纳什均衡，提出精炼纳什均衡，形成完全信息动态博弈模型；1967 年，海萨尼（Harsany）将不完全信息引入博弈论的研究，提出贝叶斯纳什均衡，形成不完全信息静态博弈模型；到 1980 年，克瑞普斯（Kreps）和威尔逊（Wilson）合作发表了关于动态不完全信息博弈的重要文章，提出精炼贝叶斯纳什均衡，形成不完全信息动态博弈模型（张维迎，2004）。这样在正式的非合作博弈理论中就形成了 4 种博弈分析模型，分别是完全信息静态博弈（纳什均衡）、完全信息动态博弈（精炼纳什均衡）、不完全信息静态博弈（贝叶斯纳什均衡）和不完全信息动态博弈（精炼贝叶斯纳什均衡）。

可见，纳什均衡是博弈论最基本的原理模型，事实上，纳什均衡也是战略博弈中的一种绝对战略均衡。就是说，几方博弈过程中，无论其他方如何选择，一方的最佳选择都是竞争；这样，最后只能形成各方均采取竞争行动。由此，我们可得到一个规律性的结论：在垄断竞争或寡头垄断的行业博弈中，合作对博弈各方总体有利，但不稳定，竞争对单个博弈方来说是最佳选择，但其结果是众败俱伤。纳什均衡所揭示的战略均衡情况是一种普通规律，在现实生活中，行业内企业为了自身的利益，相互展开残酷的竞争而造成两败俱伤或多败俱伤的例子比比皆是。当人们充分认识到这一点之后，为了共同的利益，已开始努力去达成某种形式上的合作与默契。

零售产业虽然难言垄断，但由于零售商店铺选址的垄断性，使得其"守门人"功能日益强大，逼得厂商不得不另辟蹊径（如格力与国美之争），或者干脆利用电子商务开展直销。这使得零供关系处于矛盾和两难的尴尬处境：一方面，双方为了在博弈中取得建立优势的最佳结果，不停地通过有效改变或改善博弈参与者、附加值、规则、策略和范围等基本手段来改变或改善其战略博弈格局（汪长江，2010）；另一方面，在关系营销理论影响下，零供关系从交易型向伙伴型转变，协同效应、分享顾客信息与企业能力，创造组织环节整合价值并实现递增收益成为一些企业新的追逐目标。

有了博弈理论作为切入点，国内学者近年开始起步利用或构建博弈分析模型，对零供关系中的博弈问题展开研究，其中不乏有将自有品牌作为研究对象的成果。如江敏华（2008）通过构建一个零售商投资时机选择的非对称双头垄断期权博弈模型，来研究零售商自有品牌开发时机问题，以及两个有竞争关系的零售商谁会选择或者率先选择开发自有品牌的问题。李骏阳与肖璐（2010）从心理经济学视角出发，研究了消费者选择对零供博弈结果的影响。张赞（2009）将零售商自有品牌质量水平设为一个变量，在上游一家主导生产商和下游一家零售商的分析框架下，运用博弈论分析方法，讨论了零售商导入自有品牌的动机及其社会福利影响。赵金实与霍佳震（2010）引入消费者行为因素，构建了零售商同时考虑下游消费者行为和上游供应商因素的双边博弈决策机制模型，从而实现零售商在需求管理与供应管理方面的有机整合。可见，零供博弈是零供关系研究中的一个新的切入点，国内利用博弈理论对零供关系研究才刚刚起步，将自有品牌纳入零供博弈研究视角，后续研究空间还较大。

2.1.3　协同理论为零供关系的发展研究提供了全新视角和拓展空间

"博弈"贯穿了零供关系演变的始终，其焦点是对利益分配的争夺。然而，博弈只是调节零供之间利益分配的手段，却不是价值创造的路径。因此，有学者提出应该从供应链的视角来研究零供如何建立战略合作伙伴关系，从而共享渠道效益最大化（曹静、方名山，2007）。换句话说，实施有效的供应链管理是拯救零供关系危机的法宝（侯昱，2005）。因此，供应链协同理论为我们研究零供关系开辟了全新视角，也是零供关系面向未来的发展理论。诚然，传统的渠道行为理论也并不否认零供合作，如渠道联盟的倡导，但就内涵而言，"协同"远远超越了简单的"合作"和单一层面的"联盟"。因此，在解读零供关系上，协同理论同渠道理论具有一定的互补性。

供应链协同研究在国外始于 20 世纪 90 年代，学者们普遍认为供应链协同能有效提高供应链节点企业的运营绩效（Bowersox，1990），包括增加收入和降低成本，提高应对不确定性的灵活性等（Fisher，2000）。事实上，供应链协同的实践要先于理论研究，最早始于快销品供应链节点企业开始结成联盟，以消除供应链中的无谓损耗，这种联盟最初是由宝洁和沃尔玛在分类管理和供应链合作（包括信息共享）中的初步成功引发的。宝洁与沃尔玛创造了零供紧密合作的样板，此后越来越多的厂商开始建立亲密关系，惠普、IBM、戴尔、宝洁等公司都是从协同中获益良多的企业。在学者们的努力下，通用的供应链协同运作模型被开发出来并不断地得到完善（Stewart，1997；Geary，Zonnenberg，2000；Zimmer，2002；Akkermans，Bogerd，2004；Mauthou，2004）。

零供协同能够将符合消费者需求的产品以消费者最满意的方式传递给消费者，并实现零售供应链价值增值的目的。事实上，对零供协同的关注在供应链协同理论出现之前就已经存在。早在 1977 年，Shapiro 讨论了市场营销领域（零售商）和生产领域（制造商）产生冲突的原因，指出了两个领域协同的趋势，并从对立面分析了两个领域的协同关系和保持协同的方法。其后，学者们针对零供协同领域陆续展开了相关延伸研究（Pasternack，1985；Weng，1995；Padmanabhan 和 Whang，1997；Fisher，2000）。在认识到"零供协同"的重要意义后，学者们开始寻求衡量协同效果的绩效评价体系。Simatupang 和 Sridharan（2004）以零售商和供应商为对象开发了供应链协同的测度量表，并通过实证研究验证了信息共享、协同决策、激励相容对零供协同的影响，同时也验证了协同对零供双方绩效的积极作用。

可见，供应链协同理论为零供关系研究开辟了新的拓展空间，其测量手段的解决也为实证研究打开了通道。在国内，学者们虽然开始关注了零供协同问题，但实证研究还较少。

本书研究，将渠道行为理论、博弈论和供应链协同理论结合起来，尝试着将零供渠道权力关系、零供协同关系、零供渠道博弈关系和零供战略关系作为零供关系分析的基础框架，并考察自有品牌开发对这些关系的影响。

2.2 自有品牌与零供关系的理论综述

如前文所言，近现代的自有品牌出现于 19 世纪，经历了 100 多年的培育，到了 20 世纪 70 年代才在英国和法国快速兴起。对自有品牌的研究则最早始于 1916 年（Michael，Rothe 和 Lucas，1998），也是到了 20 世纪 60 年代末 70 年代初，伴随自有品牌兴起开始有了扩展研究（Stefan，2003），但国外学者们对自有品牌的研究真正走向深入则是在 20 世纪 90 年代以后。

起初，国外学者站在零售商视角对零售商发展自有品牌的原因进行了探索，发现了一些内在（如边际利润增加）和外在（如 NB 的广告效应递减）的原因（Mills，1995；Bontems，1999），此外，学者们还研究了自有品牌对零售商的贡献及应用策略等问题。后来，学者们又研究了自有品牌渗透对 NB 产品的作用及市场结构的影响（Kadiyali，2000），并研究了制造商如何应对自有品牌挑战，以及是否与零售商开展合作的策略主张（Quelch 和 Harding，1996）。

接下来，学者们从消费者心理变量多个维度出发，对自有品牌购买者的特征及购买行为进行分析研究，消费者视角从而逐渐成为一个重要的研究视角（Szymanski 和 Busch，1987；Ailawadi，Neslin 和 Gedenk，2001）。之后，对自有品牌研究开始有了扩展关系研究，实证研究开始被大量采用，如将消费者与零售商相联系，研究自有品牌带来的店铺差异化致使消费者对零售商产生店铺忠诚问题（Gürbüz 和 Esen，2008）；还有将消费者和制造商相联系，研究同制造商品牌产品相比较，消费者对零售商自有品牌产品的感知价值问题（Gómez，Rubio 和 Natalia，2008）。可见，以消费者为中心的"联系"研究视角的确立，极大地推动了国外自有品牌研究的进程。

事实上，自有品牌自诞生之日起就开始了与 NB 的不断博弈。早期，学者们认为价格是自有品牌的竞争优势所在，是零售商获利的一个重要手段（Davis，1971）；但后来，对消费者购买行为的深入研究发现，质量对消费者购买决策的影响力也非常大，是自有品牌成功的关键因素之一（Ksmakura 和 Russell，1993）。随着自有品牌商品从质低、价廉向质优、价高的战略转变，有了品质提升的自有品牌在 20 世纪 90 年代开始对 NB 构成明显的威胁和挑战，零供之间的品牌竞争日渐激烈（Quelch 和 Harding，1996；Parker 和 Kim，1997）。一些制造商开始通过控制成本、开发新产品、增加广告投入、提升消费者品牌忠诚度等手段扩大市场份额，对抗自有品牌（Hock 和 Baneriji，1993），而更多的制造商则是在生产自己原有品牌产品的基础上，开始选择利用过剩的产能为零售商贴牌生产自有品牌（Verhoef，Nijssen 和 Sloot，2002），有的甚至走向更为紧密的战略联盟（如宝洁和沃尔玛的宝玛模式）。可见，自有品牌开发不但引发了零供博弈，而且在某种程度上也有可能会推动零供合作（如贴牌生产或战略联盟）。因此，在国外市场零供关系演化中，自有品牌发挥了一定的影响作用。

可以说，零售商自有品牌的出现，是零售业的一次创新，自有品牌的成长与成熟过程伴随了零供之间的互动博弈过程。自有品牌开发有效提升了零售商的渠道权力，Narasimhan 和 Wilcox（1998）实证研究验证了这一点。这一实证结果表明自有品牌开发确实能够对零供关系发挥影响，也使得从零供关系出发考察自有品牌成为一个新视角。实际上，渠道权力关系并不能代表零供关系的全部，有了上述验证和发现后，围绕这一线索进行的拓展研究还不是很充分；而拥有成熟理论的渠道行为研究中，尚没有将自有品牌当作自变量来考察其对零供关系及其质量影响的研究。

上述表明，国外对自有品牌的研究，虽然进入了以消费者为中心的关系视角中，而面向零供关系视角的研究，目前还没有跳出"矛"（零售商如何利用自有品牌发起进攻）与"盾"（制造商如何有效开展防御）的研究范畴（Kumar 和 Steenkamp，2007）。

国内学术界对自有品牌的研究，起步于 20 世纪 90 年代。截至 2014 年，在中国期刊全文数据库（CNKI）中检索到的自有品牌文献的年度分布状况见图 2-1。

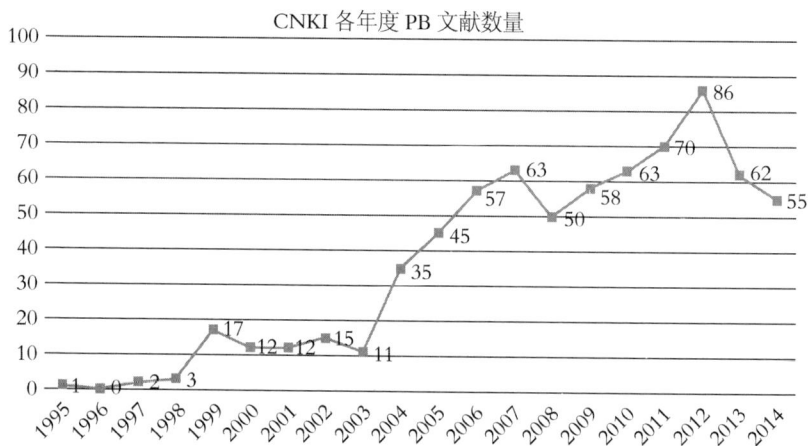

图 2-1　CNKI 中自有品牌文献的年度分布图

由上图可见，国内自有品牌研究明显经历了三个阶梯式的阶段，即 1995 年—1998 年的探索阶段，1999 年—2003 年的起步阶段，2004 年以后的拓展阶段。在检索到的文献中，站在零售商视角进行研究的占了总量的80%，其余视角仅占20%，可见目前国内学者们对自有品牌的研究大多站在了零售商视角。检索到的成果中，定性研究较多，定量研究比较少（王新新，2007；杨德峰，2008；江明华、郭磊，2003；汪旭晖，2007；彭峰等，2008）。上述文献梳理表明，入世过渡期走完以后，国内对自有品牌的研究步伐明显开始加快，但较之国外，国内学者研究视角还是以零售商为主，从其他视角开展的研究则刚刚起步。由于国内自有品牌尚处起步阶段，还没有像国外市场一样对制造商品牌造成明显冲击，目前国内零供关系研究成果中，对自有品牌的关注还远远不够。

综上所述，如将自有品牌纳入零供关系视角来研究，或许比站在前面所说的"矛"与"盾"两个对立面分别开展研究更有意义。当然，零供"竞合"仍是一个重要线索，上述相关理论恰好为这一视角的研究开展提供了基础理论和实证方法支持。

零供关系已成为近年国内热议的话题：如2005年中国连锁协会进行的零供关系调查表明由于通道费用及账期问题，零供双方的满意度均有所下降；2006年10月，商务部等五部委发布了《零售商供应商公平交易管理办法》，专门调整零供（买卖）关系；即便如此，《2010年供应商满意的零售商》调查报告显示，供应商对零售商的整体满意度有所下降，其中超市、便利店、以及折扣店的满意度下降最多。可见，国内零供关系日趋紧张。这主要是因为日益提高的渠道价值增加了零售商的谈判筹码，并使零售商在零供关系中占据主导地位（陶莉，2005）。零售商主导并实施了一系列针对供应商的约束行为，其中收取品目繁多的通道费用、拖欠供应商货款、强迫供应商签订排他性协议等，这些行为严重减少了供应商利润，弱化其关系地位，引发零供关系紧张（Rey和Comanor，2000；魏花，2008）。近年来，零供关系研究已成为学术界的热点，这主要是因为零供之间越来越不"和谐"，零供纷争或矛盾迭起并时而激化为冲突。

零售商对上游实施纵向约束的同时，为了寻求新的利润增长点和店铺差异化，开始重视自有品牌导入战略。Johan（2007）指出，自有品牌产生的最直接、最根本的动机就是为了获取更大的利润，但零售商开发自有品牌不仅仅为了从产品中获得利润，更是将其作为对抗制造商的一种战略性武器，迫使其做出让步（Scott Morton 和 Zettelmeyer，2002）；同时，自有品牌也为消费者提供了更多选择，适应了其多样化、个性化要求。可以说，自有品牌在中国市场有着巨大的成长空间，零售商对此虎视眈眈，一旦自有品牌走向大比例开发，势必会对零供间的利润分配产生深刻影响，并在某种程度上触动零供关系的实质改变。

自有品牌的开发，增加了零售商在纵向结构中的市场份额，零售商对自有品牌拥有的绝对控制权，减弱了制造商凭借知名品牌对零售商的渠道控制权，增强了零售商的渠道权力，从而改变了零供之间的互动关系（Hoch 和 Banerji，1993；朱瑞庭、尹卫华，2010；赵坡，2006）。制造商开始面临两种压力，一方面是零售商开发自有品牌后带来的水平压力；另一方面是市场力量向零售商倾斜所带来的垂直竞争压力（江南，2005）。更有国内学者指出，未来自有品牌的开发及发展给零供之间带来的竞争将是双方最为惨烈的竞争，对供应商造成最大威胁的战争，必将对零供双方的合作关系造成影响，破坏零供之间的信任和承诺，引发零供矛盾（袁振玲，孔渝，2010；赵明明，2008）。

但国内也有学者认为在自有品牌开发的初级阶段，零售商由于在产品开发方面缺少经验，大多选择与供应商合作设计产品并贴牌生产，这相反会促使了零售商与供应商接触更加密切，如黄先军（2007）提出零供关系是一种对立统一关系，其发展阶段是竞争——合作双赢——战略联盟的形成。博弈论研究表明，对于零供双方而言，最理想的结果是合作，这样两者就能实现双赢，并获得最大利润（薛景梅，2011）。未来之路是零供之间既竞争又合作，为竞争而合作，靠合作来竞争，建立战略联盟是有效竞合的发展方向，宝洁和沃尔玛为我们开创了零供战略联盟的典范。那么，零售商开发自有品牌，到底是零供竞争激化的开始还是零供走向合作的标志呢？

国内学者对零供关系的关注缘于零供冲突的加剧，零供冲突进而成为零供关系研究的着眼点（马进军，2009；李芸，2008；杨燕，2007），有的学者认为造成零供冲突的根源是利润分配之争（王丽，

2008），更多是由于零售商滥用市场势力，对供应商实施纵向约束所引发的。吴清萍等（2008）指出应从反垄断角度和反不正当竞争角度，对零售商行使买方势力行为进行规制。也有学者认为国内零供冲突与零供关系演进阶段有关，如李芸（2008）指出西方价值链上企业间关系经历了竞争——竞争与合作共存——合作三个阶段，如今零售商与供应商之间的关系已经进入合作阶段，所以学者们的理论自然有了从权力分析范式到关系分析范式进而再到技术分析范式的逐层演进。周志强等（2010）运用经济学相关理论证明零供关系中存在市场失灵，提出政府应该制定相关法律，规范市场秩序，并就我国政府在规范零供关系管理中的作用提出了建议。

可见，中外市场零供关系因政府规制或演进阶段的差别，有着不同的表现形式和国情特征。在目前零供冲突升级、关系恶化的背景下，国内学者关注的焦点在通道费问题上，并认为其是零供关系恶化的"罪魁祸首"。但对零售商自有品牌排挤供应商货架空间、分割其利润空间的行为还缺少关系分析范式的观察和研究。在国外，有了百年沉淀的成熟市场支持，使得零售商开发自有品牌被认为是本色的价值创造事业，制造商会更加自觉和理性地去选择合作或竞争，而不是一味的对抗。然而在国内，零售商自有品牌开发处于初级阶段，零供双方均缺乏对自有品牌战略意义的认识，自有品牌所带来的合作或引发的冲突还不算广泛，还鲜有学者关注其对零供关系及其质量的影响。

第3章 自有品牌开发对零供关系质量的影响

3.1 自有品牌开发对零供协同关系影响的研究综述

"协同"（synergy）一词来源于古希腊，意为"协调合作"。在管理学界，首先提出"协同"理念的是美国学者安索夫，他在 1965 年出版的《公司战略》一书中，借用投资收益率确立了协同的经济学含义，即企业的整体价值大于企业各独立组成部分价值的简单总和。[①]之后，日本战略专家伊丹广之（1980）对安索夫的协同概念进行了界定，认为协同是一种发挥资源最大效能的方法，包括"互补效应"和"协同效应"两部分。此后，国外学者开始将协同观点运用于管理领域研究，并逐步探讨如何有效创造协同效应（Michael Porter，1980；C.K.Prahalad，1990）。企业视角的协同管理理论研究主要有两个分支：一是企业内部流程协同，强调企业内部资源的配置和效用最大化，它的核心是组织或系统的有序；二是企业或组织间协同，强调不同组织通过协同合作实现系统优化，从而获得比协同前更大的收益，而供应链协同则被学者们视

---

① 邹辉霞 . 供应链协同管理：理论与方法[M]，2007.31-32.

为组织间协同研究的焦点。

国外供应链协同研究起步于20世纪90年代中期，学者们普遍认为供应链协同能有效提高供应链节点企业的运营绩效（Bowersox，1990）。在企业实践成效的激励下，学者们开始尝试开发通用的供应链协同运作模型，Stewart（1997）开发出了供应链运作参考模型（supply chain operations reference，SCOR），该模型是首个研究评估和提升供应链绩效的框架模型。1999年供应链管理专家Anderson和HauLee在"协同供应链：新的前沿"一文中指出，新一代的供应链战略就是协同供应链。此后，供应链协同逐渐成为研究的热点，如Geary和Zonnenberg（2000）发现协同水平高的企业能够获得更多的利润和运营优势，且供应链中的领导者能够获得比其他成员更客观的经济和运行效益；Akkermans和Pual Bogerd（2004）通过案例研究证明：在技术支持下，供应链各节点企业的联合努力、信任和透明度是实现供应链协同的关键要素。

国内学者对协同的研究，起步于20世纪八九十年代，深入研究则是在2000年以后，特别是在2005年以后，协同理论应用的领域得到了迅速扩展。近年来的供应链协同研究包括供应链协同机制（吴先金、梁培植，2008；钟祖昌，2008；余燕，2008；马翠华，2009；陆杉、高阳、黄福华，2009）、协同绩效评估（彭志忠，2008；陆彬、高阳，2009）、信息共享等协同条件（张欣、马士华，2007；陈国庆、黄培清，2007；毛文晋、江林，2007；刘志学、张贵磊、马士华，2009；苑清敏、王琳，2009）、零供协同（何寿奎，2008；刘彦、毕新华，2009；汪旭晖，2009）等多个方面。国内学者普遍将供应链协同分为战略层、策略层和技术层三个协同层次（张翠华，2005；路永和，2006；刘介明，2009；乔志强，2009）；毕新华、刘彦（2008）总结了国内外供应链协同管理研究的进展，认为目前该领域的研究成果可以概括为四个方面，分别是：供应链节点企业战略合作关系的研究；供应链及供应链管理的系统复杂性研究；供应链节点企业的协作与集成管理研究；供应链管理中的信息传递与共享问题研究[①]。

由文献归纳可见，国内供应链协同管理研究有两个侧重方向：一个是信息共享，另一个是供应链协同绩效评价。作为实现供应链协同的关键技术手段，许多学者研究了供应链协同中信息共享的积极作用以及共享信息的实施策略（陈国庆、黄培清，2007；毛文晋、江林，2007；陈君，2009；张志清，2009）。而绩效评价体系是协同优劣的衡量标准，其能够体现协同的价值，值得肯定的是，国内学者已经从不同的角度和层次构建了包含全面测评指标的供应链协同评价体系（葛亮，2005；张翠华，2006；彭志忠，2008；王红梅、史成东，2009）。上述成果为本书实证研究的开展打下了良好的基础。

零供之间的协同实践要领先于学术界的协同研究，20 世纪 90 年代，宝洁和沃尔玛在分类管理和供应链合作（包括信息共享）中的初步成功引发了快销品供应链节点企业开始结成联盟以消除供应链中的无畏损耗，即著名的"CPFR"（Collaborative Planning、Forecasting and Replenishment）。事实上，零供之间协同关系的研究在供应链协同理论出现之前就已经存在。Shapiro 早在 1977 年就讨论了营销领域和生产领域产生冲突的原因，指出了两个领域协同是趋势；后来 Pasternack（1985）在文章中利用随机模型分析了零供二级供应链的最优定价和回购政策问题，发现如果回购政策允许零售商把未售出产品退还给制造商，而且没有质量限制，那么可以实现系统协同；Eliashberg 和 Steinberg（1987）提出了最优控制模型，试图在产销协同领域整合几个通常被学者分开探讨的问题，如分销商定价政策、库存策略和制造商生产计划等。Weng（1995）探讨了数量折扣和特许经销费用对渠道协同的影响，被认为是把价格因素引入供应链契约机制的开山之作。直至1997 年，Padmanabhan 和 Whang 在《管理科学》发表了"牛鞭效应——供应链信息传递失真的产物"一文，讨论了需求信息在供应链中失真的影响，也就是牛鞭效应。"牛鞭效应"的存在，被学者认为是促使零供协同的重要原因，受之影响学者们对零供之间信息共享的作用进行

---

① 毕新华，刘彦.供应链协同管理研究评述[J].社会科学战线，2008（9）.

了特别的关注，M.Fisher（2000）等研究了包含一个供应商和 N 个零售商的零售供应链中信息共享对双方库存管理的价值，研究发现信息共享可以降低库存持有成本，缩短订货提前期。Chen（2000）等研究了包含一个零售商和一个制造商的两阶段供应链，利用需求预测和订货提前期两个要素对比了有无信息共享两种情况下的供应链牛鞭效应，发现节点企业共享需求信息能有效降低牛鞭效应的影响，但并不能完全消除牛鞭效应。Lee（2000）等对节点企业信息共享的收益和驱动因素进行了分析，通过对终端需求不确定的二级供应链的研究发现：需求信息共享能为节点企业带来巨大价值收益，特别是在需求随时间明显变化的情况下。可见，信息共享作为零供协同的重要影响因素得到了学术界的公认。Togar M.Simatupang 和 Ramaswami Sridharan（2004）开发了零供协同的测度量表，并验证了信息共享、协同决策、激励相容对零供协同的影响，文章同时验证了协同对零供双方绩效的积极作用。

国内对零供协同的研究明显晚于国外。饶菲（2002）认为渠道控制权争夺的实质是由于零供彼此不信任而导致市场交易费用增加的结果，零供合作伙伴关系的建立，有助于企业适应价值链一体化，在协同价值链上获得更大的"净竞争优势"。王效俐、安宁（2003）从定价问题入手，在追求流通渠道利润最大化的前提下，建立了零供联盟定价模型，认为利润分配策略可以调动零供双方建立联盟的积极性。夏蔚军（2005）提出了由利润共享与回购契约组合而成的新型混合契约，并用该契约对单供应商——单零售商，以及单供应商——多零售商组成的两级供应链模型采用博弈论进行了协同分析，分析结果显示，混合契约可以使供应商与零售商协同，并使供应链渠道总利润最大化。

张欣、马士华（2007）分析了信息共享与协同合作在供应商与制造商的不同策略组合下对该供应链收益的影响，结果表明，供应链从传统模式转向完全信息共享与协同合作模式，制造商的订货次数、供应商的调整准备次数以及运输次数都大大减少，系统总成本显著下降。信息共享能够降低成本，但主要收益来自系统的协调决策（协同合作所带来的收益要大大超过信息共享所带来的收益），而且这些收益并不是均匀地在各成员间进行分配的，而是随策略的不同而不同①。

可见，国内外学者对零供协同的研究已经开始走向深入。但现有的成果中，以博弈论和数理分析开展的研究较多，对零供协同水平做出测度开展实证研究和分析的还很少，特别是缺少对国内零供协同水平的测量和协同标杆的确立。当然，国内外学者探讨自有品牌开发对零供协同影响的研究成果还不多见，不过闫传强（2010）在国内通过实证研究发现，开发自有品牌的零售商所感知的零供协同水平要显著高于未开发自有品牌的零售商，其所探索的研究路径为本书后续扩展研究打开了空间。

零供协同是零供关系和谐发展的必然趋势，其发展状况取决于零供双方经营理念的成熟。其中，零售商经营理念的成熟是十分关键的，因为毕竟在零供协同过程中，零售商发挥了更多的面向市场前端的先导作用。零售商的成熟需要完成两个方面的转变，一是其面向顾客的经营模式要从"食利型"转变为"价值创造型"，并且这与零售商自身规模的大小无关；二是其面向供应商的管理模式要从"采购型"转变为"供应链管理型"。自有品牌开发，恰恰在一定程度上代表了零售商的成熟度，这是因为自有品牌开发使得零售商必须要考虑向上游的沟通、协作甚至投资问题，这其中，相当一部分工作内容要和供应商打交道，这是因为，零售商不可能全部自行投资生产自有品牌产品，大多数的情况下会选择与制造商联合开发设计并委托其贴牌生产。这会在上述"两个转变"锻炼零售商，从而促使零售商走向成熟，并积极发展同供应商的协同关系。但是，零售商在自有品牌开发的起步阶段，也难免会走捷径对供应商产品进行复制或抄袭，进而在诸如信息共享等方面影响同供应商的协同（闫传强，2010），并且，诸多协同措施（如 ECR）虽然对供应商效益有积极影响，但也会对供应商产生更大的负面不平等。然而，零售商能力和供应商信任会缓和一些主要影响（Daniel Corsten 和 Nirmalya Kumar，2005）。

---

① 张欣，马士华.信息共享与协同合作对两级供应链的收益影响[J].管理科学，2007（1）.

3.2 自有品牌开发对零供渠道权利关系影响的研究综述

　　理论界普遍认为，渠道权力是一个渠道成员对于另一个在同一渠道中不同层次上的渠道成员的影响力。关于渠道权力的来源，有两种较为普遍的说法：一是依赖—权力说，二是权力基础说。"依赖说"认为，渠道权力来源于依赖，如果 A 依赖于 B，那么在一定程度上，B 就对 A 拥有权力；反之亦然。权力基础说认为，与其他权力一样，渠道权力也有六种基础，即奖励权力、强迫权力、法定权力、认同权力、专家权力和信息权力；以上六种权力基础也可以划分为两种，一种是强制性权力基础，由上面的强迫权力构成；另一种是非强制性权力基础，由除强迫权力以外的其他权力构成。[①]

　　正如本书前面论述的流通主导权转移问题，流通领域的渠道权力似乎已经由制造商向零售商发生了转移，营销因素控制权（如产品设计、促销安排、货架空间支配等）正从制造商转移到零售商（杨真，2009）。信息、消费者权力、成本转移成为影响渠道权力的主要因素，在这三个方面，零售商的优势越来越明显。零售商渠道权力的增强必将影响其市场行为，大型零售商渠道权力的增强对制造商造成的影响是直接而巨大的。Dobson（2005）认为，大型零售商的渠道权力在其与供应商的合作协议中得以显现：零售商不仅可以获得直接的财务利益，还可以获得更多的非财务利益。此外，Krishnan 等（1997）探讨了食品零售行业中的"利润保证"（guarantee of margin）现象，[②]这说明零售商的渠道权力使用方式越来越多。与对制造商施压形成鲜明对比的是，获得渠道权力的零售商并未对消费者使用渠道权力，如 Jean Franois（2001）和 Derek Baker（2003）等分别针对加拿大、丹麦等国的食品供应链进行了研究，得出了相似的结论，即零售商很少运用渠道权力来提高食品价格。可见，渠道权力更多地被零售商用来向上游索取利润

---

① 庄贵军，周筱莲，王桂林.营销渠道管理[M].北京：北京大学出版社，2004：11.
② "利润保证"是指部分制造商和零售商合同中的一种霸王条款，不管零售价格如何，都要保证零售商能获得一定的利润。

空间。

如前文综述，国外学者已经证实零售企业开发自有品牌会极大地增强自身的渠道权力水平（Narasimhan 和 Wilcox；1998）。在国内，很多学者在渠道权力领域开展了相关领域的研究（庄贵军，2003；张闯，2007；胡保玲、徐玲，2007；等等），有的学者在研究中确认了渠道权力（流通主导权）的对角线转移现象（杨慧，2002；曹艳爱，2007）。上述学者们的研究视角更多地关注在渠道权力本身，如渠道权力结构、运用及其对渠道关系质量的影响上，及针对行业性的渠道权力实证检验。把相关因素作为自变量检验其对渠道权力影响，应该说是一个重要的研究视角，目前开展的研究还不多。庄贵军、席酉民（2004）研究了中国营销渠道中私人关系对渠道权力使用的影响，张闯、杜楠（2012）研究了企业社会资本对渠道权力与依赖的影响。而在国内自有品牌的研究文献中，将其作为自变量的实证研究还不多。

可以判断，在我国现阶段，渠道权力的转移正在加速进行，传统渠道之争加之现代混合渠道，使得渠道冲突不断激化和升级。如何提高自身的价值创造能力，进而在渠道利益分配中获取更多收益，开始成为国内零售商关注的一个问题。面对自有品牌在发达国家零售市场的快速成长状态，我们有理由对国内尚处于初级发展阶段的自有品牌发展空间充满想象。那么，国内处于初级发展阶段的自有品牌，其开发是否像发达国家市场一样，对零售商渠道权力水平产生了显著影响呢？自有品牌开发对零售商渠道权力和关系质量是如何发生影响作用的？杨树林（2011）通过实证研究发现，开发自有品牌的零售商所感知的渠道权力水平明显高于未开发自有品牌的零售商，其所探索的研究路径为本书后续扩展研究打开了空间。

由上可见，尽管国外学者们一致认为自有品牌的出现是市场力量不断向零售商倾斜的结果，其不仅增强了零售商的实力，而且还提升了零售商的市场地位，并且国外学者（Narasimhan 和 Wilcox；1998）也证实了自有品牌开发会极大地增强零售商的渠道权力水平，但学者们沿循这一方向进行的拓展研究还不多。在国内，由于零售商自有品牌开发尚处于初级阶段，学者们开展的类似研究并不多见。自有品牌开发对零售商渠道权力的影响似乎已无需再做理论证明，但在国情背景下证实其是否已经对渠道权力产生影响进而是如何影响零供关系质量还是十分必要的，这会更有助于国内零售商知其然并知其所以然，以便更好地发展自有品牌，推动零供关系和谐发展。

3.3 自有品牌开发对零供关系质量影响的研究综述

关系质量的研究最早源于服务营销领域（Roberts，Varki 和 Brodie，2003），目前除了服务营销领域外，更多地应用于关系营销以及 B2B 等领域。关系质量的最初概念是由 Crosby 及其同事基于零售业背景提出来的（Crosby 和 Stephens，1987；Crosby，Evans 和 Cowles，1990）。以 Crosby 为代表的学者们主要从销售服务的角度研究关系质量，认为关系质量是顾客在以往消费满意的基础上，对销售人员未来行为的诚实和信任的依赖程度（刘人怀，姚作为，2005）。还有学者对 B2B 背景（如渠道成员关系）下的关系质量内涵进行了研究和探索，并从关系协作和关系管理层面来展开分析。Gummesson（1987）认为成功的关系有助于企业和客户建立长期业务关系，关系质量是企业与客户之间互动关系的质量。Johnson（1999）认为在 B2B 背景下，关系质量是成员关系的总体深度与气氛，是企业感知总质量中的一部分。Holmlund（2001）认为关系质量是参与关系的两个企业中的重要人物对双方商业往来的联合认知与评价。国内学者刘人怀和姚作为（2005）认为，关系质量作为感知总质量的一部分，是关系主体根据一定的标准对关系满足各自需求程度的共同认知评价。关系质量的实质在于能够增加企业提供物的价值，增强关系双方的信任和承诺，建立并维持利益双方长久关系的一组无形利益。彭雷清和张丽娜（2009）认为，B2B 渠道成员关系质量的内涵主要应考虑加强双方（合作）关系的管理，增加对承诺、信任以及冲突减少等因素的重视，减少双方的机会主义行为。

在过去的二十多年里，针对关系质量的衡量问题，学者们做了大量研究，各自根据不同的研究目的提出了不同的测量模型。Crosby、Evans 以及 Cowles（1990）在零售业背景下提出了关系质量结构是信任和满意构成的二维概念，在后来学者们提出的关系质量测量模型中，大多以 Crosby 及其同事的研究为基础。20 世纪 90 年代，关系质量测量的焦点转到了合作，开始强调关系中的承诺和信任（Morgan，Hunt，1994）。Mohr 和 Spekman（1994）在实证基础上，提出成功合作伙伴关系的基本特征是沟通质量、信任、承诺、参与、合作以及冲突的共同解决等，此模型对 Dwyer 等（1987）提出的满意、信任以及减少机会主义的三维度测量模型进行了拓展。Kumar 等（1995）在研究公平对非对称 B2B 关系的影响时，针对关系成员长期关系发展的需要，提出涉及冲突、信任、承诺、持续的期望以及投资的意愿等维度的测量模型。Smith（1998）提出，关系质量至少应包含信任、承诺、满意三个维度。Naude 和 Buttle（2000）通过与 40 名高管的深度访谈，提出高质量的组织间关系测量维度包括：信任、需要的满足、供应链集成以及利润。Fynes 等人（2004，2005）在研究不确定的竞争环境中，供应链关系质量对绩效影响时，提出关系质量包含适应、合作、沟通、信任四个维度。Su 等人（2008）提出供应链关系质量由信任、沟通、合作/制度化、适应及氛围构成，这些要素描述了关系的各个方面，其中沟通和信任代表了企业与企业之间的关系。除此之外，有的学者在关系质量测量中还涉及到顾客定位（Dosreh 等，1998），合作准则（Baker，Sinpson，Siguaw，1999）等。Naude 和 Buttle（2000）则指出关系质量是个多维度的构念，没有唯一的关系质量测度方法，整体关系质量的测度必须包括不同的维度。

国内学者刘人怀、姚作为（2005）在研究国内外关系质量研究文献之后，提出无论在什么行业背景下，信任、承诺、满意都是主要的关系质量维度。在 B2B 渠道成员关系中，沟通质量、冲突的处理、参与、关系投资等都可以作为关系质量维度的备选因素。彭雷清、张丽娜（2009）在研究 B2B 情境下渠道关系质量影响因素时，认为关系质量的测量不仅要考虑信任和承诺，还需要引入关系持久性期望以及关系强度等维度。

如前文综述，零供关系涵盖了多种维度关系（阮平南，姜宁，2009），但不管从哪些维度对零供关系做出考量，最终的结果表现为关系质量。零供双方作为营销渠道的重要成员，渠道视角是学者们研究零供关系时的一个重要依托，可以说，零供关系在本质上是渠道关系。因此，理论和方法的成熟决定了立足渠道关系是对零供关系作出实证检验的最佳选择。从国内外研究来看，在对关系质量的测量上，信任与承诺均被认同为关系质量的核心因素（如 Morgan，1994；Kumar，2003；Rauyruen，Milier，2007；刘人怀，2005）。鉴于目前国内零供关系不断恶化，冲突时而发生，本书认为零供关系质量的测量，除了考虑信任及承诺两个主因素外，冲突和沟通因素必不可少，因此本书确定零供关系质量的四个关键构念为冲突、沟通、信任和承诺，相应的测量量表使用国内比较成熟的研究量表（庄贵军，2007）。

零售商自有品牌开发会对制造商品牌构成冲击，其可能会引发零供冲突，导致零供关系质量恶化。当然，自有品牌开发也有可能会改善零供关系质量，如强化零售商与贴牌厂商的沟通与交流，促进零供发展协同关系等。因此，自有品牌开发对零供关系质量的影响，将是一个有待实证检验、颇具研究意义的命题，目前在国内外的文献中，还没有学者对这一问题展开研究。

本书在实证部分，将以零售商为研究主体，通过零售商对零供之间关系满足彼此需要的综合认知评价来测量当前零供关系质量。当然，从单方面感知的角度取得数据，主要是为了样本选取的便利性和可行性，如果从零供双方来取得评价数据，将会使得研究设计和样本选择变得十分艰难。但从自有品牌作为自变量的角度来看，使用其主体——即零售商的单方向感知数据，也是可以接受的（Zemanek 和 Pride，1996；Dapiran 和 Hogarth-Scott，2003）。

3.4　模型构建与研究假设

3.4.1　自有品牌开发程度的衡量

在衡量某地区或某个国家自有品牌开发情况或程度时，国外学者普遍采用销售数额或销售份额等市场份额指标，但一般都作为统计指标来对待。事实上，对作为研究模型自变量的自有品牌开发情况做出科学而又客观的衡量，单纯作为结果统计的市场份额描述是难以全面反映自有品牌开发情况的，因此还需发展衡量自有品牌开发程度的评价指标体系。闫传强（2010）纵览文献整理出来的国内外学者用于描述自有品牌开发程度的评价指标主要有：开发历史（推出时间）和品类总数（Alan C. Middleton，1996），自有品牌及其子品牌总数、销售额度（Lorri Grant，2004），自有品牌产品生产方式、自有品牌产品物流及配送模式（李健生、闫传强，2010），消费者对自有品牌的接受程度（McGoldrick，1984；Alan C. Middleton，1996），自有品牌产品品类与零售业态组合、产品类型与经营策略组合（Kumar 和 Steenkamp，2007），自有品牌社会普及程度（Alan C. Middleton，1996）等。如上可见，学者们总结概括出来的自有品牌衡量维度还是不少的，但针对国内自有品牌发展处于初级阶段的实情，上述维度不一定都能够适用或者能够找到衡量的数据，因此还需要针对国情进行筛选。

基于上述，本书在开展案例研究的同时，捎带完成了基于国情的自有品牌开发程度相关衡量维度适宜性的高层访谈。本书认为，国内零售商自有品牌开发程度可以从两个大的方面做出衡量：一是自有品牌的开发规模因素；二是自有品牌的获取方式因素。本书结合访谈将自有品牌的品类总数、品项总数、品牌数量、销售份额等归类为零售商自有品牌的开发规模因素；将自有品牌产品开发独立性、物流独立性归类为零售商自有品牌的获取方式因素。上述两个方面及其维度构成了本书实证研究部分作为自变量的自有品牌开发程度的测量维度，并基于此完成了问卷设计。

本书将前面提到的消费者接受程度和社会普及程度归类为零售商自有品牌的社会认知因素，本书研究重心在于零供关系，没有必要把消费者视角纳入进来，因此在行文中也就没有考察这一因素。上述开发规模因素与获取方式因素是从零售商自身出发的确定自有品牌开发衡量维度，开发规模反映了自有品牌开发"横切面"的数量与范围程度，获取方式反映了自有品牌开发"纵切面"的独立与速率程度。

零售商自有品牌开发规模因素是衡量其开发程度的最直接的因素，主要包括：（1）品类数量，即零售商自有品牌涉及的品类数量，其在某种程度上反映了零售商开发的广度或宽度。

（2）品项数量，该维度反映了零售商自有品牌开发的长度或深度，品项数量越多说明零售商自有品牌开发越成熟。

（3）品牌数量，即自有品牌使用统一品牌或子品牌的数量，其在一定程度上反映其自有品牌开发规模，同样反映其成熟度。

（4）销售份额，该维度是零售商自有品牌相对规模的最直接反映。

零售商自有品牌获取方式因素是衡量其开发程度的间接因素，主要包括：

（1）开发独立性，包括开发与生产两个联动因素，开发主要是自有品牌产品的研发和设计工作，可以由零售商独立完成，也可以与制造商一起完成；自有品牌的生产方式主要包括自营生产、贴牌生产、联营生产（参股或控股）等。

（2）物流独立性，主要指自有品牌产品的物流与配送活动，是由贴牌厂商负责组织还是由零售商自行组织，或是交由第三方物流组织。开发独立性在某种程度上也体现了对渠道的控制力度，如自营生产情况下零售商完全拥有自主话语权，自行开发设计并生产，能完全控制自有品牌产品的生产及销售；而选择其他生产形式时只能部分控制。物流独立性反映了零售商自有品牌开发的速率，因为物流是零售商的"七寸"，良好的物流系统直接决定了零售商运营速度，同时也会决定其自有品牌开发运营的速度。

综上所述，本书确定了检验零售商自有品牌开发程度的评价指标见下表3-1：

表3-1 **自变量及其测量指标**

自变量	子变量	测量指标
自有品牌开发程度	开发规模因素	品类数量
		品项数量
		品牌数量
		销售份额
	获取方式因素	开发独立性
		物流独立性

3.4.2 零供协同水平的衡量

如前面综述，Bowersox（1990）指出供应链协同能有效提高供应链节点企业的运营绩效，学者 Simatupang 和 Sridharan 则在 2004 年的研究中对零供协同水平做出了有效测量。这表明作为供应链代表类型之一的零供之间的协同，既已被证实可测量，又能够提高供应链绩效，这一点已被诸多学者证明和讨论（Lee 等，1997；Spekman 等，1998；Stan 等，1999）。

上述对零供协同水平做出测量的两位国外学者（Simatupang 和 Sridharan，2005）认为零供协同应主要涵盖信息共享、同步决策机制、激励相容机制三个方面，后来国内学者汪旭晖（2009）以他们的供应链协作机制为基础，建立了一个零供关系体系框架（准确地说应该是协同关系），该框架由 5 个核心维度构成：即协同绩效评价系统、信息共享、激励相容、协同决策、供应链流程整合①。综合以上国内外学术观点，笔者认为信息共享、同步决策、激励相容能有效衡量零供之间的协同水平，是协同的表现，而供应链流程整合则是协同的实现手段，至于协同绩效评价，可以被认为是协同结果。

信息共享是指供应链参与者可以获得其他参与节点企业所拥有的私有信息，以监控产品在供应链各环节的流动过程（汪旭晖，2009）。信息共享可以被认为是供应链协同的起点，其可以使决策者把握供应链的整体情况，了解需求与能力正在发生的变化，从而更快速、更准确的满足终端客户的需求。事实上，零售商与供应商之间可共享的数据涵盖很多方面，如销售时点数据（POS）、需求预测、库存水平、配送时点、库存成本等。可见，信息共享在供应链协同中发挥了关键初始作用，其能够让供应链变得透明，进而提高预测准确性和订单履约率，使需求不确定性造成的威胁最小化（Fisher，1997），同时也是供应链各节点企业同步决策的重要前提。

同步决策就是供应链各节点企业在信息共享的前提下，联合制定计

---

① 汪旭晖. 基于供应链协作的零供关系体系框架研究[J]. 北京工业大学学报（社会科学版），2009（4）.

划和运营行动方针。同步决策的内容主要包括：联合确定终端产品目标市场，联合确定对终端客户的服务水平，联合制定一致的促销计划，基于共享信息联合对市场需求做出预测以及进行匹配的订单生产和配送等。同步决策使得供应链各环节的决策实现了同步性，这大大缩短了配送需求与实际配送间的差距，提高了顾客对供应链企业履约程度的满意水平（Ramdas 和 Spekman，2000）。通过同步决策，将产品、生产、配送、促销、服务水平等决策进行整合，为供应链中各决策主体提供了更加完整的决策信息，从而实现节点企业与供应链主体的一致性。同步决策使得供应链中全部节点企业形成了"全部决策都是为了服务终端客户"意识（Simatupang 和 Sridharan，2004）。

激励相容是同步决策的激励表现，是指供应链各方之间共担成本和风险，共享利润和收益。如果信息共享体现为信息流，同步决策体现为工作流，激励相容则体现为增值流，设立并应用适当的激励措施，能激发节点企业为了供应链的整体利益而努力（Simatupang 和 Sridharan，2002）。可见，激励相容是一种将供应链各方的个体努力与供应链整体绩效提升相联系的一种好方法。宝洁与沃尔玛之间的供应链合作是零供协同的典范，零供协同可以兑现的激励包括如因销量增加而带来的商业利润增加，也包括如降低库存成本而带来的绩效提升（Corbett 等，1999）。

3.4.3　模型构建与假设提出

本书以自有品牌开发程度作为自变量（以后在自变量描述上简称为自有品牌开发），以零供协同水平和零售商渠道权力水平作为中介变量（以后在变量描述上简称为零供协同和渠道权力），以零供关系质量作为因变量（以后在变量描述上简称为关系质量）。结合前面章节的综述，构建起研究模型如下（见图3-1）。

1. 自有品牌开发对零供关系质量的影响

零供关系质量可以说是对零供双方关系强度的一个整体衡量与评价，反映了关系满足双方需求和期望的程度。本书选取冲突、沟通、信任和承诺作为零供关系的衡量指标。冲突是指零供任何一方意识到对方

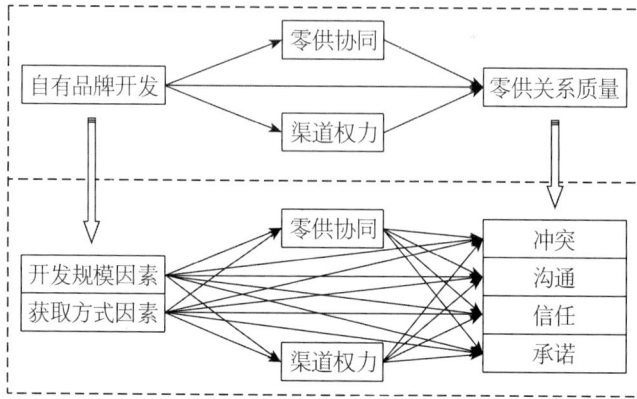

图 3-1　研究模型

妨碍或干扰自身的有效运作及目标的实现；沟通是指零供双方在各个层面上信息与思想的传递、反馈过程，最终达成一致实现互利共赢的过程；信任是指零供双方对彼此所持有的信念或期望；承诺是指零供双方想要发展彼此稳定关系的期望，牺牲短期利益以维护关系的意愿以及对关系稳定性的信心（Andesrno 和 Wezti，1992；Mogrna 和 Hunt，1994）。

零售商开发自有品牌会对制造商及其品牌造成冲击，其对制造商品牌的威胁程度来源于自有品牌的复杂程度。在零售商自有品牌开发初期，大多依赖制造商的贴牌来完成自有品牌产品的生产，这是需要加强与制造商的沟通和合作；当零售商自有品牌产品涵盖的品类数及其品项总数不断延伸，市场份额不断增长时，这种威胁便会更加明显，甚至因为抄袭制造商产品而引发冲突进而造成零供关系质量恶化。可见，在自有品牌开发的不同阶段，对零供关系质量的影响有所差异。基于此，提出假设：

H-a1：自有品牌开发规模对零供之间的冲突有显著性正向影响

H-a2：自有品牌开发规模对零供之间的沟通有显著性正向影响

H-a3：自有品牌开发规模对零供之间的信任有显著性负向影响

H-a4：自有品牌开发规模对零供之间的承诺有显著性负向影响

自有品牌开发生产以及其产品的物流方式反映的是零售商对产品纵向流通过程中价值流的控制力，是零售商垂直能力的重要构成要素（李健生等，2010）①。因此，自有品牌产品获取独立程度是自有品牌开发的一个重要衡量维度，其有可能影响着零供之间的渠道权力的配置，进而影响零供之间关系质量的感知。

品牌制造商为自有品牌生产已是一个普遍存在的现象，全世界目前大约有30%的制造商生产自有品牌产品，同时又与零售商抗争，在美国，估计就有超过一半的品牌制造商同样为零售商生产自有品牌。从短期来看，自有品牌生产订单可以解决制造商产能过剩问题，为其带来额外的利润，零供之间为了各自利益进行了短暂的"合作"，相互依赖且沟通频繁，零供关系质量暂时获得提升。但从长期来看，贴牌会导致制造商品牌产品与自身品牌产品之间的差异减小，降低消费者为品牌支付溢价的意愿，最终导致制造商陷入一种恶性的循环（见图3-2）。

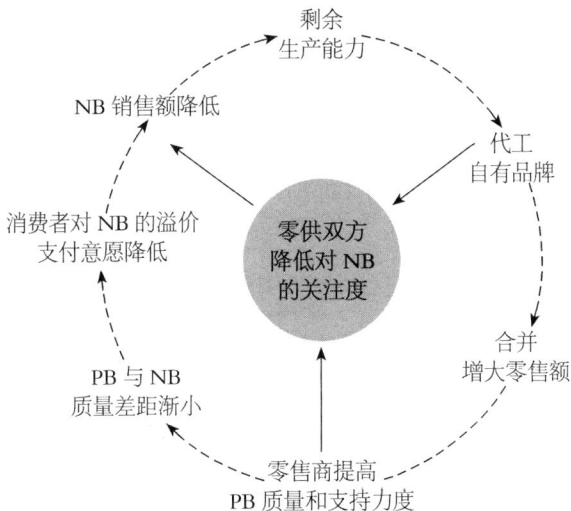

图 3-2　制造商代工自有品牌恶性循环②

因此，零售商自有品牌生产独立性越强，越会不断强化自身生产者和分销者双重属性，不仅可以一定程度上避免制造商陷入恶性循环中，同时零售商渠道权力也会因与制造商"事不关己"而有所弱化，可以缓和零供紧张关系，促进合作。

---

① 李健生，闫传强，等.自有品牌对零售连锁垂直能力的影响研究——以辽宁为例.辽宁省人文社科研究项目，2010(5).
② 库马尔，斯丁坎.自有品牌：狼来了——制造商如何应对销售商产品的挑战[M]. 段纪超，译.北京：商务印书馆，2009：161.

自有品牌物流独立性代表了零售商物流能力，该能力可以加强零售商的纵向价值流控制能力，从而将产销链条中其他节点企业的利润逐渐侵蚀。自有品牌物流独立性强弱对其产品的利润空间生成而言至关重要，而对零供之间的其他产品利润空间影响较小（与零售商的盈利模式有关）。因此，本书认为零售商自有品牌产品获取的物流独立性越强，也意味着零供之间因为断货、缺货等原因而造成的矛盾和冲突越少，越会缓和零供关系。基于此，提出以下假设：

H-b1：自有品牌获取独立性对零供之间的冲突有显著性负向影响

H-b2：自有品牌获取独立性对零供之间的沟通有显著性正向影响

H-b3：自有品牌获取独立性对零供之间的信任有显著性正向影响

H-b4：自有品牌获取独立性对零供之间的承诺有显著性正向影响

2. 自有品牌开发对零供协同水平的影响

在前文的综述中，还没有发现国内外学者对中国市场自有品牌开发是否对零供协同产生影响做出实证回答。事实上，抛开自有品牌开发，零供之间的协同也是存在的，只不过，自有品牌开发增加了零售商和制造商打交道的频率和机会，理论上也会对零供之间的信息共享、同步决策和激励相容产生不同程度的影响，但这取决于自有品牌开发的程度。那么，在中国目前市场状况下，零售商自有品牌开发状况是否对零供协同产生影响呢？

在零供组成的供应链中，零售商最接近终端的顾客，最了解市场需求的变动及其趋势。在零供协同中，零供双方需要最大化的满足消费者需求，因而零售商承担着将需求信息及时传递给供应商的使命，并希望其生产出适销对路的产品。零售商开发自有品牌后，一方面可能亲自涉足生产领域，及时响应消费需求；另一方面，基于角色转换的切身之感，可能会进一步体会到与制造商信息共享的意义。但随着自有品牌开发程度的加大，在利润最大化的驱使下，零售商也有可能对与自身有竞争的厂商刻意掩盖信息（包括反过来利用销售数据对这些厂商产品进行复制），从而减少或降低信息共享的程度。

Nandan 和 Dickinson（1994）分析指出，自有品牌开发是零售商市场权力增强的表现，并明显影响到了制造商产品的销售及零供之间的议价谈判（Scott Morton 和 Zettelmeger，2000）。在一些市场上，自有品牌与制造商品牌展开了激烈的市场份额竞争，如在加拿大软饮料市场，制造商品牌与自有品牌为争夺市场份额展开了正面交锋。由此可见，自有品牌成长起来后会直接影响制造商品牌的利益，必然会引起制造商的不满和对抗。Stephen J.hoch（1996）撰文指出，目前大部分制造商将零售商自有品牌作为同等的制造商竞争对手看待，而与其他竞争者不同的是，零售商同时还是制造商的客户。因此，自有品牌不仅是零售商的获利工具，同时也是零售商的战略武器。通过自有品牌开发，零售商一方面牢牢控制了为其贴牌加工的制造商；另一方面增加了其与品牌制造商谈判的力量（Pradeep K. Chintagunta 等，2000；Caprice，2006）。品牌制造商进而面临着一个矛盾的选择，要么放弃零供协同选择与零售商自有品牌去对抗；要么冒着走进恶性循环的风险选择给零售商去贴牌。因此，对品牌制造商而言，低下头来选择贴牌，可以通过信息共享、同步决策和激励相容让零供更加协同，但恶性循环的风险也是存在的；如果选择对抗，则或多或少对零供协同会产生影响。

可见，自有品牌开发打破了零供之间供应链利润分配格局，并造成了制造商产品批发价格降低的后果，而且随着自有品牌产品质量的不断提高，其降价幅度越来越大（Mill，1995）。Kim（2001）认为零售商通过自有品牌开发获得了本该属于制造商的额外利润，引发了利润由供应商向零售商的转移。Hisashi Kurata（2006）研究认为自有品牌出现后，零供双方在定价策略、促销策略、库存策略等方面都须作出重新调整，才能保证供应链绩效最大化。在前述零供协同关系的分析中，利益分享、风险共担是关系成立的基础，即供应链条中的节点企业需要为整体利益最大化而努力。而零售商开发自有品牌后，不但对零供利润分配结构产生了影响，也改变了传统零供协同中的激励相容机制，传统均衡的打破必然会引起零供关系的波动。

综上所述，零售商自有品牌开发可能会在不同程度上影响了零供之间的信息共享、协同决策和激励相容，进而也会影响零供之间的协同关系，并打破了传统供应链中零供之间形成的稳固平衡关系。

零售商未开发自有品牌前，零供双方在供应链合作发展中会尽力实现信息共享、决策同步，以便更好地彼此配合，适应市场要求（Simatupang 和 Sridharan，2004）。但零售商开发自有品牌后，零供之间的信任和承诺关系开始发生转变，先前与供应商的信息共享会出现滞后，导致零供协同水平下降（闫传强，2010）。零售商自有品牌开发有一个起步、彷徨、坚持和快速成长的过程，当零售商自有品牌开发的品类越来越多，市场规模越来越大时，其要整合和利用的信息就会越来越多，甚至有些零售商几乎全部销售其自有品牌产品（如英国玛莎百货、德国阿尔迪）。在上述情况下，除个别强势品牌制造商外，其他制造商几乎沦为零售商的配套贴牌生产厂商，零售商完全占据了流通渠道的主导权，零供协同带来的绩效已经不再是其重要的利润来源。相反，除了甘心贴牌的制造商还在与零售商保持紧密的协作外，品牌制造商因担心陷入恶性循环而对零售商开始顾忌起来。通过自有品牌开发积累起产品开发经验的零售商，甚至自行设厂或开辟基地组织产品生产，对制造商的依赖越来越低，甚至通过自组织物流与配送提高了自身分销体系的反应速度；当然，依靠逐步完善起来的物流系统，零售商和包括贴牌厂商在内的供应商之间的物流响应和协同配合能力会越来越高。

基于此，本书提出相关假设如下：

H-c：自有品牌开发规模对零供协同水平有显著性负向影响

H-d：自有品牌获取独立性对零供协同水平有显著性正向影响

3. 自有品牌开发对零售商渠道权力的影响

按照渠道权力使用的方式可以将其划分为强制性渠道权力和非强制性渠道权力，自有品牌能够增强零售商的渠道权力，这一点已被国外学者所证实（Narasimhan 和 Wilcox；1998）。还有学者从不同层面表述了自有品牌对制造商的影响，如 Scott Morton 和 Zettelmeyer（2000）指出，零售商引入自有品牌更主要是将其作为一种战略武器来迫使供应商让步；Chintagunta（2000）认为自有品牌推出后，供应商对零售商的强硬态度有所软化。这表明，自有品牌推出后，零售商的地位有所加强，也使得其对供应商的后向一体化威胁成为可能。在中国市场上，自有品牌开发处于初级阶段，市场份额或销售比例还较低，那么，零售商自有品牌开发现状是否已对零售商渠道权力产生影响呢？基于此，本书首先提出如下假设：

H-e：自有品牌开发规模对零售商渠道权力有显著性正向影响

零售商通过开发自有品牌会逐步掌握制造商在产品生产方面的信息，也会共享它们的最新产品科技，因此，在自有品牌发展初期，制造商还是十分抵触为零售商贴牌的。更可怕的是，当品牌制造商为零售商贴牌生产自有品牌时，会导致制造商对自身品牌的关注度下降及自身产品与自有品牌产品质量差距的缩小，制造商有最终沦落为零售商"自有品牌加工厂"的风险。相反，如果零售商自有品牌获取独立性越强，零售商就越独立，供应商对其依赖性就越低，相应其对制造商的支配力也就越低。但物流独立能力是零售商的核心竞争力，能提高零售商在同制造商博弈中的地位。由此，本书提出如下假设：

H-f：自有品牌获取独立性对零售商渠道权力有显著性负向影响

4. 零供协同对零供关系质量的影响

从欧美等国家零售业发展的经验看，零供协同是零供双方关系发展趋于成熟的一个重要标志，在协同的关系下，供应链效率大大提高，而成本则明显降低。可见，相对零供博弈而言，零供协同能够有效地促进零供关系的和谐发展，并改进零供关系质量。据中国连锁经营协会与IBM公司联合开展的《2009年中国零售与快速消费品行业工商协作调查报告》显示，在金融危机中，中国零供关系已开始显现出协同发展的趋势。那么，目前国内零供协同的发展水平与现状如何？其是否已经对零供关系质量产生显著影响呢？基于上述，本书提出相关假设如下：

H-g1：零供协同水平对零供冲突有显著性负向影响

H-g2：零供协同水平对零供沟通有显著性正向影响

H-g3：零供协同水平对零供信任有显著性正向影响

H-g4：零供协同水平对零供承诺有显著性正向影响

5. 渠道权力对零供关系质量的影响

如前文综述，自有品牌开发会增强零售商的渠道权力，进而会影响到零供关系及其质量。那么，渠道权力会不会对零供关系质量产生影响呢？唐鸿（2009）以分销商和供应商为研究对象，构建了渠道权力对关系质量影响的概念模型，实证检验了渠道权力对渠道关系质量的作用机理。本书在这里以零售商自我感知测试为基础，探讨零售商渠道权力感知水平对零售商与供应商之间关系质量的影响。一般而言，零售商感知自我渠道权力越大，可能越会认为制造商对自己的依赖越大，越会主动积极与供应商合作并保持融洽的关系。但另一方面，渠道权力大的零售商，也往往会容易采取名目繁多的手段来"店大欺客"，进而造成零供冲突的几率加大。相对而言，自我感知渠道权力较大的零售商，越会加强与制造商的沟通，并源于自信对供应商们产生足够的信任与服务承诺。基于此，本书提出如下假设：

H-h1：渠道权力对零供之间的冲突有显著性正向影响

H-h2：渠道权力对零供之间的沟通有显著性正向影响

H-h3：渠道权力对零供之间的信任有显著性正向影响

H-h4：渠道权力对零供之间的承诺有显著性正向影响

3.5 研究设计

3.5.1 量表设计

本书所用量表由四部分组成：零售商自有品牌开发衡量量表、零供协同测量量表、渠道权力测量量表以及零供关系质量的测量量表。

零售商自有品牌开发衡量量表主要用于测量零售商自有品牌开发规模和获取方式等子变量，并同步完成被测零售商的基本信息（企业性质、业态形式及门店数量等）的填写，该部分量表设计主要参考国内外自有品牌评价指标以及案例研究中对大型零售商自有品牌负责人的深度访谈，由笔者设计完成，其中自有品牌开发规模包括 4 个题项，自有品牌获取独立性包含 2 个题项，剩余题项为零售商基本信息和其他辅助问项。

零供协同水平的测量量表来自 Simatupang 和 Sridharan 在 2004 年研究国外零供协同时使用的量表。笔者首先将英文量表翻译成中文，然后根据研究的情境对量表题项的表达进行了修订，修订过程中与零售企业的相关人员进行了沟通，采用了零售商便于理解的用语和表达方式，其中信息共享包括 10 个问项，同步决策包括 9 个问项，激励相容包括 6 个问项。量表同样采用 5 级李克特量表进行测量，针对问项设计了 5 个满意（或符合）程度等级，受访者根据本企业的情况作出选择。

渠道权力量表来源于庄贵军教授《营销渠道管理》一书，为了便于被测试零售商的理解，笔者根据研究情景对量表题项的表达方式进行了修改，并采用 5 级李克特量表进行测量，每个问项设计了 5 个满意（或符合）程度等级，受访者根据零售商的实际情况做出选择。

零供关系质量量表的设计主要依据前文研究成果从冲突、沟通、信任、承诺四个维度来评价零供之间的关系质量，量表设计参考了庄贵军教授《中国企业的营销渠道行为研究》一书。其中，冲突量表还参考了 Kumar、Scheer 和 Steenkamp（1995）的量表；沟通量表参考了 Simpson 和 Mayo（1997）的量表；信任和承诺量表参考了 Hewett、Money 和 Sharma（2002）的量表。在量表修订过程中积极听取了国内零售商相关人员意见，最后确定冲突 3 个题项，沟通 4 个题项，信任 5 个题项，承诺 4 个题项。该部分量表所有问项都采用 5 级李克特量表设计形式，用 1—5 表示赞成（或符合）问项的程度等级，受访者依据实际情况给出答案。

整体量表见表 3-2。

3.5.2　问卷调研

1. 小样本预测试

本研究立足国内市场开展，优先选择已开发自有品牌的大型综合超市、连锁超市、连锁便利店、仓储式会员店或者地区性零售商（产权性质包括外资零售商、国有控股零售商、民营零售商等），访问对象主要是自有品牌负责人、熟悉采购和销售情况的高管人员或店总。

为确保调研的有效性，笔者采取了边进行案例研究边设计问卷的办法，先对辽宁省内 4 家零售企业自有品牌负责人和高管进行深度访谈，了解、印证自变量测量有效指标以及适合填写问卷的对象，然后结合录音与数位零售研究学者探讨并确定测试问卷和测试方案。然后，笔者利用参加在清华大学举办的"中国零售高峰会议"和联商网在南昌举办的

表 3-2 量表主要内容

测量变量	衡量维度	题项内容
自有品牌	PB 开发规模	贵零售企业开发的 PB 产品品类总数？
		贵零售企业 PB 的子品牌总数？
		贵零售企业开发的 PB 产品品目总数？
		贵零售企业上一年 PB 销售额占企业总销售额的比例？
	PB 获取方式	贵零售企业 PB 产品的开发生产方式？
		贵零售企业 PB 产品采取的物流配送方式？
零供协同	信息共享	关于促销活动的信息，贵零售企业与上述供应商共享
		关于销售时点数据的信息，贵零售企业与上述供应商的共享
		关于价格调整的信息，贵零售企业与上述供应商共享
		关于存货成本的信息，贵零售企业与上述供应商共享
		关于在库数量的信息，贵零售企业与上述供应商共享
		关于库存政策的信息，贵零售企业与上述供应商共享
		关于断货的信息，贵零售企业与上述供应商共享
		关于订单执行状态或跟踪的信息，贵零售企业与上述供应商共享
		关于需求预测的信息，贵零售企业与上述供应商共享
		关于运输安排的信息，贵零售企业与上述供应商共享
	协同决策	关于产品种类的规划，贵零售企业与上述供应商共同进行
		关于促销活动的策划，贵零售企业与上述供应商一起制定
		关于价格策略或政策，贵零售企业与上述供应商相互商讨制定
		关于突发事情，贵零售企业与上述供应商共同商讨解决
		关于订单执行异常问题，贵零售企业与上述供应商联合解决
		关于降低断货率，贵零售企业与上述供应商共同研究决定
		关于零售库存需求，贵零售企业与上述供应商共同确定
		关于需求预测的发展，贵零售企业与上述供应商联合进行
		关于最佳订货批量，贵零售企业与上述供应商联合决定

续表

测量变量	衡量维度	题项内容
零供协同	激励相容	针对重复订购，贵零售企业与上述供应商联合制定激励方案
		对库存成本降低带来的节约，贵零售企业与上述供应商分享
		对于需求高峰期，贵零售企业与上述供应商能够保障运输
		对于产品瑕疵，贵零售企业能够获得供上述应商的补贴
		对于零售减价或打折，贵零售企业能获得供应商的促销津贴
		对于订单变动，贵零售企业与上述供应商能够达成协议
渠道权力	强制性渠道权力	如果贵零售企业要求上述供应商降低其产品的出厂价格或批发价，你认为其降价响应的最大限度是多少？
		如果贵零售企业要求上述供应商增加某产品的产量，你认为其提高产量的最大限度是多少？
		如果贵零售企业要求上述供应商减少某产品的产量，你认为其降低产量的最大限度是多少？
		如果贵零售企业要求上述供应商改变其产品线的结构，如在现有产品中增加或减少某一种规格或型号的产品，你认为其改变的最大限度是多少？
	非强制性渠道权力	如果贵零售企业要求上述供应商改变其产品所做的广告或促销活动，你认为其改变的最大限度是多少？
		如果贵零售企业要求上述供应商改变其产品的顾客服务方式，你认为其改变的最大限度是多少？
		如果贵零售企业要求上述供应商改变其产品的店内展示方式，你认为其改变的最大限度是多少？
		如果贵零售企业要求上述供应商改变其产品的保证政策，如增加或减少"三包"的内容，你认为其改变的最大限度是多少？

续表

测量变量	衡量维度	题项内容
零供关系质量	冲突	有时,上述供应商阻止贵零售企业做自己想做的事
		上述供应商并不把贵零售企业的最佳利益放在心上
		在重要的问题上,贵零售企业常常与上述供应商的观点不一致
	沟通	贵零售企业的相关业务人员经常亲自拜访上述供应商
		贵零售企业与上述供应商经常进行沟通
		贵零售企业与上述供应商共享信息的范围很广
		贵零售企业与上述供应商建立了高效的信息流通机制
	信任	作重要决策的时候,上述供应商会考虑贵零售企业的利益
		对贵零售企业的重要要求,能得到上述供应商的支持
		贵零售企业确信上述供应商在履行其任务时非常专业
		贵零售企业能够相信上述供应商所做的许诺
		上述供应商具有良好的声誉
	承诺	如果有其他供应商能够提供更优惠的条件,贵零售企业便会终止与上述供应商的合作(反向计分)
		贵零售企业很看重与上述供应商的关系
		贵零售企业愿意保持与上述供应商的关系
		贵零售企业希望与上述供应商保持长期的关系

"中国零售商大会"的机会，邀请零售商高管和自有品牌负责人填写预测试问卷，同时利用 2009 年底寒假时间组织笔者所在学校硕士研究生开赴所在家乡城市进行调查，总共发放问卷 40 份，回收有效问卷 29 份（其中 6 份为电子问卷）。根据预调查数据，通过 Cronbach's Alpha 系数检验量表内部一致性信度，结果显示，Cronbach's Alpha 值为 0.730，结合 CITC 系数值以及删除题项后的 Cronbach's Alpha 值可以说明，本研究量表具有较好的内部一致性，信度水平较高。为检验量表的效度，笔者采用探索性因子分析，运用主成分分析法截取特征根值大于 1 的数据，并采用方差最大化正交旋转法来进行因子分析，分析结果显示，KMO 值为 0.573，并通过了 Bartlett's 球度检验（P<0.001），表明数据具备进行因子分析的条件。而且，4 个因子的累计方差贡献率达到 75.85%，表明量表具有良好的构念效度，最终确保了调研问卷的有效性。但在调研中也发现，由于问卷题项较多，花费了被调查者较多时间，为了将问卷填写时间控制在半小时以内，笔者将问卷中与研究或变量相关性不大的问项进行了精简。小样本预测试是研究的实验性调查过程，为大样本调查奠定了基础。

2. 大样本问卷发放与回收

完成预测试后，笔者委托东北财经大学工商管理学院的 30 名本科同学以及营销与流通经济研究沙龙的 15 名研究生同学，利用 2011 年暑假和 2012 年寒假的时间，回到家乡对其所在城市的零售企业进行问卷调研。为确保调研的质量，首先，依据家乡城市所在地对调研同学进行了选派，进而保证调研零售商所属地区的广泛性以及差异性；其次，就调研内容和要求，对调研同学进行了集中培训，详细讲解了调研对象的选择要求，明晰问卷填写要求、问卷回收后的回访监督等内容；然后，对调研员进行了零售相关理论及零售商自有品牌知识的培训；最后，为激发零售企业被访者配合调查的积极性，向同学们发放了赠予被调研零售企业的自有品牌相关书籍以及学院介绍信和笔者的名片。同时，为调动同学们的积极性，保证真实有效完成问卷调研，为每一份有效问卷支付了一定的报酬。

两次调研共发放问卷 180 份，回收中部分问卷由于回答不合要求或数据缺失较大，予以剔除。最终确定有效问卷为 151 份，有效问卷回收率为 87%。其中开发自有品牌的零售商样本数共 115 份，未开发自有品牌的零售商样本数共 36 份。所有问卷通过 EpiData3.1 录入，并采用 SPSS16.0 对数据进行管理及后续的数理统计分析。

3.5.3　数据分析方法

本书拟采用的数据分析方法主要有以下几种：

1. 描述性统计分析。对问卷数据进行描述性统计分析，有利于对数据的总体特征有个大致的了解，为进行更为深入的数据分析奠定基础。本书主要通过频数、均值、交叉列联表来了解调查对象，分析零售商基本情况、自有品牌开发状况等。

2. 信度分析。信度分析是为了检查所获得的数据是否真实反映了研究对象的实际或其真实准确的程度，问卷的信度则是指通过问卷所获得的数据资料的稳定性与可靠性程度。量表与观测数据的信度常用其内部一致性来测量和表示，并用 Cronbach´s Alpha 系数来分析李克特量表的信度，检验多选项量表的内在一致性。

3. 效度分析。效度分析是为了检验调查资料能否说明所要研究的问题及其说明的程度。在管理学研究中，主要包括以下三种效度指标：内容效度、结构效度和准则效度。其中，结构效度常用于调查问卷的分析。

4. 结构模型分析。本书将使用 SPSS16.0 和 SmartPLS2.0M3 软件完成对量表信度和效度进行检验，并利用后一种软件完成结构模型分析。

3.6　数据分析及假设检验

3.6.1　描述性统计分析

1. 样本企业所有制性质统计分析

如表 3-3 企业所有制性质统计分析可见，样本中民营或股份制性质的零售商数量最多，占全部样本企业数量的 72.2%，国有或外资性质零售商数量相对较少，分别占 9.9%和 15.2%，其他所有制性质的企业仅占 2.6%。这说明民营或股份制企业在我国零售市场已居主导地位。

从零售商自有品牌开发情况中不难发现，76.2%的被调研零售商已经涉足自有品牌开发，其中国有或国有控股、外资或外资控股的零售商样本数量虽少，但开发自有品牌的样本企业比例较高；民营或股份制零售企业开发自有品牌的样本企业比例相对低些。

表 3-3　　　　　　　企业性质与 PB 开发情况交叉列联表

			是否开发 PB		合计
			0（未开发 PB）	1（开发 PB）	
企业性质	国有或国有控股	企业数量	0	15	15
		占企业总数百分比	.0%	9.9%	9.9%
	民营或股份制	企业数量	34	75	109
		占企业总数百分比	22.5%	49.7%	72.2%
	外资或外资控股	企业数量	1	22	23
		占企业总数百分比	.7%	14.6%	15.2%
	其他	企业数量	1	3	4
		占企业总数百分比	.7%	2.0%	2.6%
合计		企业数量	36	115	151
		占企业总数百分比	23.8%	76.2%	100.0%

2. 样本企业性质与自有品牌开发历史交叉分析

如表 3-4，结合样本零售商自有品牌开发历史可以发现，外资或外资控股企业相对较早涉足自有品牌开发，一半以上样本企业开发时间在 10 年以上。在全部样本企业中，开发自有品牌时间在 1 年以内的占 6.1%，在 2—5 年的占 39.1%，6—9 年的占 24.3%，10 年以上的占 30.4%。由此可见，相比国外一百多年的自有品牌发展历史，国内零售商自有品牌开发还处于初级阶段。

表 3-4 　　　　　　　企业性质与 PB 开发历史交叉列联表

			PB 开发历史				合计
			1 年以内	2—5 年	6—9 年	10 年以上	
企业性质	国有或国有控股	企业数量	0	5	6	4	15
	民营或股份制	企业数量	7	33	18	17	75
	外资或外资控股	企业数量	0	6	4	12	22
	其他	企业数量	0	1	0	2	3
合计		企业数量	7	45	28	35	115
		占开发 PB 企业总数的百分比	6.1%	39.1%	24.3%	30.4%	100.0%

3. 样本企业规模与零售业态交叉分析

观察样本零售商企业规模及其业态的分布，发现样本零售企业已朝多业态创新方向发展，且大多数零售商都已发展了多种业态形式，超市和大型综合超市（大卖场）业态形式成为大多数零售商的选择，百货店或便利店居次。样本企业各种零售业态的连锁店数量呈现两极化分布特征，20 家以内的区间中有 146 个业态零售商，81 家以上区间有 52 家业态零售商。

表 3-5 　　　　　　　零售商规模与业态交叉列联表①

连锁门店数量	企业业态					
	超市	大型综合超市	便利店	仓储式会员店	百货店	合计
20 家以内	50	40	16	6	34	146
21—40 家	12	7	5	4	4	32
41—60 家	8	9	1	1	2	21
61—80 家	1	3	1	1	0	6
81 家以上	15	24	8	2	3	52
合计	86	83	31	14	43	—

---

① 因同一样本企业可能包含多种业态形式的连锁店，故连锁店总数与样本数量会存在差异。

4.样本企业自有品牌获取方式统计分析

如表 3-6,从样本零售企业自有品牌获取方式的统计分析可见,自有品牌开发与生产方式选择本企业自行开发设计、委托制造商贴牌的零售商占样本企业的比例高达 47.4%,与贴牌企业联合开发设计的零售商占样本企业的比例为 28.1%,样本企业中有 23.7%的零售商选择最简单的方式即由贴牌制造商开发设计,零售商直接下订单;获取独立性较高的方式,即自行开发设计、独立投资设厂生产,或者自建基地组织供货,或者前店后厂,选择上述方式的零售商分别占样本企业的 19.3%、16.7%和 20.2%。

表 3-6　　　　　　　　　零售商自有品牌获取方式统计表

PB 获取方式	类型	企业数量	占 PB 开发企业的比例
生产方式	零售企业自行开发设计,并投资设厂生产	22	19.3%
	零售企业自建生产基地组织供货	19	16.7%
	零售企业自行开发,在卖场现场加工或前店后厂	23	20.2%
	零售企业自行开发设计,委托企业贴牌生产	54	47.4%
	零售企业与贴牌企业联合开发设计	32	28.1%
	贴牌企业开发设计,零售企业直接下订单	27	23.7%
物流方式	门店下订单,总部统一配送计划,自营物流	76	66.1%
	门店下订单,总部统一配送计划,委托第三方物流(外包)	32	27.8%
	门店向贴牌制造商订货,由制造商组织配货至各门店	37	32.2%

样本零售企业在自有品牌产品物流配送方面，66.1%的企业由总部统一配送计划，通过自营物流方式来完成；总部统一配送计划，由第三方物流来完成的占样本企业的 27.8%；由制造商送货至门店的占样本企业的 32.2%。这表明，零售企业通过自营物流完成自有品牌产品物流配送的比例已经很大了，自有品牌获取方式的独立性，提升了零售商自身产品开发能力及物流配送能力。

由以上描述性统计分析可见，我国零售商自有品牌开发时间大多在十年左右，市场份额还不高，尚处于初级阶段，尽管一些零售商规模还较小，但已经开始了自有品牌开发历程。从获取方式上来看，已有一定比例的零售商开始了自主开发与生产之路，并且在配送独立性上有了良好起步。可以预见，在目前的基础上，中国零售市场即将进入自有品牌开发的飞速发展阶段，民营或股份制性质的零售商在自有品牌开发道路上拥有广阔的发展空间，并将逐渐成为我国零售市场中的重要一股力量。

3.6.2 信度和效度检验

首先，本书利用 SPSS16.0 对正式调查数据进行了量表内部一致性信度检验。分析结果显示，激励相容与承诺的 Cronbach′s Alpha 系数未能超过 0.6，为使其系数超过 0.6，（激励相容的系数为 0.546，承诺的系数为 0.590）我们对这两个变量的问项进行了删减，在对激励相容删去 rsc22、rsc23、rsc24、rsc25，对承诺删去 cmt1 后，各个结构变量的 Cronbach′s Alpha 系数都超过了 0.6。表 3-7 是调整之后的 Cronbach′s Alpha 系数值。结果显示，本研究的数据具有很好的内部一致性信度。

随后，本书又利用 SmartPLS 2.0M3 软件对量表的收敛效度和判别效度进行了检验。我们对 AVE 小于 0.5 的变量的问项进行了删减。在删减了 rpw1、rpw3、rpw4、rpw7、rpw8，rsc3、rsc5、rsc 6、rsc 7、rsc 8、rsc 9、rsc 10、rsc 11、rsc 12、rsc 14、rsc 16、rsc 24、rsc 25 以及 cct1 和 cmm1 后，各变量的 AVE 值均超过 0.5。从表 3-8、3-9、3-10 也可以看出，变量的平均提炼方差（AVE）的平方根均大于该概念与其他概念的相关系数，由此表明本研究中各概念之间具有良好的判别效度。

表 3-7 Cronbach's α 信度分析

变量	Cronbach's Alpha	问项	变量	Cronbach's Alpha	问项
渠道权力	0.685	1-8	冲突 cct	0.656	1-3
信息共享	0.818	1-10	沟通 cmn	0.709	1-4
协同决策	0.796	11-19	信任 pms	0.806	1-5
激励相容	0.605	20，21	承诺 cmt	0.876	2-4

表 3-8 各结构变量的平均提炼方差（AVE）

变量	AVE	问项	变量	AVE	问项
渠道权力	0.500	2，5，6	冲突 cct	0.704	2-3
信息共享	0.649	1，2，4	沟通 cmn	0.710	2-4
协同决策	0.527	13，15，17-19	信任 pms	0.570	1-5
激励相容	0.703	20，21	承诺 cmt	0.803	2-4

表 3-9 各结构变量的组成信度

变量	组成信度	问项	变量	组成信度	问项
渠道权力	0.7458	2，5，6	冲突 cct	0.8236	2-3
信息共享	0.8472	1，2，4	沟通 cmn	0.8791	2-4
协同决策	0.8473	13，15，17-19	信任 pms	0.8672	1-5
激励相容	0.824	20，21	承诺 cmt	0.9245	2-4

表 3-10　　相关系数矩阵与平均提炼方差（AVE）的平方根

	承诺	冲突	沟通	激励相容	渠道权力	信任	协同决策	信息共享
承诺	0.89627							
冲突	−0.1232	0.838928						
沟通	0.2842	−0.343	0.84214					
激励相容	0.0252	−0.1353	0.2795	0.83863				
渠道权力	0.1544	−0.0249	0.4124	0.3478	0.705053			
信任	0.2948	−0.3751	0.6867	0.2696	0.3882	0.752928		
协同决策	0.1169	−0.2729	0.3764	0.4728	0.3783	0.5404	0.725879	
信息共享	0.0839	−0.1064	0.4926	0.4027	0.3166	0.4218	0.4608	0.805729

　　上述信度和效度检验的通过，为本书后续研究的开展奠定了良好基础。

3.6.3　结构模型分析

　　本书借助 SmartPLS 2.0M3，采用偏最小二乘法（partial least square，PLS）对研究模型进行了分析。与 AMOS 和 LISREL 等基于协方差的结构方程模型相比，PLS 具有以下特征：第一，以方差分析为基础，因此不要求数据服从正态分布；第二，对样本量的要求比较小，只需大于结构变量最大问项数目的 10 倍即可；第三，直接求解 R_2 系数，力求最大限度的解释因变量的变动方差，从而贴近数据，因此更适用于探索性和预测性研究。鉴于本研究具有探索性、预测性和样本量不大的特点，PLS 是最为合适的检验所提出理论模型的数据分析技术。

　　结构模型分析后的结果见表 3-11。

表 3-11　　　　　　　　模型的假设检验的结果

路径	系数	T 值	结论
开发规模 -> 冲突	0.0365	0.4918	拒绝
开发规模 -> 沟通	0.0876	1.3615	拒绝
开发规模 -> 信任	−0.0568	0.9982	拒绝
开发规模 -> 承诺	−0.2326	3.3108	支持
获取方式 -> 冲突	−0.1085	1.5996	拒绝
获取方式 -> 沟通	0.0698	1.4121	拒绝
获取方式 -> 信任	0.1088	2.1168	支持
获取方式 -> 承诺	0.2698	4.273	支持
开发规模 -> 零供协同	−0.0624	0.9299	拒绝
获取方式 -> 零供协同	0.2151	3.8402	支持
开发规模 -> 渠道权力	0.0978	1.2398	拒绝
获取方式 -> 渠道权力	0.0422	0.6619	拒绝
零供协同 -> 冲突	−0.2273	2.8064	支持
零供协同 -> 沟通	0.3734	5.9197	支持
零供协同 -> 信任	0.4403	8.4904	支持
零供协同 -> 承诺	−0.0551	0.7832	拒绝
渠道权力 -> 冲突	0.0746	0.8848	拒绝
渠道权力 -> 沟通	0.2541	4.4064	支持
渠道权力 -> 信任	0.2169	3.4058	支持
渠道权力 -> 承诺	0.1872	2.3471	支持

3.7　本章结论与讨论

3.7.1　研究结论

本章在确定了自有品牌开发衡量维度和零供协同衡量维度的基础

上，构建了自有品牌开发对零供关系质量影响的结构研究模型，并加入了零供协同与渠道权力这两个中介变量。本章重点实证检验了自有品牌开发对零供协同、渠道权力关系以及关系质量的影响，还有零供协同、渠道权力对零供关系质量的影响。

如上表，本章实证检验结果表明，自有品牌开发规模对零供承诺有显著性负向影响；自有品牌获取独立性对零供信任、承诺均有显著性正向影响；自有品牌获取独立性对零供协同有着显著性正向影响；零供协同对零供冲突有显著性负向影响，对零供沟通和信任有显著性正向影响；渠道权力对零供沟通、信任与承诺均有显著性正向影响。

以上实证检验结果表明，在中国市场目前情况下，自有品牌开发经由渠道权力和零供协同，已经对零供关系质量在不同层面产生了影响，具体结论如下：

结论1：虽然中国市场自有品牌处于初级发展阶段，但已对零供关系质量产生了不同层面的显著性影响。例如，零售商自有品牌开发规模对零供之间的承诺关系产生了显著性负向影响；零售商自有品牌获取独立性对零供之间的信任、承诺关系产生了显著性正向影响。

结论2：零售商自有品牌获取独立性越大，越会有效促进零供协同水平的提高，进而有效降低零供冲突，加强零供沟通和信任。

结论3：与发达国家市场不同，目前中国市场自有品牌开发还尚未对零售商渠道权力产生显著性正向影响，但零售商渠道权力的提升却能够有效加强零供之间的沟通、信任和承诺关系。

3.7.2 相关讨论

讨论1：自有品牌开发对零供关系质量影响的讨论

零供关系质量是衡量和评价零供关系好坏的重要标准。本节在这里以自有品牌开发为自变量，以零供关系质量为因变量，实证检验了自有品牌开发对零供协同、渠道权力以及关系质量的影响。

依据前面得出的结论，我们发现在国内处于初级发展阶段的自有品牌已经对零供关系产生了一定程度上的影响，进而对零供关系质量产生了不同层面的显著性影响。

与国外发展历程一样，零售商在开发自有品牌初期，往往需要制造商的帮助，除了贴牌生产之外，还有产品开发设计、物流支援等。一个重要的线索是，零售商在自有品牌开发初期往往因经验不足对店铺内畅销的制造商产品进行复制抄袭，这无疑是一个既省力又见效的捷径。随着一些大型零售商自有品牌开发力度的加大，这种抄袭甚至引发了国内外大型零售商和制造商之间的冲突，但大多数制造商迫于大型零售商的渠道权力而选择沉默。尽管如此，还是会对零供之间的承诺关系造成负面影响。相反，如果零售商自有品牌获取独立性较大，即产品设计和开发的自主性强，或者物流独立性强，就会大大减少复制抄袭行为和物流矛盾，增强彼此之间的信任和承诺关系。

基于上述讨论，我们认为国内零售商在自有品牌开发时除了努力提高开发规模，应尽可能减少复制抄袭行为，还要注重独立设计与开发能力和物流系统能力的建设，进而促进零供协同发展。

讨论2：自有品牌开发对零供协同水平影响的讨论

零供协同是零供和谐的具体表现，因此，零供协同关系作为零供关系的构成维度之一，能够有效促进零供关系质量的改进。零售商自有品牌开发或多或少地会与供应商发生联系，那么，自有品牌开发是否对零供协同产生影响进而影响零供关系质量呢？本书通过实证给出了答案，发现自有品牌开发规模未能对零供协同水平发生显著性影响，但呈现负相关性。也许由于国内自有品牌市场初级阶段的特征，使得上述验证没有显著性结论。相反，自有品牌获取方式对零供协同水平的影响是显著的，且呈正向影响。

自有品牌获取独立性包括生产独立性和物流独立性，是指零售商独立完成自有品牌产品设计、生产以及配送和销售服务等全过程的独立性。从某种程度上讲，自有品牌开发算得上是对零售商能力的考验，这是因为传统意义的零售商作为供应链的终端，仅负责产品的销售环节，功能单一，因而需要上游节点企业的支持，包括产品生产、运输、售后服务等。这种分工甚至导致了一些零售商丧失"武功"，仅仅靠场地出租来维持生计。而自有品牌产品则是零售商自行开发（或与制造商合作开发）并销售的产品，零售商需要全程把控产品的研发、生产、销售等过程。因此，与开发规模所表明横向静态水平不同，自有品牌的生产方式与物流方式的不同则反映了纵向动态水平，其所代表的获取方式或流程独立性程度，反映了零售商"逆向一体化"能力和价值开发与控制能力，这种能力弱化了零售商对上游企业的依赖，同时也侵占了上游的利润。

那么，自有品牌获取独立性何以会对零供之间的协同水平带来显著性正向影响呢？因为自有品牌开发独立性代表了零售商在自有品牌开发上的涉入程度，其涉入程度越深，越会让零售商切身感受到产品价值定义和综合成本控制的重要性，越会深刻理解并认识到与供应商协同的重要性。这种独立自主能力的发展与上述复制抄袭有着本质的不同，其会赢得制造商的尊重，也会让越来越多的制造商愿意或不得不为其提供贴牌生产服务，进而有效降低零供冲突，加强零供沟通和信任。当然，我们也有理由相信，国内零售商通过自有品牌开发获得逆向整合能力之后，势必会对供应商品牌造成越来越大的替代威胁。

讨论3：自有品牌开发对渠道权力水平影响的讨论

国外学者研究已表明自有品牌开发会增强零售商的渠道权力，但本书实证表明，在中国市场上，处于初级发展阶段的自有品牌开发虽然与零售商渠道权力正相关，但还尚未产生显著性影响。这应该是预料之中也是情理之中的结果，毕竟中国市场自有品牌的平均市场份额较之成熟市场差了很多。尽管如此，我们发现了零售商渠道权力的提升却能有效加强零供之间的沟通、信任和承诺关系。

有多重因素会促使零售商渠道权力增强，如规模、守门人地位、选址垄断性等，自有品牌开发只是其中之一。实践表明，在零供之间，渠道权力已经向大型零售商发生了倾斜，拥有渠道权力优势的零售商越来越自信，甚至滥用市场势力，对制造商实施纵向约束。那么，针对本书前面设定的"渠道权力会对零供关系质量产生积极影响吗？"这一疑问，本书的实证给出了肯定的回答，即零售商自我感知渠道权力水平越高，越是认为其与供应商的沟通越充分，彼此的信任和承诺关系越佳。甚至在冲突关系的感知上，也是正相关的，这说明零售商拥有渠道权力不是坏事，渠道权力越大越会促使弱势权力的一方选择依赖，越会促使均势或强势权力的一方选择合作。

虽然国情因素使得本书设定的自变量对渠道权力这一中介变量没有通过有效检验，但自变量和中介变量均对因变量产生了有效影响，并在信任和承诺关系上有着共同的正向影响作用。这表明，随着零售商自有品牌开发水平的提高，有可能（与国外市场一样）会进一步增强零售商渠道权力，进而强化零供之间的沟通和信任，如零售商能减少复制抄袭行为，发展独立价值创造能力，也会改进零供之间承诺关系，从而促进零供关系的和谐发展。

第4章 自有品牌开发对零供渠道博弈关系的影响

4.1 自有品牌开发对零供渠道博弈关系的研究综述

如前所述，厂商关系包含着零供关系，目前对其开展的研究往往沿着两条路径展开：一是从营销渠道视角研究渠道权力均衡与倾斜对渠道成员的影响，分析渠道冲突的诱因及其解决方案，以及渠道成员行为对渠道效率、成本等方面的影响；二是从供应链的视角研究生产商和零售商如何建立战略合作伙伴关系，共享渠道效益最大化。也就是说，"竞"和"合"已经成为研究厂商关系或零供关系的两个重要视角，而渠道理论则成为学者们研究和观察厂商或零供"竞合"关系的重要依托。

渠道权力转移是指原有渠道关系中的渠道权力发生倾斜导致权力重心由一方转向另一方的过程。在前文综述中，我们提到了渠道权力的对角线转移现象，可以说这是渠道权力向零售商倾斜的结果。既然渠道中利润分配的转移是渠道权力发生倾斜的一种体现，因此研究渠道权力倾斜可以从渠道间利润分配的转移入手。利益分配是影响竞争或合作关系的一个重要因素，国外学者对合作伙伴间利益分配问题的研究起步较早，Shapley 等早在 1979 年就提出了解决多人合作博弈中利益分配的定量分配方法，Iyer 和 Bergen（1997）研究了缩短提前期问题，并对供应链企业间的合作利益分配进行了描述。国内学者也针对这一问题进行了探索研究，刘岩（2001）从合作对策的角度及利润分配和费用分摊两方面，研究了供应链企业利益分配问题，并建立了供应链企业利益分配问题的协调交互对策模型。廖成琳、孙洪杰（2003）提出了均势供应链的概念和思想，并运用共生理论对均势供应链中的分配机制问题进行了探讨。马士华、王鹏（2006）通过对供应链企业运行机制特点的研究，提出用夏普利函数值法进行供应链合作伙伴的利益分配。可见，从利益或利润分配入手，可以对零供关系作出观察和研究，也是零供之间采取竞合策略的重要依据。

随着供应链利益分配研究的不断深入，作为供应链关键成员的零售商和供应商之间的博弈关系日益成为学者们研究和关注的焦点。从营销渠道的角度，可以将现有研究归纳为以下两类：一是传统间接渠道下的零供博弈；二是混合渠道下的零供博弈。在传统间接渠道中，零供博弈的目的包括博弈方自身利益最大化和渠道总利益最大化，而博弈双方获益的多少与其在渠道中的权力大小紧密相关。Choi（1991）对多个制造商对同一零售商的博弈问题进行了研究，他通过两个制造商对一个零售商，研究了三种市场结构下权力结构、产品差异及成本差异对渠道价格和利润的影响。这三种市场结构是根据制造商与零售商在渠道中的力量来决定的，即制造商主导的斯坦克尔伯格博弈、零售商主导的斯坦克尔伯格博弈和零供实力相当的纳什均衡。Choi 的研究充分体现了零供渠道博弈及对渠道权力的争夺，与其相对应，Srinagesh Gavirneni（2001）研究了包含一个生产商和多个零售商的供应链中生产和利润分配问题，指出了不同的合作程度对利润分配的影响。国内学者张贵磊（2006）则通过建立斯坦克尔伯格利润分配博弈模型，研究了零供二级供应链的利润分配问题。可以看出，传统间接渠道或供应链中的零供博弈关系与博弈双方的渠道权力大小密切相关，相应也会影响其相互间的利润分配方式。

但是，当制造商绕开零售商的直销渠道出现后，传统间接渠道中的博弈均衡被打破了，零供间的博弈不再简单的表现为围绕主导企业来展开，相应呈现出更为复杂的博弈关系，这种传统与现代相混合渠道下的零供博弈问题又激发了学者们的兴趣。曹静、方名山（2007）通过比较间接渠道、直销渠道和混合渠道等三种渠道模式，分析了零供博弈和利润分配问题，并指出在混合渠道中，无论零售商是否占据主导地位，其获利都将小于间接渠道。李陈华（2009）针对间接渠道和直销渠道并存的双渠道模式建立了一个价格博弈模型，分析了制造商和零售商的最优定价决策和均衡时的市场分割比例和利润分配。金常飞、赖明勇（2009）针对供应链中越来越多的制造商采用直销与传统分销相结合的双源渠道销售模式，从经济学角度分析了供应链双源渠道的特点，构建了制造商和零售商组成的供应链模型，比较了传统分销模式与上述双源渠道模式下各变量的均衡结果，并对市场中的需求策略、价格策略以及其他竞争策略做出科学分析。朱翠玲等（2006）提出了制造商构建多渠道销售模式的判断模型，分析了直销渠道中效用和成本这两个重要参数对制造商选择多渠道销售模式的影响。显然，直销渠道以及混合渠道的出现，使得零供博弈变得更为复杂，仿佛给制造商提供了摆脱对零售商渠道依赖的机会。

然而，在零供博弈中还有一个重要的参与因素，即零售商自有品牌。零售商有了自有品牌产品以后，就不再仅仅是制造商的客户，还是其竞争对手。并且，自有品牌是伴随着零售商实力和地位的不断提升而出现的，已成为未来品牌策略发展的三大趋势之一（Alan C. Middleton，1996）。学者们认为自有品牌的渗透对制造商品牌产品产生了冲击，进而影响了市场结构的变化（M.B.Ward，2002），同时还会影响消费者的品牌购买倾向（Joon Seok Kim，2001）。可见，成长起来后的自有品牌是零供关系中不可忽视的影响因素。有学者从零供二元渠道结构的角度，研究了自有品牌对零供双方的影响，包括零售商导入自有品牌的必要性及其对零售商产生的贡献，制造商如何应对自有品牌的挑战等（Quelch 和 Harding，1996）。Pradeep K.Chintagunta 等（2000）研究认为，零售商通过引入自有品牌填补了商品制造的空白，使制造商在交易中的立场有所软化，提升了其控制渠道的能力，如议价能力、成本控制能力等。Hoch 和 Banerji（1993）也认为引入自有品牌后，零售商就有了其可以完全支配的品牌，在产品获取和销售上有了更多选择，从而改变了制造商和零售商之间的交易关系，增强了零售商的力量。

可见，自有品牌在增强零售商渠道权力和改变零供利润分配上发挥了重要的影响和作用，也必然会成为零供博弈的一个重要杠杆。那么，自有品牌引入后零供之间的利润分配方式发生变化说明了什么问题？自有品牌在渠道权力向零售商倾斜和转移的过程中发挥了什么样的作用？自有品牌在零售渠道博弈中扮演了什么样的角色呢？

显然，在零供博弈研究中，零售商引入自有品牌这种典型的渠道行为对零供渠道博弈的影响没有被充分关注。本书在本部分将自有品牌作为一个重要的参与因素引入到新的混合渠道中，并与传统渠道模式进行比较，分析零供双方更为复杂的渠道博弈关系，进而探索自有品牌在零售渠道博弈中发挥的作用。

4.2　不同渠道模式下的零供博弈分析

零售商与供应商是流通渠道中的重要成员，两者之间的博弈是渠道关系演化的重要推动力量。作为渠道权力争夺的重要参与主体，零售商和供应商之间的渠道博弈，将会始终伴随着利润分配空间的争夺，以及势力此长彼消的动态演化过程。当然，在不同时期，或者不同的渠道模式下，零售商与供应商之间的渠道关系、博弈状态会有所不同。因此，立足不同的渠道模式能够给我们提供一个全新的零供博弈分析视角，本书将渠道模式划分为四种，即间接渠道模式、直接渠道模式、混合渠道Ⅰ模式和混合渠道Ⅱ模式①，在先行介绍和分析每一种渠道模式的基础上，本书将在后面将自有品牌作为一个重要的参与因素纳入零供渠道博弈分析范畴。

4.2.1　间接渠道模式

间接渠道模式是最传统的渠道形式，也是现存最多、影响最广的渠

---

① 混合渠道Ⅰ指包含直销渠道和间接渠道的渠道模式；混合渠道Ⅱ指包含直销渠道、间接渠道和自有品牌的渠道模式。

道模式。在该类渠道模式下，制造商不从事销售业务，不直接接触消费者，而是专注于生产活动，销售则通过零售商来完成，见图 4-1。

$$制造商 \longrightarrow 零售商 \longrightarrow 消费者$$

图 4-1　间接渠道模式

间接渠道模式下的零供博弈，根据参与主体力量的差异，如前文综述，可以分为制造商主导的博弈、零售商主导的博弈、零供实力相当的均衡博弈等。一般认为，在零供博弈当中，主导企业能获得比从属企业更多的利润。在早期的卖方市场条件下，制造商由于商品的稀缺性而在渠道内处于支配地位，是供需渠道上的主导者。但是，买方市场来临后，处于渠道最前沿的零售商由于能够接近和直接影响目标顾客，因而逐步掌握渠道的主导权并成为渠道的主导者。于是，一些依托连锁组织方式扩张并成长起来的大型零售商，开始向制造商收取各种终端费用并拖欠上游货款，现实中，制造商对零售商的终端依赖和谈判妥协都表明了渠道中的权力发生了转移。

在间接渠道模式下，张贵磊等（2006）针对由一个供应商和一个零售商组成的二级供应链，通过建立斯坦克尔伯格利润分配博弈模型研究表明，供需渠道中的主导企业可以运用权力使得从属地位企业仅获得保留利润，而自己获得其他剩余利润，并且主导企业制定的利润分配模型能够使供应链达到最优利润水平。如果主导企业放弃强制权力不仅使自身利益受损，而且供应链整体利润也将下降。可见，在间接渠道模式下，主导权（渠道权力）的竞争成为零供博弈的焦点。

4.2.2　直接渠道模式

直接渠道模式是指制造商绕过零售商环节，自行开拓市场，直接接触消费者并开展销售，即直销。如服装企业直接在自建的网络平台进行销售。见图 4-2。

$$制造商 \longrightarrow 消费者$$

图 4-2　直接渠道模式

快速成长的零售商凭借其优越的"守门人"地位不断的盘剥制造

商，利润的减少和渠道权力的转移使得一些制造商开始绕开零售商开展直销。电子商务的兴起促进了直销的发展，直销不仅可以简化中间流通环节，还可以使制造商获得更大的利润空间，而且能够降低制造商对零售商的终端依赖。事实上，直销只是制造商的一种选择，并非所有的制造商都能够自行开发或采取直销渠道模式，原因主要有二：一是受营销实力和企业是否拥有专业人才的限制；二是制造商未必甘心放弃零售商所掌握的间接渠道资源，包括一些品类如鲜活品，也不一定适合直销。因此，对一些制造商而言，直接渠道模式与间接渠道模式的并存是必然的。

在一些公共性的电子商务平台的发展支持下（如淘宝网），也有的企业干脆放弃了传统分销，进而只进行网络直销，并创造了不菲的业绩。可以说，直接渠道模式对传统的间接渠道模式产生了很大的替换作用，也促使零售商开始陆续进入电子商务领域进行补位经营，如沃尔玛、苏宁易购等，但零售商的网上商城不属于直销的范畴，它们和传统的实体店铺一样，卖的都是买进来的商品，没有改变商品经由零售商实现销售的事实。

4.2.3　混合渠道Ⅰ模式

制造商选择直销渠道与间接渠道并存构成了混合渠道Ⅰ模式，也叫做双渠道模式，这一兼而得之的渠道组合应用满足了一些制造商的发展需求。见图4-3。

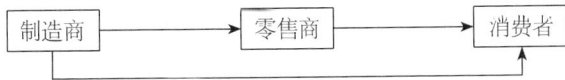

图4-3　混合渠道Ⅰ模式

混合渠道模式的出现，既可以说是技术进步的结果，也可以说是零供博弈的结果，是制造商应对或避开零售商渠道主导的一个替代手段。在这种混合渠道中，制造商一方面可以凭借品牌优势建立直销渠道获取高额利润；另一方面可以通过零售商的间接销售实现保底销量。但制造商选择这一种混合渠道模式时，也要考虑成本与顾客需求，如果通过直销渠道购买的产品对于顾客的效用降低值较大或构建直销渠道的成本较大时，则制造商不会构建直销渠道。

与制造商获利增加不同，在这种混合渠道中零售商的利益却受到挑战，曹静、方名山（2007）研究显示，存在直销渠道后，强势零售商的市场份额将小于不存在直销渠道时的市场份额，销售价格也将低于不存在直销渠道时各自的销售价格，而无论零售商是否占据主导地位，其利润始终低于在间接渠道中获得的利润。可见，直销渠道的开辟，在某种程度上让制造商绕开或削弱了零售商的"守门人"优势地位，也使得零售商的利益受到了威胁，近年来网络零售的快速发展便是例证。有了物流系统支援的网络直销，可以说是对传统间接渠道的颠覆，不但打破了传统零售商在选址上的相对垄断，还不受实体店铺营业时间局限。因此，混合渠道模式既能发挥直接渠道的时空放大效应，又能弥补传统间接渠道的不足，也让制造商找到了平衡零售商渠道权力的办法。

4.2.4　混合渠道 II 模式

零售商开发自有品牌，其意义不仅仅是增加了一种自有的品牌和产品，更重要的是零售商开始向制造商的角色转换。零售商引入自有品牌后，相当于开辟了一个新的渠道行为方式，即向上游延伸自行生产或委托贴牌生产，然后在自己的门店中销售。这在某种程度上和制造商绕开零售商开发直销渠道有"异曲同工"之妙，只不过在方向上是相反的，并在实质上构成了一种新的混合渠道。见图 4-4。

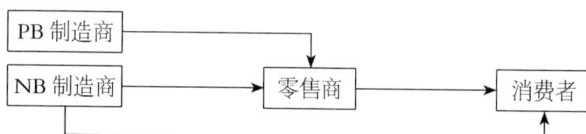

图 4-4　混合渠道 II 模式

事实上，零售商开发自有品牌的时间要远早于制造商开展远距离直销的时间，只不过，那种古老而又原始的"前店后场"式经营模式让人分不清其主体是制造商还是零售商。而如今，历史仿佛又在以一个新的版本上演，即零售商开始让自己具有制造商的功能，而制造商也开始乐此不疲地直接销售了。

　　国内外许多学者都认为零售商开发自有品牌成本低，利润空间大，利于形成店铺差异化，能强化零售商形象，提升企业的文化价值，增强对渠道的控制等。自有品牌的低成本来源于渠道成本的降低和宣传推广费用的降低，零售商获得单位自有品牌产品的价格包括原材料成本和委托代工费用，小于获得制造商品牌产品的批发价格（成本加成+品牌效应）。在自有品牌销售过程中，由于在自身的店铺内销售，可以节约宣传推广费用，由于零售商享有自有品牌产品的定价权，在占据有利竞争地位和获取高额利润的前提下完全可以实施竞争性定价。因此，自有品牌开发可以被理解为零售商的一种渠道行为方式，零售商借由自有品牌的混合渠道Ⅱ模式的建立，有利于零售商利润的增加并改变其在混合渠道Ⅰ模式中的不利局面。

4.3　自有品牌对零供渠道博弈关系的影响

　　由于混合渠道Ⅰ模式本身包含了间接渠道模式和直接渠道模式，因此本书将重点比较混合渠道Ⅰ模式和混合渠道Ⅱ模式，通过分析在总需求量不变情况下两种渠道中制造商和零售商的获利状况的变化，来考察自有品牌对零供渠道博弈关系的影响。

　　因此，假设制造商的单位成本为 C，批发价格为 W，在混合渠道Ⅰ模式中的制造商间接销售数量为 Q_1，直接销售数量为 Q_2，零售商销售价格为 P_r，制造商直销价格为 P_s，制造商的利润为 $\prod_s$，零售商的利润为 $\prod_r$，渠道总利润为 $\prod_c$。在混合渠道Ⅱ模式中制造商的间接销售数量为 Q'_1，直接销售数量为 Q'_2，零售商和制造商销售制造商品牌的价格不变，零售商销售自有品牌产品的数量为 Q'_3，单位成本为 C（与制造商的单位生产成本一致），单位代工成本为 M，自有品牌的销售价格为 P'_r，制造商的利润为 $\prod'_s$，零售商的利润为 $\prod'_r$，渠道总利润为 $\prod'_c$。在不考虑缺货、滞销、退货、运输等条件下，根据以上定义，在混合渠道Ⅰ模式中，零供双方的利润表达式分别是：

　　制造商的利润表达式：$\prod_s = WQ_1 + P_sQ_2 - (Q_1 + Q_2)C$

零售商的利润表达式：$\Pi_r = (P_r - W)Q_1$

渠道总利润的表达式：$\Pi_t = \Pi_s + \Pi_r$

$\Pi_t = P_r Q_1 + P_s Q_2 - (Q_1 + Q_2)C$

根据曹静、方名山（2007）的研究结论，零售商在混合渠道中的边际利润低于在间接渠道中的情况，而生产商的利润却始终大于间接渠道下的情况，因此选择混合渠道对生产商更有利。

在混合渠道 II 中，零供双方的利润表达式分别是：

制造商的利润表达式：$\Pi_s' = WQ_1' + P_s Q_2 - (Q_1' + Q_2)C$

零售商的利润表达式：$\Pi_r' = (P_r - W)Q_1' + (P_r' - C - M)Q_3$

渠道总利润的表达式：$\Pi_t' = \Pi_s' + \Pi_r'$

$\Pi_t' = P_r Q_1' + P_s Q_2 - (Q_1' + Q_2)C + (P_r' - C - M)Q_3$

在上式中，制造商的决策变量包括 W 和 P_s，零售商的决策变量为 P_r 和 P_r'。我们采用直接比较法估算两种渠道中的利润差值，分析混合渠道 I 与混合渠道 II 中零供双方利润分配的变化。

首先分析制造商。两个渠道中制造商利润的变化主要由直接渠道和间接渠道中销售量的变动决定，即由 $\Delta Q_1 = Q_1' - Q_1$ 和 $\Delta Q_2 = Q_2' - Q_2$ 决定。在间接渠道中，零售商店铺中的自有品牌对制造商品牌形成替代作用，$Q_1' < Q_1$ 即 $\Delta Q_1 < 0$，制造商通过零售商间接渠道销售产品获得的利润减少；在直接渠道中，我们假定影响销量的因素较少，直销销量相对固定，即 $Q_2' = Q_2$，制造商在直接渠道中的利润基本不发生变化。因此综合以上两个渠道来看，制造商在混合渠道 II 中的利润有所下降，降低利润量为：$\Delta \Pi_s = (W - C) \times (Q_1 - Q_1')$。

再看零售商。在销售自有品牌之前，零售商的利润来自销售制造商品牌产品，随着零售商在渠道中主导权的增强，零售商可以通过向生产商收取进场费等方式增加自身利润。而零售商经营自有品牌的利润却不限于此，零售商获取单位自有品牌产品的成本为 C+M，与获得制造商品牌产品的成本别别在于 M 与 W－C 的差值大小。M 为代工企业向零售商收取的单位代工费用，在该费用的谈判过程中零售商占有主动权，一方面是由于该类制造商的实力比较弱，缺乏自身开拓市场的能力；另一方面是零售商通过引入自有品牌帮助制造商利用了过剩的生产能力。

再来分析 W－C 的组成，它不仅包括制造商的制造利润，还包括制造商营销、管理、折旧等的分摊费用以及品牌溢价。因此有理由断定 M＜（W－C），即零售商获得自有品牌产品的成本低于获得制造商产品的成本。[①]

影响零售商利润的另一个重要因素是产品价格。一般情况下，自有品牌的零售价格要低于制造商品牌，即 $P'_r<Pr$，就销售收入看，经营制造商品牌会更高，即 $P'_rQ<PrQ$。但从前人的研究结论和实际销售状况来看，经营自有品牌产品的利润空间是大于制造商品牌的，即 $P'_r-C-M>P_r-W$。此外，根据"价格－需求量"曲线可知，价格降低引起需求量上升（非柠檬市场），自有品牌的替代效应和低价格因素带动的销售数量增加会大于制造商品牌产品销售数量的减少，即 $Q_3>Q_1-Q'_1$。

综合以上三点分析可以看出，$(P'_r－C－M)×Q_3>(Pr－W)×(Q_1-Q'_1)$，即零售商经营自有品牌时获得的利润大于只经营制造商品牌时的利润。因此，零售商经营自有品牌能提升自身的利润空间，能够有效抵消因为制造商直销而造成的利润损失。

以上推算验证了零售商经营自有品牌打破了混合渠道 I 模式下的利润分配格局，构建了新的势力均衡。下面将进一步分析渠道总利润是否有变化。

在混合渠道 I 中，$\Pi_r=P_rQ_1+P_sQ_2-(Q_1+Q_2)C$

在混合渠道 II 中，$\Pi_r=P_rQ'_1+P_sQ'_2-(Q_1+Q_2)C+(P'_r-C-M)Q_3$

$\Delta\Pi_r=(P'_r-C-M)Q_3-(P_r-C)(Q_1-Q'_1)$

在上式中，$(P'_r－C－M)Q_3$ 是零售商经营自有品牌所获利润，$(P_r－C)×(Q_1-Q'_1)$ 是渠道中引入自有品牌后，渠道中经营制造商品牌的利润降低。渠道总利润的变化为两者之差。在前面判断零售商利润变化时已知 $(P'_r－C－M)×Q_3>(P_r－W)×(Q_1-Q'_1)$，即零售商经营自有品牌所获利润足以弥补其减少制造商品牌销售造成的利润降低。$(W－C)×(Q_1-Q'_1)$ 表示制造商的利润损失，只有零售商的利

[①] 这是零售商开发自有品牌的一个基本前提，即便在同一行业中，零售商也会选择具有成本领先优势的企业来贴牌生产自有品牌产品，进而和其他制造商比较而言，也同样具有低成本获得优势。

润增量大于制造商的利润减量时，渠道总利润才能增加。零售商引入自有品牌后，至于渠道总利润究竟是增加的还是减少的，目前虽然还无法断定，但有一点可以肯定的是：零售商通过引入自有品牌增加了自身利润，并使制造商利润开始减少，见表 4-1。

表 4-1　　　　　　　混合渠道利润比较一览表

	制造商利润	零售商利润	渠道总利润
混合渠道 I	$\Pi_s = WQ_1 + P_sS_2 - (Q_1 + Q_2)C$	$\Pi_r = (P_r - W)Q_1$	$\Pi_t = P_rQ_1 + P_sQ_2 - (Q_1 + Q_2)C$
混合渠道 II	$\Pi_s^{'} = WQ_1^{'} + P_sQ_2^{'} - (Q_1^{'} + Q_2^{'})C$	$\Pi_r^{'} = (P_r - W)Q_1^{'} + (P_r^{'} - C - M)Q_3$	$\Pi_t^{'} = P_rQ_1^{'} + P_sQ_2^{'} - (Q_1^{'} + Q_2^{'})C + (P_r^{'} - C - M)Q_3$
利润差值	$\Delta\Pi_s = \Pi_s^{'} - \Pi_s = (W - C)(Q_1^{'} - Q_1)$	$\Delta\Pi_r = (P_r^{'} - C - M)Q_3 - (P_r - W)(Q_1 - Q_1^{'})$	$\Delta\Pi_t = (P_r^{'} - C - M)Q_3 - (P_r - C)(Q_1 - Q_1^{'})$
关系	$W - C > 0, Q_1^{'} - Q_1 < 0, \Delta\Pi_s < 0$	$(P_r^{'} - C - M) > (P_r - W), Q_3 > (Q_1 - Q_1^{'}), \Delta\Pi_r > 0$	无法确定

4.4　本章结论与讨论

4.4.1　研究结论

零售商与供应商之间渠道关系的演化是二者反复博弈的结果，零供博弈旨在各自获得高额利润与渠道权力。本章分析了不同渠道模式下的零供博弈关系，并重点考察了自有品牌开发对零供渠道博弈关系的影响。我们根据渠道的演化规律和零供博弈过程，构建了间接渠道、直接渠道、混合渠道 I 和混合渠道 II 四种递进式的渠道模式，并重点分析和比较了两种混合渠道模式下零售商和制造商的利润分割情况。结果表明：采取混合渠道 I 模式对制造商更为有利，而混合渠道 II 模式可以增加零售商的利润，减少制造商的利润。

本书在这里研究发现：零售商自有品牌开发可以被视为一种渠道行为，其改变了零供双方的渠道博弈关系；自有品牌开发不仅有助于增加零售商的利润，还有助于提高零售商的渠道权力，这是因为，自有品牌开发不仅是零售商获取高额利润的重要手段，更是对抗制造商直销渠道策略的重要武器。从销售份额来看，零售商通过自有品牌开发夺回了部分被制造商直销渠道辟走的利润，自有品牌在某种程度上发挥了对抗制造商直销弥补销售份额的作用。因此，零售商开发自有品牌的动机，除了获得高额边际利润或提升店铺形象，打破利润分配机制，对抗厂家直销以及争夺渠道权力等也是零售商开发自有品牌的重要驱动力。

本书在这里站在零供渠道博弈的角度来观察和研究自有品牌开发发挥的作用，发现零售商开发自有品牌与制造商开展直销一样，都可以被视为渠道行为，并且构成两种方向相反的渠道延伸行为，一个向下游延伸，一个向上游延伸。既然是渠道行为，就会产生调整渠道关系的作用。零供渠道博弈是零供博弈的重要构成内容，零供渠道博弈的动机是争夺利润分配空间和渠道权力，但从渠道行为的角度来看零售商开发自有品牌，可以被理解为有效对抗制造商的直销行为，这是本书的一个重要发现。

4.4.2 相关讨论

本章研究结论促发了以下思考：

首先，在长期的零供博弈中，渠道博弈是其重心，零供双方渠道博弈的焦点是渠道权力和利润空间。本章通过不同渠道模式下的分析发现，零供博弈是一个建立均衡——打破均衡——重建均衡的动态演进的反复过程。那么，如果说零售商依托自有品牌开发重新获得了均衡，在新的混合渠道中，零供如何从竞争走向合作从而实现渠道价值最大化呢？本书基于渠道博弈分析，拓展了自有品牌研究的新视角，也丰富了零供渠道关系演化分析的内容。

其次，制造商发展直销渠道的本质是前向拓展，侵占了原本属于零售商的利润空间，属于前向一体化行为；而零售商开发自有品牌的本质则是向生产领域延伸，侵占制造商的生产利润，属于后向一体化行为。二者虽然方向不同，但都属于依托渠道的纵向或垂直经营延伸。这一反向渠道行为引发了笔者的进一步思考。沿循着上述思路，或许会解释为什么大多数零售商开发自有品牌时，一开始往往从那些制造商不能轻易自建直销渠道的生鲜食品和快销品品类入手。而零售商自有品牌开发如要对制造商品牌构成威胁，是否应该优先进入那些制造商品牌能够开展直销的品类领域呢？对制造商而言，反之亦然。

本书在这里开展的研究触及了日益兴起的网络营销，电子商务的兴起给制造商提供了越来越多的直销机会，同时也给传统的零售商提出了挑战，这已是不可否认的渠道变革事实。那么，依照本书这里的研究结论，零售商凭借自有品牌开发能否足以应对这一变革呢？面对零售商纷纷试水双渠道营销的事实，自有品牌是否也可以脱离传统的店铺而开展网上零售呢？本书的研究结论也提供了相应的后续研究思考空间。

第5章 自有品牌开发对零供战略关系的影响

5.1 自有品牌开发对零供战略关系影响的研究综述

如前所述，本书将零供战略关系作为零供关系的一个重要构成维度来研究，但在目前的研究成果中，尚未发现有学者完整地定义零供战略关系。本书在前面的零供关系界定和核心概念中已经对零供战略关系做出了描述，并尝试站在竞争和合作两个视角分析零供战略关系。从"竞"的视角出发，零供战略关系体现为零供博弈；从"合"的视角出发，零供战略关系往往被学者们描述为零供战略联盟。

战略联盟（Strategic Alliance）的概念最初由美国 DEC 公司总裁简·霍普兰德（J. Hopland）和管理学家罗杰·奈格尔（R. Nagel）完成界定的，他们认为战略联盟是指拥有对等经营实力的企业（或特定事业和职能部门），为达到共同拥有市场、共同使用资源等战略目标，通过各种协议、契约而结成的优势互补或优势相长、风险共担、生产要素水平式双向或多向流动的松散型组织。可见，就战略联盟产生动因而言，主要是合作双方为了从战略联盟所实现的价值中获益，并且其中的一方不能创造这种价值（Teece.J.G.，1992）。在供应链管理领域中，B.

J. 拉洛德和 M.C. 库珀对战略联盟关系完成了界定，指出战略联盟是渠道中两个独立实体为实现特定的目标与利益确立的契约关系，进而双方在稳定的契约关系基础上建立一系列共享利益和共担风险的机制。因此，战略联盟可以被理解为供应链管理的高级形式，它以合作替代传统的供应链节点企业间的冲突及对抗，提升了供应链的竞争力。并且，战略联盟并非过分地争夺利益的分配，而是致力于如何扩大市场，形成合力，使供应链企业间达到共生共赢的状态（吴祈宗、王芳，2009）。

因此，相对于零供博弈而言，建立零供战略联盟已成为零供关系和谐发展的选择。零供战略联盟是指为了达到迅速响应市场需求、提升竞争实力等战略目标，零供之间通过契约、协议、股权参与等方式建立战略合作关系。在联盟基础上，零供双方通过管理和信息技术相结合，充分发挥自己在流通领域与生产领域的强大优势，实现共享、交换整条价值链上的信息，采用群体决策的形式，从而实现集成化、同步化及控制的目的。作为一种稳定和长期的合作方式，国内外学者普遍认为零供战略联盟可以缓和工商冲突，协调零供关系，并增加供应链系统的效益（王涛，2007；邱罡，2008），因为战略联盟会使零供双方加强合作，互相信任，积极促使产业价值链的增值，并寻求双方共同利益的最大化。与此同时，零供战略联盟也会提高了顾客的满意度（Y Dong K Xu，2002），而零供战略联盟若要稳定、长期地发展，需要长期的互相尊重、互相理解、真诚反馈、协同发展、荣辱与共（J P Cannon 和 W D Perreault Jr，1999），并且，零供双方合作时间越长，互相信任程度越高，从而共享越多的资源，合作范围也越大（唐志睿，2000）。零供战略联盟不仅能够协调和控制企业的经济活动，还能够迅速地响应市场的需求，它可以跨部门、跨地区、跨行业、跨所有制，其交易协议可以依据市场变化对产品数量、规格做出适时的调整，交易过程呈现动态化（李骏阳，施煜华，2010）。渠道权力、沟通、人际关系、业绩满意度、共同愿景等是影响零供战略联盟成功实施的因素（Anderson，1990；Wilson，1995；Cannon，1999；庄贵军，2000）。

对零供双方而言，如果上升到战略关系探讨问题，那么双方至少应该具备对等的实力，强-强更容易构成战略关系。对强势零售商而言，弱势制造商只能选择为其贴牌生产自有品牌产品，即便是强势制造商，也不得不低下头来选择与其合作甚至合谋生产自有品牌产品。正如前面综述中国外学者研究所指出的，自有品牌开发增强了零售商的谈判能力，强化了零售商的市场地位，已经成为零售商获得渠道权力和市场势力的重要战略手段（Narasimhan 和 Wilcox，1998）。既然可以被作为战略手段，那么自有品牌开发到底是如何影响零供战略关系的呢？目前的研究文献还没有做出有效回答。

本书研究的零供战略关系是根据渠道权力结构划分，选择权力高度均衡的一组，即强势零售商与强势供应商的战略关系，其是零供关系发展的一个重要的衡量维度。因此，零供战略关系主要从战略层面考虑零供两个重要均衡主体之间的关系，它们双方执行与对方的竞争和合作策略，进而形成的关系的总和。作为产销关系的创新和重要发展方向，可以预期构建零供战略关系将成为今后零供关系和谐发展的重要拓展层面。

5.2 案例分析研究设计

5.2.1 观察案例的选择

本书在这里选取宝洁公司和沃尔玛公司作为零供双方的代表，并以双方确立和引领的合作范式（即宝玛模式）作为案例观察和研究的对象，来考察和归纳自有品牌开发对零供战略关系的影响。本书选取上述案例为研究对象，主要基于以下几个方面的原因：首先，根据本书前面的研究定位，零供战略关系是指强势零售商与强势供应商两个对等主体之间的战略关系，沃尔玛是全球最大的连锁零售商，宝洁则是全球最大的日用品制造商，二者的选取符合研究定位的需要；其次，宝洁与沃尔玛之间的战略联盟开创了零供之间协同合作的典范，是一个值得观察和研究的零供战略关系样板，即"宝玛模式"在某种程度上代言了零供战略关系和供应链协同管理模式；三是，虽然国内类似于"宝玛模式"的厂商合作开始逐渐增多，如苏宁与众多厂商开展的战略联盟，但厂商之间经历了激烈的抗衡之后，联盟起步时间不长，并且零售商自有品牌开发尚处于起步阶段。因此，选取零供关系发展历史悠久的"宝玛模式"进行观察和研究，具有一定的代表性，并对国内零供关系的发展具有一定的理论和实践指导意义。

沃尔玛长期以来十分关注自有品牌的开发与应用，目前其自有品牌已经成为世界范围内销售额最高的品牌，远远领先于知名制造商品牌。沃尔玛自有品牌产品的高性价比得到了世界各地顾客的青睐，已经成为沃尔玛有力的战略武器。国内的大型零售商近些年均已推出了自有品牌，并由于经验的不足处于初期的探索阶段。那么，国内零供双方如何学习"宝玛模式"的经验，发展良好的零供协同与合作关系是一个方面。另一方面，零供双方还要增加对"自有品牌"这一有可能成长为战略武器的认知，充分认识到自有品牌开发对其战略关系的调节作用，以便做出更加符合双方需求且能够促进零供关系和谐发展的战略选择。

5.2.2　研究方法和路线

本部分主要采用文献研究和案例研究相结合的方法。首先，选择文献研究方法，搜集主要源于书籍、期刊文献、年度报告、专业网站、报纸、内部刊物及企业发表的演说等方面的文献资料和数据，通过梳理相关的文献资料，寻找有关案例研究对象的素材，归纳其关系演变历程以及自有品牌对零供战略关系的影响。其次，选择案例研究方法，这是因为案例研究也是验证与构建理论的可行方法之一，其主要用来研究"为什么"和"怎么样"这两类问题。案例研究是实证研究的一种，主要用来研究正在发生的现象，但不脱离现实的生活环境，且要研究的问题和其所处的背景之间的界限不是非常明显。本部分采用文献研究和案例研究相结合的方式，对国外经典案例——宝洁与沃尔玛的战略联盟发展历程做出观察和研究，解读"宝玛模式"由来，揭示自有品牌对零供战略关系的调节作用，进而归纳形成相应的理论框架，并为国内零供关系和谐发展提出发展建议。

5.3 自有品牌开发对零供战略关系影响的案例分析

5.3.1 案例背景

（1）"宝玛模式"的产生背景

20世纪80年代以后，美国零售业发生了巨大的变革，主要体现在大型零售商依托连锁组织模式和信息网络建设获得了快速发展。到了20世纪80年代中期，美国零供之间的矛盾和冲突日益加剧，特别是大型制造商与大规模零售商之间形成了一种对抗关系。作为零供双方的典型代表，宝洁和沃尔玛也不例外，如沃尔玛曾要求宝洁进行直供遭到拒绝，结果一度导致沃尔玛将宝洁的产品清理出卖场。强－强的零供之争在一定程度上会削弱零供彼此的竞争力，是一种零和的博弈。正是基于此，从20世纪80年代中期以后，宝洁公司（Procter和Gamble）与沃尔玛（Wal-Mart）开始建立战略联盟关系，尝试发展一种全新的零供渠道合作模式，并在此基础上逐步在实践中朝着供应链协同管理的方向发展，进而成为20世纪90年代美国广泛推动的ECR（efficient consumer response，高效顾客响应）和QR（quick response，快速响应）等运动的先驱企业。目前为止，宝洁与沃尔玛之间的战略联盟已经成为供应链管理的典范，"宝玛模式"已经成为零供和谐共赢的代名词。

（2）"宝玛模式"的形成和绩效

作为全球最大的日用品供应商和全球最大的连锁零售商，宝洁与沃尔玛相互依存对于彼此而言都非常重要，如表5-1所示，宝洁公司在沃尔玛实现的销售额已经占了其全球销售额的16%，不仅宝洁公司如此，有些公司在沃尔玛实现的销售比例甚至更高。

不仅如此，正是宝洁与沃尔玛的合作，才使得供应链管理引起了人们的重视，在此之前，零供双方共享的信息较少。宝洁与沃尔玛的战略联盟开创了零供密切合作的样板，也开创了供应链协同管理模式的典范，双方通力协作不仅降低了系统成本，而且提高了响应速度，扩大了增值服务空间。"宝玛模式"发挥了积极的示范效应，并引领了零供关

表 5-1   沃尔玛占快速消费品公司总销售额的比例

公司	全球销售额 （百万美元）	沃尔玛所占的 销售额比例（%）	在沃尔玛的销售额 （百万美元）
Dial	1 345	28*	377
Clorox	4 324	25**	1 081
露华浓	1 297	21**	272
劲量	2 813	17**	467
宝洁	56 741	16**	9 079
家乐氏	9 614	14**	1 346
卡夫	32 168	14**	4 504
吉列	10 477	13**	1 362

* 2003   ** 2004 年或 2005 年。

资料来源：公司年度报告。

系发展方向，推动了零供关系走向成熟。

    在早期合作中，宝洁与沃尔玛组建了 70 人左右的协作团队，该团队的工作人员来自生产、流通、财务及其他各职能部门。起初，沃尔玛安装了一套由宝洁开发的"持续补货系统"，双方借助卫星通讯与 EDI（电子数据交换）进行联网，该信息系统使宝洁公司既可以快速了解其产品在沃尔玛物流中心的库存状态，又可以得到沃尔玛店铺中自己产品的价格、销售量等数据。这样，宝洁公司能很快地做出研发和生产规划来满足市场需求，同时管理沃尔玛的产品库存，进行持续的供货，以防出现滞销产品较多，畅销产品不足的现象。对沃尔玛而言则脱离了复杂的物流环节，重点把握销售和经营业务，在从宝洁公司得到数据后，立即对产品的进货数量与货架空间做出决策。这样，宝洁公司执行供应商管理库存的权力，沃尔玛无需开展详细的物流活动，且无需就双方之间的每次交易条件进行谈判，从而减少了产品从订货、供货、储存、配送到销售的整个流程响应时间。正如 Sam Walton 和 Ralph Drayer 所讲，"我们总是用过于繁杂的方法处理事情，事情原本像这样：忽略中间的讨价还价过程，一方供货，另一方按月结算。"接下来，宝洁和沃尔玛继续走向深入合作，双方共同启动了 CPFR（collaborative planning, forecasting and replenishment，协同计划、预测与补货）流程。通过执行这一流程，双方的库存水平与经营成本明显下降，沃尔玛店铺里宝洁公司的产品利润上升了48%，几乎无存货；而宝洁在沃尔玛的销售额和利润的上升超过了50%。随着上述试验获得成功，宝洁与沃尔玛便展开深入、全面、持久的合作，例如在客户关系管理、物流仓储体系、供应链合作与预测体系、信息管理系统及员工培训等方面的协同和配合。宝洁公司甚至还为沃尔玛特意开设了客户业务发展部，双方的关系更加密切，合力降低成本、提高效率。战略联盟带来的利益不只这些，其实"宝玛模式"远远超出了商业合作范畴，如彼此共享顾客资料和信息，通过详细地了解沃尔玛和顾客的产品需求，宝洁可以生产出更适销的产品。与此同时，沃尔玛的一些自有品牌产品也由宝洁专门设计，比如咖啡 Veneto 等，并取得了成功。

宝洁公司从"宝玛模式"中收获的绩效主要有：交易成本的削减；企业通过 MMI 系统使制定与执行计划变得十分简单；在库成本和风险通过自动订货系统得以下降；工厂生产率的提高，降低了原材料的成本，弥补了因为价格被动而带来的机会损失；省去了中间流通过程，节约了流通成本。作为战略合作的另一方，沃尔玛取得的绩效主要有：交易成本的减少；在库成本与风险的压缩；由无纸贸易促使间接成本的下降；人力费用的削减；多环节流通费用的节约等。当然，还有双方共同的收获，加快了双方对顾客需求的响应速度以及彼此的价值创造能力。

可见，"宝玛模式"超出了传统商业协作的范围，其代表了渠道合作的发展方向。"宝玛模式"与目前国内零供之间的矛盾重重形成了鲜明对照，其带给我们的启示为：零供双方应该放弃冷战思维，改变对抗状态，构建紧密的战略合作关系，进而将关注的重点从争夺渠道资源和利润空间转向对供应链的再造和价值的创造能力上来。

5.3.2 案例分析

案例描述表明，以"宝玛模式"所代表的强势供应商与强势零售商可以通过厂商协同和战略联盟而相得益彰，双方能够各取所需，并取得良好的战略合作绩效。现在看来，宝洁与沃尔玛已是一对唇齿相依的伙伴，然而，历史并非一贯如此。在双方开始发展战略联盟之前，也是经历了较长时间的零供"冷战"。正如沃尔玛的创始人山姆·沃尔顿曾经在自传中谈到的，他们和宝洁公司的管理者曾经经常争吵，彼此之间的关系异常紧张，并且各自凭借已有的优势针锋相对，不甘示弱。宝洁凭借畅销的产品而保持强硬的姿态，沃尔玛则因为具有优势的销售网络而在低价的基础上持续加大折扣力度。正所谓：一方坚持"我们生产最好的产品"；另一方威胁"我们提供最好的货架位置"。当初，宝洁不接受沃尔玛提出的条件，但由于其产品在沃尔玛店铺的销售量始终落后于竞争对手高露洁，最后宝洁做出了让步。许多事实证明，两强的争斗会使双方都遭受损失，于是宝洁与沃尔玛很快地调整战略构建了一种全新的零供关系，开始进行深度合作。在上述战略互动过程中，从战略博弈到战略联盟，沃尔玛始终在矢志不移地推动其自有品牌战略，这一战略明明对制造商品牌构成了威胁和挑战并进一步壮大了零售商（沃尔玛）的力量，但以宝洁和沃尔玛为代表的零供双方却能够走出对抗寻找到了恰当的战略互动策略，难道自有品牌作为零售商（沃尔玛）的战略武器失去了效能或者被其雪藏了锋芒吗？自有品牌开发是否会对零供战略关系产生影响？如果是，其会在哪些方面调节零供战略关系？本部分尝试着通过案例观察和研究对上述问题作出回答。

（1）自有品牌开发在渠道行为上对零供战略关系的影响

作为世界上最大的零售商和世界五百强之首，沃尔玛一直在推行其自有品牌战略，并取得了成功。Ol'Roy 是沃尔玛开发的第一个自有品牌，该产品至今仍然在美国的沃尔玛商店销售。沃尔玛自有品牌产品因其高性价比在全世界范围内获得了顾客青睐，已成为沃尔玛强大的竞争筹码。有关数据表明，自有品牌为沃尔玛创造了 50%的利润及 30%的销售收入①。沃尔玛 1996 年进入中国，其自有品牌产品覆盖了玩具、食品、日用品、服装等众多领域，在中国积极主打三个品牌："惠宜"

---

① 沃尔玛中国网站 www.wal-martchina.com。

（Great Value）、"明庭"（Mainstains）、"简适"（Simplybasic）。惠宜是美国食品市场最大的品牌，其他两个品牌主要涉及服装、家居产品。另外，沃尔玛还推出了山姆国货精选、家用油漆、野外运动猎装、常用机械五金工具等自有品牌产品。价格、货源、设计"三合一"是沃尔玛自有品牌产品独有的优势，并致力于满足特定消费者的需要。在创建、开发和推广自有品牌时，沃尔玛发挥了自身巨大的品牌效应使自有品牌产品获得了顾客的肯定。

作为战略联盟方的宝洁，在一些品类上同沃尔玛的自有品牌产品构成交叉，难道真的会对沃尔玛自有品牌的成长和挑战熟视无睹吗？学者实证研究表明，自有品牌与制造商品牌之间的竞争会由于两种品牌的合谋行为而减弱（Steiner，2004）。上述研究结论似乎给了我们答案，那么，合谋行为指的是什么？2005 年的《纽约时报》曾刊登了一篇"宝洁到底为何收购吉列？——沃尔玛"的文章，文中提及宝洁公司斥资570 亿美元收购吉列可能是由于沃尔玛自有品牌同类产品的出现和持续进行的创新。可见，自有品牌开发在"宝玛模式"中发挥了一定的作用，如为了抢先竞争对手，宝洁公司为沃尔玛生产自有品牌产品，沃尔玛的一些产品由宝洁专门研发，并且这些产品与其他公司的产品存在明显差异，从而获得了巨大的成功。一方面，宝洁公司通过为沃尔玛生产自有品牌产品，保持了与沃尔玛的友好关系，并阻止了其他供应商和沃尔玛的合作来争夺竞争对手的市场份额；另一方面，经由宝洁公司设计或生产的沃尔玛自有品牌产品，与宝洁公司产品的规格、设计不同，使自有品牌和制造商品牌形成错位补允，双方并不构成同质竞争。也许，这就是零供的合谋。

现如今，供应商为零售商贴牌自有品牌这一现象越来越普遍，据估计，在美国有 50%以上的供应商为零售商生产自有品牌。正如 Ontario Foods 的首席执行官保罗·卢嘉格尔姆（Paul Luchsinger）所指出的：供应商提供自有品牌产品表明他们想要与零售商合作，以培养更好的关系。然而，作为普通供应商或强势供应商，为自有品牌贴牌或设计生产，其性质是不同的。也就是说，简单贴牌生产和有目的指向的设计生产是不同的。正如宝洁公司的一位副总裁所说的，"宝洁与沃尔玛的战略联盟像一场"婚姻"，有时你会想撕破对方的喉咙，然而，大多数时候处于幸福的热恋阶段。"事实也如此，在零供双方互占市场份额越来越大的情况下，想打破其相互依赖是一件痛苦的事情，更何况，零供之间只有充分协同才能将消费者的需求最大化地转化为供应链的收益，从而实现供应链最大剩余。正如本书在前面指出的：零供关系的本质是一种渠道关系，渠道关系至简就是一种供销关系，至繁就是一种协同关系。在竞合的选择上，如果零供双方选择的是竞争，则零供关系就体现为渠道博弈关系；如果零供双方选择的是合作，则零供关系的归途就是渠道协同或供应链协同。"宝玛模式"的前因后果似乎印证了上述结论。那么，宝洁公司是否选择为沃尔玛贴牌生产自有品牌产品，结果会有何不同？

任何战略联盟的背后，都隐藏着相互博弈，"宝玛模式"也是如此。在宝洁和沃尔玛合作发展自有品牌之前，尽管双方在积极发展战略联盟和供应链协同，但沃尔玛依然没有放弃利用自有品牌产品与宝洁公司的产品进行竞争。如多年以来沃尔玛一直帮助宝洁推广汰渍洗衣粉，但在 2001 年沃尔玛自己开发了自有品牌洗衣粉，其价格仅仅是汰渍洗衣粉的一半。于是，沃尔玛自有品牌洗衣粉和汰渍洗衣粉开展了竞争，并试图削弱对方的市场份额。这表明，制造商若往左走不选择为零售商自有品牌贴牌，则零供面对的是博弈；制造商若往右走选择为零售商自有品牌贴牌，则零供面对的是协同。如前文综述，自有品牌不仅提升了零售商的独特竞争优势，而且还增强了其与供应商的谈判议价能力，也就是说，自有品牌开发可以不断强化零售商的渠道权力。事实上，零供之间为了强化彼此的渠道权力从未停止过相互博弈，因为渠道权力大小意味着利润空间的分割，也意味着对价格、促销等营销要素的支配权。本书在前一章节的研究结论表明，在零供渠道博弈中，零售商自有品牌开发不仅增加了零售商在纵向结构中的利润份额，更成为零售商抗衡制造商直销渠道策略的重要筹码。所以，在任何情况下，成熟起来的零售商自有品牌对制造商品牌的替代威胁是永远存在的，只不过要看制造商如何选择与其的合作方式罢了。

如果制造商选择为零售商设计开发自有品牌，依照本书第三章研究的结论，零售商自有品牌开发获取独立性越强，就越会促进零供协同经营。那么，在"宝玛模式"下的实际情况如何呢？宝洁公司为沃尔玛生产自有品牌产品时，通过补充与调整自身的资产，利用自身的剩余生产能力充分实现规模经济性要求，从而保持了尽可能低的边际成本。这样，在整体产品结构不变的条件下，宝洁公司实现产品的单一化生产，减少了因为产品类别之间的转换而导致的生产时间的浪费。并且，宝洁和沃尔玛的联盟又有效地降低了运输成本和操作成本，充分挖掘了产能和分销效能。对沃尔玛而言，通过大规模定制采购获得了规模效益，管理费用在更多的产品中得以分摊，且利用自身的销售网络分销自有品牌产品可以节约大量的营销费用。可见，有自有品牌合作的产销联盟会进一步降低管理、转换和交易成本，提高供应链效率。此外，通过自有品牌合作开发，会改善零供关系，从而使得零售商提供更好的货架空间给制造商作为回报，如沃尔玛为宝洁在店内安排适当的空间，偶尔还会让宝洁自行布置产品的展示区。一方面，可以增加宝洁产品的销售量；另一方面，为沃尔玛店内营造一种更专业化、更具吸引力的购物环境。除此之外，宝洁与沃尔玛开展联合促销，例如将汰渍洗衣液和自有品牌纤维柔顺剂共同销售，通过自有品牌与制造商品牌的联合促销，迎合消费者多样化需求，促进零供之间的销售协同。宝洁和沃尔玛借由自有品牌开发合作来进行销售规划以提高销售业绩，这种做法改变了之前的理念，不是把自己的产品强行推出去，而是让宝洁、沃尔玛及消费者三方都受益。在日益激烈的市场竞争环境下，零供之间借助自有品牌的合作实现优势资源互补，促进销售协同，从而减少了零供双方的竞争风险，增强了竞争能力。

综上分析，若站在渠道行为视角来看待零售商的自有品牌开发，其既可以促进零供协同，也可以引发零供博弈，关键在于零供双方的选择。从合作角度考虑，零售商和供应商可以合作发展自有品牌，从而构建生产与流通的新型结合体，自有品牌合作开发可以对零供协同起到促进作用；站在竞争视角，自有品牌开发在零供博弈中也发挥了作用，不仅增加了零售商的利润，还进一步强化了零售商的渠道权力，成为零售商抗衡制造商直销渠道策略的重要筹码。

（2）自有品牌开发在成本价格体系上对零供战略关系的影响

制造商供给零售商自有品牌的价格接近自有品牌产品的生产成本（Hoch 和 Banerji，1993），所以零售商的自有品牌产品成本较低。在终端优势方面，沃尔玛掌握第一手信息并且了解顾客需求，能够开发出适销性高的自有品牌产品，降低了产品的失败风险和开发成本。在生产流通环节，零售商通过定制生产自有品牌产品，缩短了进货渠道，因此降低了交易成本与流通费用。在营销投入上，零售商借助自己的商誉销售自有品牌产品，在门店中运用海报、广播、传单等低成本方式进行宣传，从而减少自有品牌的广告费、促销费的投入。同时，自有品牌产品不经过其他零售商来分销，也降低了销售费用。沃尔玛在店内张贴促销宣传海报，进行自有品牌产品的推荐，海报上面标有自有品牌产品的图片、名称及价格，简明地介绍其产品特征。实施自有品牌战略的零售商常常大批量进货，可以产生规模效应，进一步降低系统成本。通过对零售商自有品牌的成本、费用进行分析，我们可以发现，自有品牌从研发、生产、销售再到管理，整个产销过程中零售商大大节约了成本。

理论上，零售商可以使自有品牌的采购价格等于竞争对手的变动生产成本。所以，只有当供应商生产每一件自有品牌的总成本比竞争者的单位变动成本低时，供应商为零售商提供自有品牌才有利可图。出于消化过剩产能的经济动机，宝洁公司生产自有品牌产品可以充分利用生产设备，分摊单位产品的固定成本，赢得额外的利润。为沃尔玛自有品牌贴牌可以对宝洁公司的整体赢利性做出贡献，享受规模经济带来的收益，并且有利于积累更大的生产能力。如果宝洁公司的生产规模不能有效地满足沃尔玛自有品牌的需要，那么宝洁公司会扩大生产能力，从而成为一个更加强大的竞争者。这对于竞争对手而言，会造成沉重的打击。

作为零售业中的"不倒翁"，沃尔玛公司的经营战略为"天天低价"，是一种整体的低价。沃尔玛的创始人山姆·沃尔顿曾经说过，"我们致力于为每个人节省日常开支，不只是在美国，我们想要让全世界的人都能减少不必要的花费，全心全意为顾客创造更美好的生活"。换句话说，沃尔玛将自己的销售理念描述为："我们不是在销售产品，而是在帮助顾客采购产品"。沃尔玛自有品牌的销售额占总销售额的比重很高，其开发的 Sam's Choice 可乐的价格比一般可乐低 10%，但利润要高 10%。一方面，沃尔玛的自有品牌为消费者提供更多的价值，建立了顾客忠诚；另一方面，与制造商品牌相比，沃尔玛自有品牌产品的价格低很多，占据价格优势。规格相同的自有品牌和制造商品牌产品，自有品牌产品的价格要低 13%~56%左右（如表 5-2）。宝洁公司作为全球日化行业的翘楚，拥有众多无可代替的强势品牌，它的品牌产品和沃尔玛自有品牌产品的顾客群不一样，可以互相共存，因此和沃尔玛的合作不会动摇宝洁品牌的市场影响力。

表 5-2 **沃尔玛自有品牌产品价格对比表**

产品	规格	自有品牌	价格（元）	制造商品牌	价格（元）	自有品牌比制造商品牌价格的低幅
香瓜子	160g	惠宜	4.2	洽洽	5.0	16%
燕麦片	700g	惠宜	9.9	西麦	12.6	21%
黑芝麻糊	600g	惠宜	15.9	南方	20.9	24%
八宝粥	360g	惠宜	3.5	娃哈哈	4.2	17%
纸杯	100 只	惠宜	8.8	妙洁	19.8	56%
内绒毛橡胶手套	1 双	惠宜	6.9	妙洁	7.9	13%

资料来源：根据沃尔玛门店及其相关网站资料整理。

可以说，实现自有品牌与制造商品牌的总利润最大化是零供战略联盟的目的所在。面对消费者需求和市场竞争环境的变化，战略联盟的零供双方需要同时考虑自有品牌产品和制造商品牌产品的价格。自有品牌产品的定价不同于制造商品牌产品，其价格不仅受自身成本和边际利润的影响，而且受供应商产品及需求的影响。零售商推出自有品牌的关键在于自有品牌产品的定价决策，因为其定价机制不仅关系到同行业内的横向竞争，更关系到纵向关系中的零供博弈和与供应商的渠道权力结构情况。由于本书研究的是"强强联合"的零供战略关系，即高度权力均衡结构，那么，制造商品牌产品和自有品牌产品应分别如何定价呢？具体分析见图 5-1。

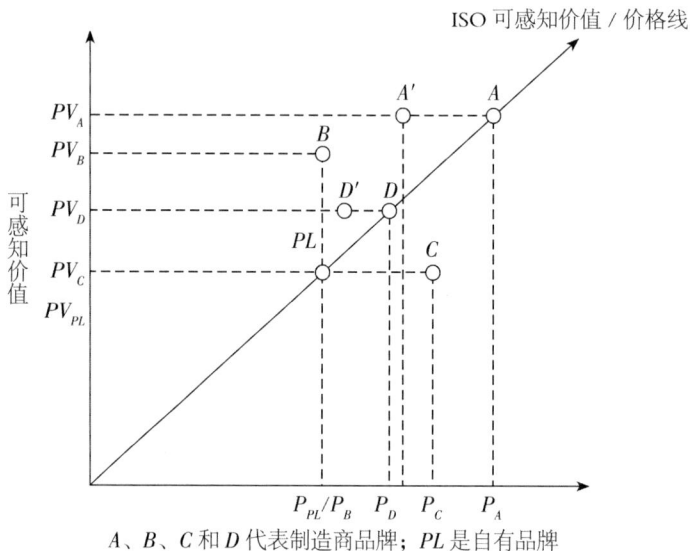

A、B、C 和 D 代表制造商品牌；PL 是自有品牌

图 5-1　价格操控

可感知价值：功能上的、情感上的和社交上的

资料来源：库马尔，斯丁坎普著，段纪超，译，自有品牌：狼来了[M]. 北京，商务印书馆，2010。

如图 5-1 所示，制造商品牌 B 和自有品牌 PL 具有相同的价格，但品牌 B 提供更高的价值。很显然对于制造商来说，这是一个可以获胜的位置。然而，现实中制造商品牌 B 的位置不太可能存在，因为零售商不会开发一个与制造商品牌价格一样而可感知价值相差很远的自有品牌。随着自有品牌产品质量和包装的不断升级，自有品牌 PL 的感知价值接近制造商品牌 C，消费者要为品牌 C 支付更高的价格，它却没有带来任何的附加价值，制造商也不能维持这种局面。制造商品牌 A 和制造商品牌 D 则反映了经典的品牌主张，更高的价格就要提供更高的价值。尽管 A 和 D 都比自有品牌 PL 提供了更高价值，但是它们提供感知价值的多少并不相同。A 位置的制造商品牌有很多感知价值，可以收取更高价格。在 D 位置的制造商品牌有少许感知价值，价格比自有品牌稍微高一点。如果降价，品牌 D 的市场份额会大幅攀升，而品牌

A 的市场份额不会有显著变化。就制造商品牌 D 而言，与自有品牌的细分市场比较接近，价格下降将使它更靠近一些自有品牌消费者（在图 5-1 中，由 D 移动到了 D'）。相反，对于制造商品牌 A 来说，它处于不同的细分市场，即使降价力度很大，也较难靠近自有品牌消费者（在图 5-1 中，从 A 移动到了 A'）。所以，现实中制造商品牌 A、D 可以被理解为分别对应一线品牌和二、三线品牌。

上述分析表明，建立战略合作关系的零售商自有品牌与制造商品牌之间会保持一定的价格差距，自有品牌的降价对制造商品牌不会造成太大的影响。一个好的价格差距表明它们不是替代品，而是定位于不同的细分市场，针对不同的顾客或者购买时机。零售商与供应商都可以从价格差距中获益，达到双赢的效果。可见，如果零售商与供应商采取合作方式，构建战略联盟，供应商为零售商贴牌生产自有品牌可以有效地降低零供双方的成本，并且自有品牌和制造商品牌的价格之间会保持一个好的差距，零供之间会默契地维护一个稳定的成本价格体系，同时分享自有品牌最终为零售商与供应商带来成本价格优势。反之，零供之间的博弈竞争会打破这一成本价格体系，双方都将遭受损失。由此可见，在"宝玛模式"下，零供之间的默契与合谋，大概如此。

（3）自有品牌开发在品牌功能上对零供战略关系的影响

零供双方处于一个优胜劣汰的竞争环境中，不仅包括横向的水平竞争，还包括纵向的垂直竞争。在零售商水平竞争日益激烈的今天，零售商通过自有品牌开发将资本渗透到制造领域，从而依托自有品牌开发的水平竞争效应而获得独特的竞争优势。主要包括：①信誉优势，在某种意义上零售商的品牌或商誉是自有品牌生存与发展的基础，它可以借由自有品牌把自身良好的信誉和形象融入到产品中，进而形成价值提供给自有品牌购买者。②店铺差异化，零售商传统的经营模式是为消费者提供特定的制造商品牌产品，因此很容易形成千店一面的格局，自有品牌开发为零售商的特色经营提供了载体，差异化是零售商取得竞争优势的来源（Harcar et al. 2006），而自有品牌是零售商形成店铺差异化的重要手段（Col-lins-Dodd，et al，2003）。③顾客忠诚度，自有品牌解决了产品同质化问题，并为消费者提供了更多可选择的产品。一旦自有品牌产品能够满足消费者个性化和多样化的需求，这种差异化就会增强消费者对零售商的忠诚度。除此之外，零售商与大型供应商进行合作生产自有品牌，可以保证自有品牌产品的质量。正如山姆·沃尔顿曾经说过："我们要提供超出顾客期望的自有品牌产品，这样他们会持续光顾我们的商店。"在沃尔玛，自有品牌在货架上销售之前，要测试自己品牌的产品能否满足国家制定的标准。每隔3个月沃尔玛的负责人会随机抽查任意一家分店的自有品牌产品，以保证产品的质量。零售商要将开发的自有品牌优势转换成利润优势，必须把自有品牌产品的质量放在第一位。高质量的自有品牌产品可以提高购买频率、顾客满意度和忠诚度，不断赢得消费者对自有品牌的认可、倾心，从而随之持续提高零售商的品牌价值，塑造零售商良好的品牌形象。如果自有品牌因为产品质量问题损害消费者的利益，零售商自身的品牌就会受到逆向伤害，消费者对自有品牌产品的不良评价导致他们重新审视零售商原有的品牌形象，对于零售商而言，这是得不偿失的。可见，自有品牌开发既可以递延零售商的品牌资产，反过来又会强化零售商品牌。

自有品牌的垂直竞争效应表现为对制造商品牌影响力的削弱，其不仅凭借迅速发展降低制造商品牌产品的市场份额，还会削弱和其直接竞争的制造商品牌的竞争力。如图5-2所示1999—2005年德国制造商品牌和自有品牌市场份额的变化：其中自有品牌的市场份额快速上升，增长了50%，高端品牌提升了6%，市场领先品牌下降了8%，二线品牌下降了15%，其他品牌下降了30%。由此可见，相比市场领先制造商品牌（一线品牌），自有品牌的发展对二线品牌的打击更大。自有品牌的迅速发展及其市场份额的上升对制造商品牌产生不对称的影响，并形成了一定的挤压效应。较弱的二线品牌会被自有品牌所打击、挤压，零售商更愿意与强势（高端）品牌或一线品牌制造商合作，一方面这些品牌产品会使它们的货架具有吸引力并且带来高利润；另一方面与他们合谋或合作发展自有品牌会更好地提升零售商的竞争力。前面成本价格体系分析结论似乎也印证了这一点。

我们可以从质量和价格两个维度来考虑，对比制造商品牌与自有品牌的市场定位，进而分析制造商品牌和自有品牌竞争的范围和程度，如表 5-3 所示。

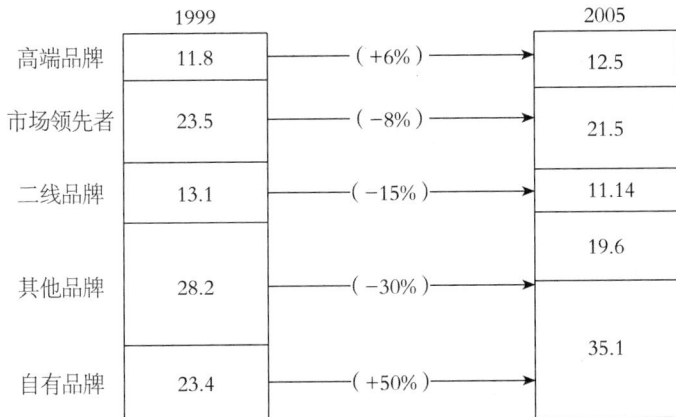

	1999		2005
高端品牌	11.8	（+6%）	12.5
市场领先者	23.5	（-8%）	21.5
二线品牌	13.1	（-15%）	11.14
其他品牌	28.2	（-30%）	19.6
			35.1
自有品牌	23.4	（+50%）	

图 5-2　德国制造商品牌和自有品牌的比较

高端品牌的平均价格≥市场领先者（品牌）的价格

表 5-3 　　　　　　　**制造商品牌和自有品牌的市场定位比较**

价格＼质量	较高质量	一般质量	较低质量
较高价格	一线 制造商品牌	二线 制造商品牌	
一般价格		零售商 自有品牌	
较低价格			折扣店品牌、 无名零售商品牌

资料来源：参考各学者的研究，根据案例情况进行总结。

　　如上图所示，一线制造商品牌作为行业中的佼佼者，其市场份额占据排名的前列，并且是某一细分市场的主导品牌，其产品品质优异且拥有固定的客户群。与一线制造商品牌相比，二线制造商品牌主要是一些市场的跟随者，产品质量相对一般且往往定位模糊。零售商自有品牌和二线制造商品牌的质量相当，但是自有品牌价格更低，性价比较高。综上所述，二线制造商品牌受自有品牌的影响较大，一线制造商品牌往往和自有品牌的定位存在一定的差异，受到自有品牌的影响较小，而强势制造商品牌更是不会受到自有品牌的影响。

在以"宝玛模式"为代表的强势零供合作中，通过自有品牌侵占竞争对手的市场份额是强势供应商所希望的。因此，强势供应商可以将自有品牌作为一种竞争工具，通过与零售商合谋或默契协作，为零售商生产与一线或二线竞争品牌质量相当的自有品牌来削弱竞争对手，与此同时，零售商可以把自有品牌创造的部分利润补贴给强势供应商，强势供应商则继续加大投入与一线或二线品牌继续竞争。在上述强势零供合作中，自有品牌充当了强势制造商战斗品牌（Fighter Brand）的角色。例如，宝洁为沃尔玛生产自有品牌产品的同时，也在合理化地组合自身的产品品类和品牌，它放弃了竞争力较弱的几个品类，从而避免了与自有品牌的直接竞争，而是选择自己的强势品类出击，不断提高其战斗力。在这些产品品类中，宝洁借助自有品牌抗衡竞争者的二线品牌，从而打败对手赢得市场份额。在 CEO 雷富礼（A. G. Lafley）的领导下，宝洁公司成功地进行了品类组合的迁移，它雪藏了花生酱品牌 Jif 及果汁品牌 Sunny Delight 和 Punica，清洁剂品牌 Oxydol、Sanso、Biz、Rei 与 Milton 也同样被放弃；此后，宝洁收购了几家公司，包括吉列公司、染发公司伊卡璐（Clairol）以及德国美容产品公司威娜（Wella）；在食品品类中，宝洁避开与沃尔玛自有品牌的抗衡，取而代之，它将品牌组合更集中在个人护理、美容和健康产品等品类上。自收购吉列后，护理、美容及健康产品已经占据了宝洁产品组合的半壁江山，医药产业也是宝洁的职能领域。2000 年，宝洁 10 个品牌的年销售额达到 10 亿美元以上。五年之后，宝洁旗下的 16 个品牌共同创造了 300 亿美元的收入，占总营业收入的 60%。通过放弃一些产品品牌和品类，宝洁把收益投入到公司极具竞争力的品牌上，例如潘婷、佳洁士、碧浪、兰诺和帮宝适。上述宝洁品类迁移的路径反映了其主攻强势品牌的品类取舍策略与品牌适应策略。

可见，自有品牌不仅为零售商带来了更高的边际利润贡献，而且还增强了其差异化经营能力，培养了消费者的店铺忠诚，从而提升了零售商的竞争力；而供应商特别是强势供应商也可以借助自有品牌削弱竞争品牌的市场地位。因此，当零供双方选择战略合作时，自有品牌可以充当一种竞争工具，在零供战略合作关系中发挥战斗品牌的作用。如果零供双方选择战略博弈，则零售商就会寻找二线品牌合作开发自有品牌产品，从而发挥自有品牌的替代品牌作用。

5.3.3 理论框架

基于上述案例分析，本书在这里探索了自有品牌开发在零供战略关系中发挥的作用。本书通过案例观察和研究发现，自有品牌开发会在渠道行为、成本价格体系及品牌功能三个层面对零供战略关系产生调节作用。依据零供双方竞合策略的选择，自有品牌开发会从"竞"和"合"两个方向发挥调节作用。本书归纳前述分析结果，提出的相应理论框架如图5-3所示。

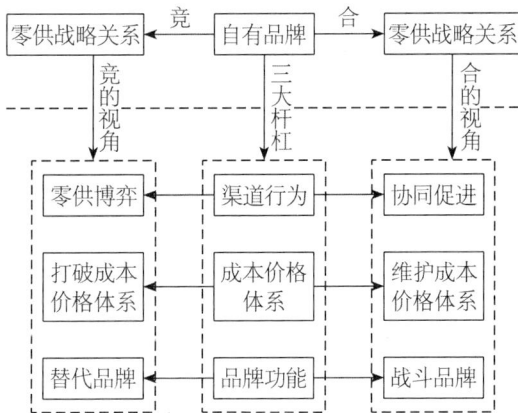

图5-3 自有品牌开发对零供战略关系影响的理论框架

5.4 本章结论与讨论

5.4.1 研究结论

在任何情况下，零供关系中既有竞争的一面，又有合作的一面。本书立足"竞合"两个视角来研究零供战略关系，并考察自有品牌发挥的影响作用。本书运用案例研究探索了自有品牌对零供战略关系产生的调节作用，经过研究分析，主要得到以下结论：

结论1：自有品牌是一把"双刃剑"，因零供之间战略关系选择不同而发挥不同的杠杆作用；自有品牌既可以促进零供之间的战略合作，也可以加剧零供之间的竞争博弈，是零供战略关系调节的一个重要手段。

结论2：自有品牌为构建战略合作关系的零供双方带来成本价格优势，可以有效地降低零供双方的成本，并在自有品牌和制造商品牌之间维持一个好的价格差距。反之，零供之间的相互竞争会打破这一成本价格体系，彼此都将遭受损失。

结论3：自有品牌在零供战略关系中发挥战斗品牌或替代品牌的作用。当零供双方选择战略合作时，自有品牌可以充当一种竞争工具，在零供战略合作关系中发挥战斗品牌的作用。如果零供双方选择战略博弈，则零售商就会寻找二线品牌合作开发自有品牌产品，从而发挥自有品牌的替代品牌作用。

5.4.2 相关讨论

本书在这里关注的是渠道权力结构中强–强零供之间的战略关系，双方选择合作表现为零供战略联盟，双方选择竞争表现为零供渠道博弈。本书认为，强势的零供双方选择如何相处取决于其动机，为了争夺利润和资源，强化自身的渠道权力，零供双方便展开渠道博弈；为了降低彼此的经营成本，共享扩大的价值空间，零供双方便进行战略联盟，进而推进供应链协同。而站在渠道权力视角，零供双方无论是选择战略博弈还是战略联盟，渠道权力均衡是个重要的前提。因此，博弈论、供应链协同理论及渠道权力理论是本书研究零供战略关系所依托的重要理论基础。本书通过"宝玛模式"观察和研究发现：在零供竞合中，自有品牌扮演了不同的角色，进而对零供战略关系产生了重要的调节作用。因此，零供关系走向何方取决于零供双方的选择，而选择战略合作、走和谐共赢之路则是零供战略关系发展方向。本书更倾向于将自有品牌开发视作零供战略关系发展的和谐因素而不是威胁因素，而如何发挥自有品牌的调节作用，取决于零供双方的运营理念和发展战略。

本部分研究结论给国内大型零售商的启发有：

（1）将自有品牌打造为战略筹码。目前，国内大型零售商存在急功近利，盲目地复制、模仿制造商品牌来发展自有品牌的现象，导致零售商往往获得了短期利润，却忽略了长期战略。零售商采取一味的复制或抄袭策略不但不能长期获利，反而引发了零供矛盾与冲突。因此，应将自有品牌作为品牌来培育，零售商应根据自身资源和市场目标对其进行科学的规划，从而使其与零售商的长期发展战略相匹配，并逐步使之成为手中的一个战略筹码。

（2）与供应商合作开发自有品牌。既然自有品牌开发能够对零供战略关系产生重要影响，那么，与供应商的合作开发就显得至关重要了，进而充分发挥自有品牌开发对零供战略关系的调节作用。作为大型零售商，具备相当规模门店网络和销售批量，选择和供应商合作开发自有品牌是必不可少的，这便要求零售商做好思考，即选择什么样的供应商来合作开发什么样的自有品牌产品，也需要零供双方采取默契与合谋行为。

本部分研究结论给国内大型供应商的启发有：

（1）与零售商建立并维护战略合作或联盟关系。"宝玛模式"已经超出了传统产销合作范畴和商业合作范畴，创造了零供战略联盟和协同合作的典范，代表了零供合作的未来发展方向。而目前国内流通领域内，零供之间依然存在着激烈的对抗与冲突，甚至零售商脱离垂直合作开展了赤裸裸的水平促销竞争，而最终还是要向上游供应商索取利润。国内大型供应商应该积极转变经营理念，主动同大型零售商建立并维护战略合作或联盟关系，通过供应链的高效运作来降低经营成本，提高整体盈利能力，从而达到零供双赢的目标。

（2）寻求与自有品牌相处的平衡之道。对国内大型供应商而言，要充分重视零售商自有品牌的潜在威胁，并未雨绸缪，寻找与零售商自有品牌相处的平衡之道。对于强势制造商品牌，可以积极与自有品牌开展合作，建立自己的防御阵地；对于一线制造商品牌，可以加大产品创新力度，尽可能避免被自有品牌复制或抄袭；对于二线制造商品牌，则可以积极采取与自有品牌不同的市场定位策略，积极拉近与消费者的距离，提高产品的感知价值。

第6章　自有品牌认知度对店铺忠诚的影响

6.1 引言

　　自有品牌是零售商自己发展的品牌，只在其自有的渠道内进行销售。近年来，伴随着电子商务的快速兴起，传统零售商面临着激烈的挑战和竞争，自有品牌开发已经成为零售商重要的战略选择，如何通过开发自有品牌建立消费者的店铺忠诚已经成为零售商关注的热点问题。

　　忠诚的顾客对企业的盈利和发展具有积极的贡献。零售商开发自有品牌有利于培养消费者的顾客忠诚（Richardson et al.，1996），顾客忠诚也有利于促进自有品牌的发展（Ailawadi et al.，2008）。那么，消费者对自有品牌的认知度是否会影响其店铺忠诚呢？目前学术界还未给出答案。为此，本书尝试探索消费者的自有品牌认知度对其店铺忠诚的影响机制，从而丰富自有品牌的相关研究成果。

　　另外，在早期研究中，学者们认为"低价格"是消费者购买自有品牌的主要原因（Richardson et al.，1996）。随着研究的不断深入，研究还发现自有品牌与制造商品牌产品的价格差距以及其价格促销力度等价格因素都会对消费者的自有品牌购买意愿产生影响（Sethuraman 和

Gielens，2014）。然而，随着消费者对自有品牌的认识程度不断加深，价格因素对其购买意愿的影响也随之发生了改变。Martos-Partal 和 González-Benito（2011）以西班牙消费者为研究对象，发现价格对消费者自有品牌购买意愿的影响逐渐减弱，消费者更加注重自有品牌的产品质量。本书认为，有必要从消费者对自有品牌认知的角度，观察其对店铺忠诚的影响，并且，有必要依托消费者价格敏感性，考察其对店铺忠诚形成的调节作用，从而为零售商有针对性地开发自有品牌提供理论支持。

KS 商场（其自有品牌亦简称为 KS）是一家位于大连开发区有着近30 年发展历史的民营商场，目前其所在的开发区商圈已经发展成为大连市的市级商圈，商圈内店铺林立且竞争激烈，既有跨国零售巨头沃尔玛和乐购，又有高端百货商店即大商麦凯乐和大连友谊商城，还有大商新玛特、安盛等购物中心。尽管周边的店铺在业态组合和环境设施上领先一筹，令人不解的现象是：在 2008 年金融危机影响下，周边店铺的销售额均经历了大幅下降，而 KS 商场的销售额反而稳健增长。这一现象引起了笔者关注，经过调查和访谈发现，其高品质自有品牌食品的开发维系了忠诚顾客的重复购买，在对抗经济危机影响中发挥了功不可没的作用。基于此，本书以 KS 自有品牌的消费者为研究对象，研究自有品牌认知度对店铺忠诚的影响，并着重考察价格敏感性的调节作用。本书研究目标如下：

（1）以 KS 为例，实证检验消费者自有品牌认知度对店铺忠诚的影响。

（2）观察价格敏感性的调节作用，发掘中小零售商开发自有品牌的成功之道。

6.2 理论与假设

本书根据相关理论建立的概念模型见图 6-1，其中，自有品牌认知度是前因变量，店铺忠诚是结果变量，价格敏感性是调节变量。

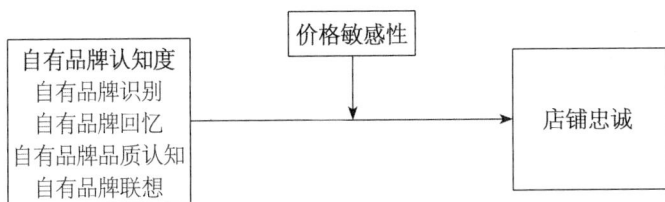

图 6-1 概念模型

6.2.1 店铺忠诚

已有研究中，不同学者从多个视角对店铺忠诚进行了定义。早期对店铺忠诚的研究主要集中在消费者购买行为的视角，如 Tucker（1964）等学者认为高频度地在同一店铺进行重复购买就是店铺忠诚，购买行为是影响店铺忠诚的唯一因素，情感态度对忠诚不会产生影响。在后来的研究中，有学者认为店铺忠诚就是顾客对店铺情感态度的忠诚，情感态度对店铺忠诚具有重要的影响作用（Fishbein 和 Ajzen，1980）。随着研究的不断深入，学者们从购买行为和情感态度综合的角度对店铺忠诚进行了定义，如 Dick 和 Basu（1994）把忠诚定义为伴随着较高取向态度的重复消费行为，并以重复消费行为和取向态度两个构面，根据重复消费行为以及取向态度的高低对忠诚进行了分类，依次分为：真正忠诚、潜在忠诚、虚假忠诚和不忠诚四类。

6.2.2 自有品牌认知度对店铺忠诚的影响

品牌认知度是以心理学认知理论为基础，主要关注消费者对品牌的认识方式以及消费者对品牌的认知过程和结构引发的态度和行为的差异（Aaker，1991），是品牌资产的一个重要维度。品牌认知度主要反映了消费者在不同情境下对品牌的识别、辨别能力，与品牌在消费者记忆中的节点强度有关（Rossiter 和 Percy，1987），并会对消费者的购买决策产生一定的影响（Hoyer 和 Brown，1990）。在早期研究中，学者们主要把品牌认知度分为两个维度，即品牌识别和品牌回想（Aaker，1991）。在此基础上，Keller（1993）把品牌形象也纳入到品牌认知度中。品牌形象是消费者对品牌评价与认知的集中体现，主要从品质认知和品牌回想两个维度进行衡量。

目前，自有品牌开发已经成为零售商的重要战略选择，在消费者心目中，自有品牌认知度也在不断提高。与品牌认知度类似，自有品牌认知度是指消费者对零售商自有品牌相关信息（品牌名称、特性、功能、品质等）的认识和了解，不仅包括消费者对自有品牌的知晓程度，还包括自有品牌留给消费者的印象。综上所述，本书采用 Keller（1993）以及相关研究（杨伟文，刘新，2010；赵澄强，2010）的做法，将自有品牌认知度分为自有品牌识别、自有品牌回想、自有品牌品质认知和自有品牌联想四个维度。

自有品牌认知度作为评价自有品牌社会影响力的关键指标之一，对零售商的发展具有重要的作用，认知度的高低会在很大程度上影响消费者对品牌的态度及购买倾向（杨伟文、刘新，2010）。当消费者产生特定的消费需求时，往往容易在熟知的品牌中进行选择，品牌认知能缩小消费者的购买选择范围。消费者行为理论也表明，为了减少不确定性，面对众多的选择，消费者往往倾向于购买熟悉的商品或服务。而在品牌竞争的时代，品质竞争是关键，消费者往往根据自己的消费经验和认知来做出购买决策，如果消费者使用某种品牌后觉得满意，他们很可能产生再次购买或重复购买行为，并且此时会对该产品或服务产生一种情感，这种情感很难会被改变。自有品牌作为零售店铺特有的品牌，其形象的好坏往往与零售店铺密切相关，消费者对某一店铺的自有品牌越熟悉，在产生特定需求时，越容易想起该品牌，从而越容易产生购买行为，为建立店铺忠诚形成基础。基于此，本书提出以下假设：

假设 1：自有品牌认知度对店铺忠诚有显著正向影响；

假设 1a：自有品牌识别对店铺忠诚有显著正向影响；

假设 1b：自有品牌回想对店铺忠诚有显著正向影响；

假设 1c：自有品牌品质认知对店铺忠诚有显著正向影响；

假设 1d：自有品牌联想对店铺忠诚有显著正向影响。

6.2.3 价格敏感性的调节作用

价格敏感性的定义来自于经济学中"价格弹性"概念，价格弹性是衡量价格的变动对销售量的影响。而价格敏感性是以消费者行为学为基础，指消费者对产品或者服务价格变化的感知和反应的程度，侧重于分析价格变动对顾客心理的影响（Monroe，1971）。价格敏感性是影响消费决策的关键因素，价格敏感性的差异源于消费者对品牌价格的感知以及存在于支付价格与获取价值之间的差距（郝春晖、李从东，2005）。现有研究表明，价格敏感性的高低一方面会受到产品差异、产品涉入度等产品自身因素的影响（韩飞、于洪彦，2011），消费者对不同类别产品价格敏感性也不尽相同（王霞等，2004）；另一方面，消费者的年龄、性别、受教育程度等人口统计学特征也会对消费者的价格敏感性产生影响（王霞等，2004）。除此之外，客户满意、品牌忠诚度、产品熟悉度等因素也会对消费者的价格敏感性具有一定的影响作用（刘楼、袁名别，2013）。而且，消费者的价格敏感性并不是一成不变的，而是随着产品、环境、年龄等因素的变化而变化（Lichtenstein et al.，1988）。

价格是影响消费者进行购买行为的重要因素，也就是说消费者的价格敏感性高低会直接影响其消费行为：当在产品或服务的其他属性大致相同的情况下，消费者往往会选择价格低的产品，但寻找低价的产品通常会花费一定的时间和精力，价格敏感性高的消费者对价格变化的反应较大，他们把价格视为决定其消费行为的主要因素，认为花费一定的时间和精力寻找低价产品是值得的，因而倾向于搜索低价产品，故难以对特定店铺产生忠诚；而价格敏感性低的消费者则不然，他们愿意支付相对较高的价格购买高知名度、高品质的商品，进而容易形成对店铺的忠诚。因此，消费者的价格敏感性可能会对自有品牌认知度与店铺忠诚的关系产生负向调节作用。基于此，本书提出以下假设：

假设 2：在自有品牌认知度对店铺忠诚的影响中，价格敏感性具有显著的负向调节作用；

假设 2a：在自有品牌识别对店铺忠诚的影响中，价格敏感性具有显著的负向调节作用；

假设 2b：在自有品牌回想对店铺忠诚的影响中，价格敏感性具有显著的负向调节作用；

假设 2c：在自有品牌品质认知对店铺忠诚的影响中，价格敏感性具有显著的负向调节作用；

假设 2d：在自有品牌联想对店铺忠诚的影响中，价格敏感性具有显著的负向调节作用。

6.3 研究方法

6.3.1 样本与数据收集

本书以大连 KS 商场为例，旨在研究自有品牌认知度对店铺忠诚的影响以及价格敏感性的调节作用，因而 KS 商场的消费者构成了本研究调查问卷的关键信息人，调查问卷采用随机拦截的方式进行现场发放。全部调查工作在 2013 年 5—6 月期间完成，调查共在大连 KS 商场发放问卷 300 份，剔除数据缺失较严重及敷衍回答的问卷 49 份，收回有效问卷 251 份，问卷有效回收率为 83.67%。样本的描述性统计特征如表 6-1 所示。

6.3.2 问卷及变量测量

本研究的调查问卷包括几个李克特量表和一组关于调查对象基本信息的分类选择题。量表均来自前人研究中已被使用过的成熟量表。其中，自有品牌认知度的量表来自 Yoo 和 Donthu（2001）、Keller（2003）和赵澄强（2010）的量表，包括 10 个题项；店铺忠诚的量表来自 Majumdar（2005）、Huddleston 等（2004）、Zeithaml 等（1996）的量表，包括 5 个题项；价格敏感性的量表来自 Grewal 等（1998）、Lichtenstein 等（1988）的量表，包括 3 个题项。在确定调查问卷之前，我们进行了预调查，对数据先进行可靠性和因子分析，然后进行了修正。此外，还对专家进行了深度访谈，综合各方面意见，并根据研究的具体情况对初始量表做出了进一步改进，最终形成正式问卷。所有问项均采用 5 级李克特量表（1=非常不同意；5=非常同意）。

表 6-1 　　　　　　　　　　 **样本描述性特征统计**

指标	特征	频次	占比（%）
性别	男	120	47.8
	女	131	52.2
年龄	25 岁以下	38	15.1
	26—35 岁	97	38.6
	36—45 岁	69	27.5
	46—55 岁	33	13.1
	56 岁以上	14	5.6
学历	初中及以下	40	15.9
	高中或技校	87	34.7
	本科或大专	115	45.8
	硕士及以上	9	3.6
月收入	2 000 元以下	55	21.9
	2 000—4 000 元	119	47.4
	4 001—6 000 元	50	19.9
	6 000 元以上	27	10.8
关系长度	1 年以下	26	10.4
	1—3 年	51	20.3
	3—5 年	49	19.5
	5 年以上	125	49.8

6.3.3　量表的信度和效度

在进行假设检验之前，本研究首先对 251 份有效问卷进行了信度和效度分析。在信度方面，本研究使用内部一致性来检测量表的信度，使用 SPSS19.0 统计分析软件测得所用量表的 Cronbach's α 值均大于 0.7 的最小临界值水平，如表 6-2 所示，说明此量表具有较好的内部一致性。在效度方面，本研究主要采用因子分析法来衡量量表的效度，对数据进行 KMO 样本测试和 Bartlett 球体检验，分析结果如表 6-3 所示，所有变量的 KMO 值均大于 0.7，且 Bartlett 球体检验结果显著（P=0.000），表明样本数据适合做因子分析。同时，本研究通过最大方差法旋转后，各维度下的因子载荷均大于 0.5，没有出现显著的交叉负载，说明量表具有较好的辨别效度。而且各项因子的累计方差贡献率均大于 50%，说明量表具有较好的聚合效度。综上所述，本研究量表的效度较好，题项的设计基本符合研究的要求。

表 6-2 变量的 Cronbach's α 值

变量名称	问项数目	Cronbach's α
自有品牌识别	3	0.808
自有品牌回想	2	0.761
自有品牌品质认知	4	0.808
自有品牌联想	3	0.863
价格敏感度	3	0.828
店铺忠诚	5	0.896

表 6-3 量表的效度检验

题项	因子					
	自有品牌认知度				价格敏感性	店铺忠诚
	自有品牌识别	自有品牌回想	自有品牌品质认知	自有品牌联想		
识别 Q1	0.834					
识别 Q2	0.739					
回想 Q1		0.843				
回想 Q2		0.634				
品质认知 Q1			0.732			
品质认知 Q2			0.783			

续表

题项	因子					
	自有品牌认知度				价格敏感性	店铺忠诚
	自有品牌识别	自有品牌回想	自有品牌品质认知	自有品牌联想		
品质认知 Q3			0.771			
联想 Q1				0.665		
联想 Q2				0.815		
联想 Q3				0.814		
敏感性 Q1					0.863	
敏感性 Q2					0.892	
敏感性 Q3					0.833	
忠诚 Q1						0.827
忠诚 Q2						0.830
忠诚 Q3						0.860
忠诚 Q4						0.861
忠诚 Q5						0.826
KMO	0.904				0.707	0.877
Bartlett 球体检测	1 459.971				286.550	702.029
累计方差贡献率	79.449%				74.495%	70.689%

6.4 假设检验

本研究以店铺忠诚为因变量，自有品牌认知度为自变量，关系长度和年龄作为控制变量，对数据进行回归分析，得到的回归结果如表 6-4 所示。从表 6-4 可以看出来，自有品牌识别的回归系数为 0.173（t 值为 2.338），自有品牌回想的回归系数为 0.031（t 值为 0.425），自有品牌品质认知的回归系数为 0.264（t 值为 3.688），自有品牌联想的回归系数为 0.199（t 值为 2.656），假设 1a、假设 1c、假设 1d 都得到验证，假设 1b 未得到验证，即自有品牌的品牌识别、品质认知、品牌联想对店铺忠诚有显著正向影响，其中自有品牌品质认知对店铺忠诚的影响作用最大，接下来依次是自有品牌的品牌联想和品牌识别。

表 6-4　　自有品牌认知度对店铺忠诚影响的回归分析结果

变量	非标准化系数		标准系数	t	Sig.	共线性统计量	
	B	标准误差	试用版			容差	VIF
常量	0.943	0.227		4.154	0.000		
自有品牌识别	0.166	0.071	0.173	2.338	0.020	0.437	2.289
自有品牌回想	0.028	0.067	0.031	0.425	0.671	0.439	2.276
自有品牌品质认知	0.265	0.072	0.264	3.688	0.000	0.464	2.155
自有品牌联想	0.175	0.066	0.199	2.656	0.008	0.425	2.355
模型参数	R^2=0.418　调整后的 R^2=0.403　F=29.167						

为验证价格敏感性对自有品牌认知度与店铺忠诚两者关系的调节作用，本研究采用层级回归分析进行假设检验。同时，为了消除多重共线性问题对研究带来的不利影响，在进行回归分析之前，首先对自变量和调节变量进行了均值中心化处理，然后是中心化后的自有品牌识别与价格敏感性的交互项、中心化后的自有品牌回想与价格敏感性的交互项、中心化后的自有品牌品质认知与价格敏感性的交互项，以及中心化后的自有品牌联想与价格敏感性的交互项进入方程，进行回归分析，所得结果如表 6-5 所示。从表 6-5 可以看出来，自有品牌识别与价格敏感性的交互项回归系数为 -0.037（P 值为 0.502），自有品牌回想与价格敏感性的交互项回归系数为 -0.117（P 值为 0.038），自有品牌品质认知与价格敏感性的交互项回归系数为 -0.121（P 值为 0.024），自有品牌联想与价格敏感性的交互项回归系数为 -0.093（P 值为 0.080），因此假设 2b、假设 2c 以及假设 2d 得到验证，假设 2a 未得到验证，即在自有品牌回

想、自有品牌品质认知、自有品牌联想对店铺忠诚的影响中，价格敏感性具有显著的负向调节作用。

表 6-5　　　　　　价格敏感性的调节作用检验结果

价格敏感性	自有品牌识别	自有品牌回想	自有品牌品质认知	自有品牌联想
交互项系数	−0.037	−0.117	−0.121	−0.093
P 值	0.502	0.038	0.024	0.080

6.5　本章结论与建议

6.5.1　结果与讨论

本书通过实证研究验证了自有品牌认知度的不同维度对店铺忠诚的影响，结果表明：自有品牌的品牌识别、品质认知、品牌联想对店铺忠诚具有显著正向影响，而自有品牌回想对店铺忠诚没有显著影响；在自有品牌的品牌回想、品质认知、品牌联想对店铺忠诚的影响中，价格敏感性具有显著的负向调节作用，而在自有品牌识别对店铺忠诚的影响中，价格敏感性没有显著的负向调节作用。该结果可为以 KS 商场为代表的中小型零售商开发自有品牌提供决策参考和理论借鉴。

本书基于案例实证研究表明，消费者对自有品牌的认知程度越高，越容易忠诚于店铺。这进一步解释了 Steenkamp 和 Dekimpe 的研究结论，即"自有品牌能增加消费者的店铺忠诚"，强化了自有品牌对顾客建立店铺忠诚的重要性。首先，自有品牌的品质认知对店铺忠诚的影响最大，这表明只有高品质的自有品牌产品才能赢得消费者的认可与信任，进而借由对自有品牌的信任转化为对零售店铺的信任与忠诚；其次是自有品牌联想和自有品牌识别，消费者对自有品牌的联想程度和识别程度越高，越能强化其对自有品牌的认知，使其快速在众多品牌中识别出店铺拥有的自有品牌，并进一步转化为购买行为。从上述讨论中可以发现，高品质自有品牌产品开发也是中小零售商塑造店铺忠诚的有效手段，反之消费者的店铺忠诚亦可以加强消费者的自有品牌购买意愿（Ailawadi et al.，2008）。

本书的研究结果显示，消费者的价格敏感性越高，自有品牌认知度对店铺忠诚的促进作用越小；反之，则促进作用越大。具体来说，消费者的价格敏感性分别对自有品牌的品牌回想、品质认知、品牌联想与店铺忠诚的关系产生显著的负向调节作用，而其对自有品牌识别与店铺忠诚的关系影响不显著。这说明，无论消费者对价格是否敏感，品牌识别都会增进店铺忠诚，在此基础上，中小零售商更需要在品牌认知的其他层面多下功夫。对于价格敏感性较高的消费者，自有品牌认知度并不能有效促进店铺忠诚的形成，相反则会效果显著。价格敏感性高的消费者更愿意花费大量的时间和精力成本在不同的店铺搜寻低价的产品，以此节约消费开支；而对于价格敏感性较低的消费者，加强其自有品牌认知度则能有效促进店铺忠诚的形成。这一结论表明，对于中小零售商而言，开发"低质低价"自有品牌并没有大型零售商的规模经济优势，相反却可以利用消费者的价格敏感性，开发高品质的自有品牌产品，强化其品牌认知度，进而促进重复购买。与此同时，以往良好的购买、使用经验会减弱价格的影响作用，强化消费者对自有品牌的回想和联想，并进一步转化为积极的情感态度，促进了店铺忠诚的形成。

6.5.2　营销启示

本书的研究结论对零售商，尤其是中小型零售商的营销实践具有一定的启示：

首先，零售商要充分关注自有品牌产品质量，并依托高溢价自有品牌强化消费者的品牌认知度。本书研究表明，注重开发高品质的自有品牌产品、增加其附加值将有助于改变消费者对自有品牌产品"低质低价"的印象，使之对自有品牌产品及零售商产生信任和忠诚。

其次，零售商更要重视自有品牌识别对店铺忠诚的促进作用，加强对自有品牌产品的宣传力度。本书研究表明，无论消费者的价格敏感性如何，自有品牌识别均对店铺忠诚具有促进作用。零售商可通过店内集中展示、粘贴海报、发放宣传单等方式详细介绍自有品牌产品的特点，并设计独特的品牌标志及包装加深消费者对其的印象，以此强化消费者对自有品牌识别度。

再次，对中小型零售商而言，应充分利用消费者的价格敏感性，开发高端的自有品牌产品，从而促进消费者的店铺忠诚。中小型零售商与大型零售商相比，较之于"低质低价"策略，采取"优质优价"的自有品牌开发策略更容易成功，不仅可以吸引价格敏感性低的消费者，更容易促进店铺忠诚生成。如本书案例企业（KS 商场）就是以其高品质自有品牌食品开发及低碳公里供应，赢得了消费者的信任和店铺忠诚。

6.5.3　局限性与未来研究方向

本研究属于单案例的实证研究，其研究结论还有待于进行多案例的扩展验证，并且，在现实消费环境中，由于消费者对不同品类产品的价格敏感性不同，在后续研究中还可以分品类研究讨论价格敏感性以及其对自有品牌认知度与店铺忠诚的调节作用。

第7章 外部线索对自有品牌购买意愿的影响
——以感知风险和信任为中介

7.1 引言

    自有品牌是零售商拥有的品牌，并在其控制的渠道进行分销（李飞、程丹，2006）。开发自有品牌能提高零售商利润水平，使零售商实现差异化，而且自有品牌为零售商带来的边际毛利率大于制造商品牌（张赞，2009），自有品牌已经成为零售商增强竞争优势的重要途径和新的利润源泉（贺爱忠、李钰，2010）。然而，要成功发展自有品牌，首先要保证消费者购买该自有品牌。在发达国家，自有品牌的发展较快，消费者对自有品牌的接受程度较高。相对于国外零售市场而言，中国自有品牌发展水平较低，零售商仍以销售制造商品牌为主，消费者对自有品牌的购买意愿较低（汪林、郝婕，2010）。那么，如何激发消费者自有品牌购买意愿？消费者自有品牌购买意愿的影响因素有哪些？回答这些问题对于揭示消费者自有品牌购买意愿的形成机制及指导零售商开发自有品牌的营销实践具有重要的意义。

7.2 文献回顾

在对自有品牌的研究中，学者们从供应商、零售商和消费者三个角度对自有品牌购买意愿的影响因素及其作用机理进行了广泛的探索。

从供应商角度，有学者研究了"制造商线索"对自有品牌感知质量的影响，研究发现制造商所在地和制造商包装模仿对自有品牌感知质量有显著的影响（杨德锋，王新新，2008），而制造商的知名度及名称对自有品牌的感知质量和购买意愿没有显著的影响（葛翔曦，2009；杨德锋，王新新，2008）。

从零售商的角度，学者们研究发现商店形象、服务质量、促销活动、产品价格、产品复杂程度、商店环境和零售商特性等对消费者自有品牌购买意愿都存在着显著的影响（葛翔曦，2009；陶鹏德等，2009；Burger 和 Sehott，1972）。

从消费者角度开展的研究主要是沿着以下两个方向进行的：一个研究方向主要关注的是消费者的人文特征，但是不同学者的研究结果之间存在着一定的差异。早期的研究发现消费者的人文特征对消费者自有品牌购买的解释力较差（Burger 和 Schott，1972）。随着研究的不断深入，Dhar 和 Hoch（1997）、Hoch（1996）、Richardson et al.（1996）、等都认为家庭收入低、年纪大、受过良好教育的消费者群体更倾向于购买自有品牌。然而，Goldsmith et al.（2010）的研究发现学历、收入水平、家庭规模对消费者自有品牌购买意愿没有显著的影响。另一个研究方向主要关注的是消费者的认知和态度；认知变量主要包括价格-质量感知、感知质量、感知价值、自有品牌熟悉度、品牌忠诚以及感知风险等（Jin 和 Suh，2005）。学者们在研究中指出不同社会经济条件的人都可能购买自有品牌产品，其产生认知差异的原因在于不同消费者对自有品牌的体验不同、对营销活动的反应不同，以及需求和产品重要性不同，只有把握好消费者态度和行为的差异才能准确预测消费者是否愿意购买自有品牌产品（Burger 和 Schott，1972；Livesey 和 Lennon，1978）。

以往的此类研究倾向于孤立地从感知风险或信任角度对自有品牌进行研究（江敏华、郑亚苏，2007；童利忠、雷涛，2014；吴佩勋，2012），而很少有学者将两者结合起来，对感知风险、信任与自有品牌购买意愿之间关系进行的有效整合。而且，基于自有品牌外部线索的相关研究结果与零售现实情境还存在一定的差异。例如，有学者提出低价是自有品牌成功的重要影响因素。然而，在中国市场上，虽然自有品牌产品价格比制造商品牌产品的价格低 30% ~ 50%，但其市场份额远低于制造商品牌相应产品的市场份额。消费者对自有品牌产品精美的包装、高密度的促销活动也无动于衷。

为此，本书以线索理论、信任理论为依据，构建并检验了消费者自有品牌购买意愿影响因素模型，探讨自有品牌产品外部线索与自有品牌感知风险、自有品牌信任及购买意愿之间的关系，并检验了自有品牌感知风险和自有品牌信任在自有品牌产品外部线索和购买意愿之间起到中介作用，进一步理解了产品外部线索对购买意愿的影响作用路径，从而揭示了消费者自有品牌购买意愿的影响因素。

7.3 理论背景、研究模型和假设

7.3.1 理论背景

线索利用理论来源于消费者行为学。线索的概念首先由 Cox（1962）提出，他将线索定义为"信息"，例如价格、颜色、感觉、销售人员态度、朋友观点等。线索对消费者具有两类价值：一是预示价值，即消费者认为或者感知一个线索预示产品质量的程度；二是信心价值，即消费者对自己能够正确地判断和使用线索能力的信心程度（Richardson et al.，1994）。线索可以分为内部线索和外部线索。内部线索是产品自身的属性，如产品大小、形状、味道等；外部线索是与产品有关的属性，如价格、品牌名称、包装、商店形象等。当消费者对产品较不熟悉时，即消费者无法立即获得产品的内部线索时，外部线索便成为消费购买决策的重要影响因素（Dodds et al.，1991）。目前对外部线索的研究主要集中在价格、品牌名称、包装等，忽视了商店声誉、口碑推荐等线索。

感知风险是指消费者在购买产品时所感知到不确定和不利结果的可能性（Dowling 和 Staelin，1994）。消费者在进行购买决策的过程中，一旦感知到某种风险的存在，便会产生焦虑，此时消费者就会寻求减少风险的方法，以降低购买行为后果的不确定性和购买行为产生不利后果的严重性，这一系列行为将会直接影响到他们的购买意愿（Garretson 和 Clow，1999）。当感知风险减弱到可以接受的程度或者完全消失时，消费者才会进行最终的购买（Taylor，1974）。在各种降低风险的方法中，搜寻相关信息是最为方便，也最为有效的方法（Sheth 和 Venkatesan，1968）。

信任是指消费者认为可以相信某一品牌或产品的心理状态（McAllister，1995）。营销的最终目标在于建立消费者与品牌间亲密的关系，而构成这种关系的重要元素就是信任。对消费者来说，信任在预测购买意愿时起着主要的作用（Bennett 和 Harrell，1975），当消费者对品牌和信息不确定时，对品牌的信任就成为影响其做出品牌选择的重要依据。因此，信任对购买行为和购买意愿具有正向的影响作用。

7.3.2　研究模型和假设

利用线索利用理论、风险决策理论和自有品牌理论的研究成果，本书建立概念模型（如图 7-1）。其中，自有品牌外部线索是前因变量，外部线索包括了价格、包装、促销活动、商店声誉和口碑推荐，自有品牌购买意愿是结果变量，自有品牌感知风险和自有品牌信任是中介变量。

消费者在做出购买决策时都会考虑风险问题，进而寻求各种降低风险的方法。消费者的不确定性可能来源于产品价格过低、包装过于简陋等与产品特性相关的外部线索所传导的信息。为了能够有效地降低感知风险，产品的外部线索往往会成为消费者进行购买决策的重要参考指标（范惟翔等，2011）。对自有品牌的不利感知可能由消费者对于外部线索的依赖而产生，与此同时，外部线索依赖性也可能会提高购买自有品牌时的感知风险（江敏华、郑亚苏，2007）。

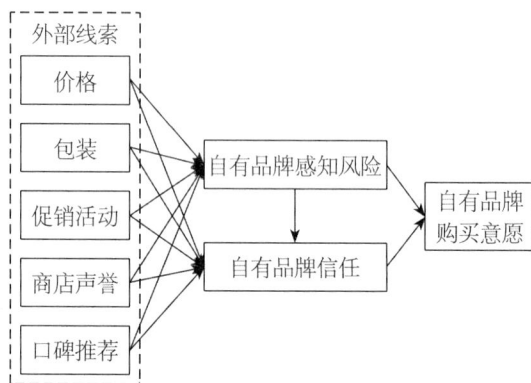

图 7-1　概念模型

价格能够为消费者传递一定的质量信息，因而价格成为产品的基本线索之一（Erickson 和 Johansson，1985）。消费者会利用价格来推测产品的质量（Leavitt，1954），因此，价格就会对自有品牌感知风险和购买意愿产生一定的影响（吴佩勋，2012）。较高的价格意味着投入的生产要素成本较高，价格越高，购买者感知到的产品质量越高，感知收益也越大。为了吸引消费者购买，零售商通常将自有品牌的价格定得比制造商品牌的价格低，但结果却适得其反，因为低价格降低了消费者对自有品牌商品的感知质量（Richardson et al.，1994）。

包装既是一种沟通方式，又与产品自身的评价有紧密的联系（Underwood 和 Ozanne，1998）。当自有品牌产品的包装模仿制造商品牌的包装时，消费者对该自有品牌的感知质量评价较高，相反则较低（Richardson et al.，1994）。零售商在包装上提供了重要资讯，能够减少消费者对自有品牌的不确定性（Batra 和 Sinha，2000）。在自助式购物下，包装提供了说服消费者购买自有品牌的最后机会（江林、郝婕，2010）。

促销活动是一种针对消费者的短期刺激方式，其主要目的在于诱发实际的购买行为。当优惠力度较大时，消费者会怀疑产品是否会存在瑕疵，预期产品可能质量较差，因而产生不确定性，增强了其对产品的感知风险（Garretson 和 Clow，1999）。因此，促销活动一方面会对消费者产生相当程度的吸引，刺激消费者进行购买；但另一方面也会使消费者怀疑购买该产品可能存在着风险（范惟翔等，2011）。

商店声誉是指商店所具有的信用、口碑和知名度。商店声誉是零售商联想的重要来源，良好的商店声誉能引起消费者更多的注意和惠顾，提高其对零售商的熟悉程度，并对零售商产生"值得信赖"的联想（吴锦峰、胥朝阳，2009）。消费者对商店的情感越深，越能降低其对该商店自有品牌产品的风险感知，从而进行购买（贺爱忠、李钰，2010）。

口碑推荐是指消费者之间对于产品、服务以及提供产品或服务的企业的意见、想法等信息的非正式的交换、沟通和传递（Westbrook，1987）。口碑推荐是消费者信息来源的重要途径，它可以帮助消费者减少信息不对称，降低消费者的感知风险（朱翌敏等，2011）。而且，感知风险越高，消费者越倾向于从口碑中去寻找更多的信息（Bansal 和 Voyer，2000）。消费者在购买某个品牌之前，一般会征求好友、同事或亲友的意见，如果这些人认为该品牌好，那么消费者就会认为该品牌值得信赖。

基于此，本书提出如下假设：

假设 H1：自有品牌外部线索越正面，消费者自有品牌感知风险越小；

假设 H1a：价格对消费者自有品牌感知风险有显著的负向影响；

假设 H1b：包装对消费者自有品牌感知风险有显著的负向影响；

假设 H1c：促销活动对消费者自有品牌感知风险有显著的正向影响；

假设 H1d：商店声誉对消费者自有品牌感知风险有显著的负向影响；

假设 H1e：口碑推荐对消费者自有品牌感知风险有显著的负向影响。

假设 H2：自有品牌外部线索越正面，消费者对自有品牌的信任度越高；

假设 H2a：价格对消费者自有品牌信任有显著的正向影响；

假设 H2b：包装对消费者自有品牌信任有显著的正向影响；

假设 H2c：促销活动对消费者自有品牌信任有显著的负向影响；

假设 H2d：商店声誉对消费者自有品牌信任有显著的正向影响；

假设 H2e：口碑推荐对消费者自有品牌信任有显著的正向影响。

消费者在购买产品的过程中，由于对自有品牌较不熟悉及对自有品牌品质的不确定性，会使其感知到各种不同的风险，并且不同层次的风险会随着产品的不同和人的不同而交互影响产生多元变化，因此感知风险会对消费者的购买意愿产生影响。当感知风险过高时，消费者就不愿意购买该产品。而较低的感知风险可以降低消费者的感知利失，提高感知价值进而提高购买意愿。

基于此，本书提出如下假设：

假设 H3：自有品牌感知风险对消费者自有品牌信任有显著的负向影响。

假设 H4：自有品牌感知风险对消费者自有品牌购买意愿有显著的负向影响。

消费者在购买某品牌产品之前，信任主要表现为一种心理期望和预测，在购买之后，产品的品质将会验证消费者之前的预期，验证结果又会形成下次购买的期望和预测（金玉芳等，2006）。信任是品牌资产的重要组成部分，是消费者购买意愿的重要决定因素（袁登华，2007）。信任会对消费者意愿和行为产生积极的作用，当消费者购买自有品牌产品时，如果其对自有品牌具有较高的信任，就会愿意购买该自有品牌产品（贺爱忠、李钰，2010）。

基于此，本书提出假设：

假设 H5：自有品牌信任对消费者自有品牌购买意愿有显著的正向影响。

7.4 研究方法

7.4.1 样本与数据收集

本书选择了北京、上海、大连和沈阳四个城市为调查的区域范围。这几个城市位于我国的南部和北部，基本为一线城市，零售业较为成熟，具有较强的代表性。在调研零售商、受访者选择过程中，我们主要遵循了以下标准：一是我们选择的零售商涉及百货商店、超级市场、专卖店、家居建材店及便利店五种零售业态的国内外零售企业，以使研究结果具有推广性，其中包括玛莎百货、百盛百货、王府井 HQ 尚客百货、沃尔玛、家乐福、乐购、麦德龙、物美超市、上海华联超市、大商超市、宜家家居、屈臣氏、7-11 便利店等 43 家店铺；二是被调查者必须对自有品牌比较熟悉、购买或使用过自有品牌产品，从而更关注、了解自有品牌，也更清楚自有品牌对自身利益的契合性。

本研究的调查时间为 2013 年 2 月—2013 年 4 月，采用商场现场拦截的方式，发放了 750 份问卷，实际回收有效问卷 536 份，问卷有效率为 71%。其中，在北京发放 200 份问卷，回收 146 份；在上海发放 200 份问卷，回收 140 份；在大连发放 200 分问卷，回收 149 份；在沈阳发放 150 份问卷，回收 101 份；样本的描述性统计特征如表 7-1 所示。

7.4.2　问卷与变量测量

本研究的调查问卷包括几个李克特量表组和一组旨在调查调查对象基本信息的分类选择题。本研究涉及的变量测量均来自前人的研究中已使用过的成熟量表，为了使之符合本研究的背景及本土情境，我们对一名营销专家和一名零售专家进行访谈，并对量表的问项进行了相应的修改。其中，英文测量问项的翻译由两名营销学博士和一名英语专业博士完成，初始问卷由十名 MBA 学院进行试填，并根据其反馈意见对测量语句进行修改。测量价格的量表来自 Ailawadi et al.（2001）的研究，包括 3 个题项；测量包装的量表来自梅雪（2010）的研究，包括 3 个题项；测量促销活动的量表来自杨宜苗（2010）的研究，包括 4 个题项；测量商店声誉的量表来自 Zimmer 和 Golden（1988）、王高等（2006）的研究，包括 3 个题项；测量口碑推荐的量表来自 Doney 和 Cannon（1997）、Lau 和 Lee（1999）的研究，包括 4 个题项；测量自有品牌感知风险的量表来自 Peter 和 Tarpey（1975）、Roselius（1971）的研究，包括 5 个题项；测量自有品牌信任的量表来自 Lau 和 Lee（1999）、Delgado-Ballester et al.（2003）的研究，包括 4 个题项；测量自有品牌

表 7-1   样本的描述性统计特征

指标类别	特征	频次	百分比%
性别	男	197	36.8
	女	339	63.2
年龄	15 岁及以下	32	6.0
	16-25 岁	112	20.9
	26-35 岁	155	28.9
	36-45 岁	117	21.8
	46-55 岁	77	14.4
	56 岁及以上	43	8.0
职业	学生	38	7.1
	教师和公务员	78	14.6
	企业职员	169	31.5
	个体经营者	70	13.1
	自由职业者	95	17.7
	退休及其他	86	16.0
收入水平	1 000 元及以下	74	13.8
	1 001-2 000 元	94	17.5
	2 001-3 000 元	147	27.4
	3 001-4 000 元	101	18.8
	4 001-5 000 元	65	12.1
	5 001 元及以上	55	10.3
受教育程度	初中及以下	71	13.2
	高中或技校	85	15.9
	大专或本科	289	53.9
	研究生及以上	91	17.0

购买意愿的量表来自 Jin 和 Suh（2005）、Dodds et al.（1991）的研究，包括 3 个题项。本研究所有题项均采用李克特 7 点量表，"1"表示完全不同意，"7"表示完全同意。

7.4.3 信度和效度分析

在信度方面，如表 7-2 所示，本研究所有测量变量的 Cronbach'α 值均超过了 0.70 的最小临界值水平。此外，我们对量表的组合信度进行了计算，各变量的组合信度都大于 0.70，说明此量表的内部一致性良好。在内容效度方面，一方面由于本研究的变量测量具有相关文献支持，另一方面借鉴了其他学者的研究方法，并且各测量题项的设计均经过了访谈与专业人员判断环节，所以此量表具备良好的内容效度。为了分析量表的效度，本研究采用 AMOS7.0 软件进行验证性因子分析（CFA）。结果如表 7-2 所示，各个变量所有题项的因子载荷均大于 0.6（p < 0.001）。同时，除自有品牌信任的平均提取方差（AVE）接近 0.5，其余变量的 AVE 均大于 0.5，说明量表中的各变量具有良好的聚敛效度。

表 7-2　　　　　　　　　　**量表的信度、效度检验结果**

测量变量	题项	因子载荷	α值	组合信度
价格 AVE=0.793	pri1	0.926	0.918	0.920
	pri2	0.866		
	pri3	0.879		
包装 AVE=0.757	pac1	0.988	0.891	0.903
	pac2	0.789		
	pac3	0.820		
促销活动 AVE=0.702	pro1	1.007	0.889	0.903
	pro2	0.750		
	pro3	0.772		
	pro4	0.807		

续表

测量变量	题项	因子载荷	α 值	组合信度
商店声誉 AVE=0.763	pre1	0.856	0.893	0.893
	pre2	0.849		
	pre3	0.869		
口碑推荐 AVE=0.509	ref1	0.804	0.808	0.755
	ref2	0.657		
	ref3	0.766		
	ref4	0.671		
自有品牌感知风险 AVE=0.558	ris1	0.768	0.861	0.863
	ris2	0.808		
	ris3	0.763		
	ris4	0.696		
	ris5	0.692		
自有品牌信任 AVE=0.482	tru1	0.616	0.765	0.773
	tru2	0.741		
	tru3	0.749		
	tru4	0.600		
自有品牌购买意愿 AVE=0.600	pur1	0.780	0.813	0.817
	pur2	0.831		
	pur3	0.707		

　　如果因子的 AVE 平方根大于与其他因子相关系数的绝对值，那么变量之间具有良好的判别效度。如表 7-3 所示，所有因子之间的 AVE 平方根均大于相应的相关系数的绝对值，这表明各个变量之间具有良好的判别效度。

表 7-3   判别效度检验结果

变量	价格	包装	促销活动	商店商誉	口碑推荐	自有品牌感知风险	自有品牌信任	自有品牌购买意愿
价格	0.890							
包装	0.375	0.870						
促销活动	−0.423	−0.375	0.838					
商店声誉	0.604	0.438	−0.434	0.858				
口碑推荐	0.335	0.374	−0.271	0.468	0.713			
自有品牌感知风险	−0.558	−0.432	0.399	−0.580	−0.526	0.747		
自有品牌信任	0.435	0.384	−0.399	0.498	0.591	−0.592	0.680	
自有品牌购买意愿	0.203	0.20	−0.220	0.305	0.257	−0.313	0.365	0.775

注：对角线上数字表示平均提取方差（AVE）的平方根，其他数字表示相关系数。

7.5 数据分析结果

7.5.1 模型检验

本研究采用 AMOS7.0 软件对文中提出的模型和假设进行检验。测量模型和数据的拟合度指标为 $\chi2=8.481$，$df=5$，$\chi2/df=1.696$，$p=0.132$，$RMSEA=0.036$，$GFI=0.996$，$AGFI=0.972$，$NFI=0.993$，$CFI=0.997$，说明测量模型和调查数据具有较好的拟合度。路径系数及显著性 P 值如表 7-4 所示。

表 7-4   结构方程模型检验结果

假设	路径	标准化系数	P	结果
H1a	价格→感知风险	−0.25	***	支持
H1b	包装→感知风险	−0.104	0.007	支持
H1c	促销活动→感知风险	0.105	0.007	支持
H1d	商店声誉→感知风险	−0.186	***	支持
H1e	口碑推荐→感知风险	−0.241	***	支持
H2a	价格→信任	0.072	0.106	不支持
H2b	包装→信任	0.045	0.261	不支持
H2c	促销活动→信任	−0.135	***	支持
H2d	商店声誉→信任	0.092	0.043	支持
H2e	口碑推荐→信任	0.279	***	支持
H3	感知风险→信任	−0.214	***	支持
H4	感知风险→购买意愿	−0.163	***	支持
H5	信任→购买意愿	0.211	***	支持

注：***表示 $p < 0.001$。

由结构方程所得出的路径系数可知："价格"对"感知风险"的路径系数为−0.250，$p < 0.05$，假设 H1a 获得支持；"包装"对"感知风险"的路径系数为−0.104，$p < 0.05$，假设 H1b 获得支持；"促销活动"对"感知风险"的路径系数为 0.105，$p < 0.05$，假设 H1c 获得支持；"商店声誉"对"感知风险"的路径系数为−0.186，$p < 0.05$，假设 H1d 获得支持；"口碑推荐"对"感知风险"的路径系数为−0.241，$p < 0.05$，假设 H1e 获得支持。

"价格"对"信任"的路径系数为 0.072，p > 0.05，假设 H2a 未获得支持；"包装"对"信任"的路径系数为 0.045，p > 0.05，假设 H2b 未获得支持；"促销活动"对"信任"的路径系数为 −0.135，p < 0.05，假设 H2c 获得支持；"商店声誉"对"信任"的路径系数为 0.092，p < 0.05，假设 H2d 获得支持；"口碑推荐"对"信任"的路径系数为 0.279，p < 0.05，假设 H2e 获得支持。

"感知风险"对"信任"的路径系数为 −0.214，p < 0.05，假设 H3 获得支持；"感知风险"对"购买意愿"的路径系数为 −0.163，p < 0.05，假设 H4 获得支持；"信任"对"购买意愿"的路径系数为 0.211，p < 0，05，假设 H5 获得支持。

7.5.2　中介效应检验

本研究建立模型解释各个变量之间的效应关系，从图 7−1 可以看出，各研究变量之间的关系比较复杂，既有直接效应，也存在着中介效应。为了更加清楚地了解研究变量之间的关系，本研究进一步检验了自有品牌感知风险和自有品牌信任这两个变量的中介效应。

按照温忠麟等（2004）对中介效应检验的阐述，本研究采取以下步骤对自有品牌感知风险和自有品牌信任的中介效应进行检验：

第一步分别检验价格、包装、促销活动、商店声誉及口碑推荐对自有品牌购买意愿的影响，结果显示，价格、包装、促销活动的标准化回归系数分别为 0.315、0.685、−1.295，显著性 Sig. 值分别为 0.753、0.494、0.196，均大于 0.05，说明上述变量对自有品牌购买意愿没有显著影响，因而停止中介效应的检验；商店声誉、口碑推荐的标准化回归系数为 0.167、0.119，显著性 Sig. 值为 0.002、0.010，小于 0.05，说明其对自有品牌购买意愿具有显著影响。

第二步检验了商店声誉、口碑推荐对自有品牌感知风险、自有品牌信任的影响，结果表明，商店声誉、口碑推荐对自有品牌感知风险的标准化回归系数分别为 −0.394、−0.291，对应的显著性 Sig. 值分别为 0.000、0.000；其对自有品牌信任的标准化回归系数分别为 0.283、0.368，对应的显著性 Sig. 值分别为 0.000、0.000。

第三步在控制了自有品牌感知风险和自有品牌信任的基础上，检验商店声誉、口碑推荐对自有品牌购买意愿的影响，结果显示，商店声誉对购买意愿的影响显著，其标准化回归系数为 0.124，显著性 Sig. 值为 0.013；口碑推荐对购买意愿的影响不显著，其标准化回归系数为 0.833，显著性 Sig. 值为 0.405，大于 0.05。

根据上述回归分析结果，在控制了自有品牌感知风险、自有品牌信任后，商店声誉和自有品牌购买意愿之间的关系明显减弱，但是显著性关系依然存在，说明自有品牌感知风险、自有品牌信任在商店声誉与购买意愿中起部分中介作用。在控制了自有品牌感知风险、自有品牌信任后，口碑推荐和购买意愿之间的关系明显减弱，而且显著性消失，说明自有品牌感知风险、自有品牌信任在口碑推荐与购买意愿中起完全中介作用。

7.5.3　模型修正

综合上述假设检验和中介效应检验的结论，我们对原始模型进行修正，删除了原始模型中不显著的路径（"价格"→"信任"、"包装"→"信任"），并添加了新的路径（"商店声誉"→"购买意愿"），由此建立修正模型，并运用 AMOS7.0 软件对模型的拟合度进行重新验证。修正模型的拟合结果和路径系数如表 7-5 所示，其中 $\chi 2 = 5.502$（p = 0.481），df = 6，$\chi 2/df = 0.917$，RMSEA = 0.000，GFI = 0.997，AGFI = 0.985，NFI = 0.995，CFI = 1.000，均达到模型可适配标准，说明修正后的模型具有良好的拟合度。

修正模型路径图如图 7-2 所示。模型修正后，促销活动至自有品牌信任的路径系数由 -0.135 降为 -0.159；商店声誉至自有品牌信任的路径系数由 0.092 升为 0.125；口碑推荐至自有品牌信任的路径系数由 0.279 升为 0.284；自有品牌感知风险至自有品牌信任的路径系数由 -0.214 降为 -0.240；自有品牌感知风险至自有品牌购买意愿的路径系数由 -0.163 升为 -0.111；自有品牌信任至自有品牌购买意愿的路径系数由 0.211 降为 0.180；商店声誉至自有品牌购买意愿的路径系数为 0.131；其他路径系数与原模型中对应的系数值一致，均达到了显著性水平。

表 7-5　　　　　　　　　　　　　修正模型检验结果

假设	路径	标准化系数	P	结论
H1a	价格→感知风险	−0.250	***	支持
H1b	包装→感知风险	−0.104	0.007	支持
H1c	促销活动→感知风险	0.105	0.007	支持
H1d	商店声誉→感知风险	−0.186	***	支持
H1e	口碑推荐→感知风险	−0.241	***	支持
H2a	价格→信任	/	/	不支持
H2b	包装→信任	/	/	不支持
H2c	促销活动→信任	−0.159	***	支持
H2d	商店声誉→信任	0.125	0.003	支持
H2e	口碑推荐→信任	0.284	***	支持
H3	感知风险→信任	−0.240	***	支持
H4	感知风险→购买意愿	−0.111	0.028	支持
H5	信任→购买意愿	0.180	***	支持
新路径	商店声誉→购买意愿	0.131	0.007	支持
拟合值	$\chi^2=5.502$（P=0.481）；df=6；$\chi^2/df=0.917$；RMSEA=0.000；GFI=0.997；AGFI=0.985；NFI=0.995；CFI=1.000			

注：***表示 p < 0.001。

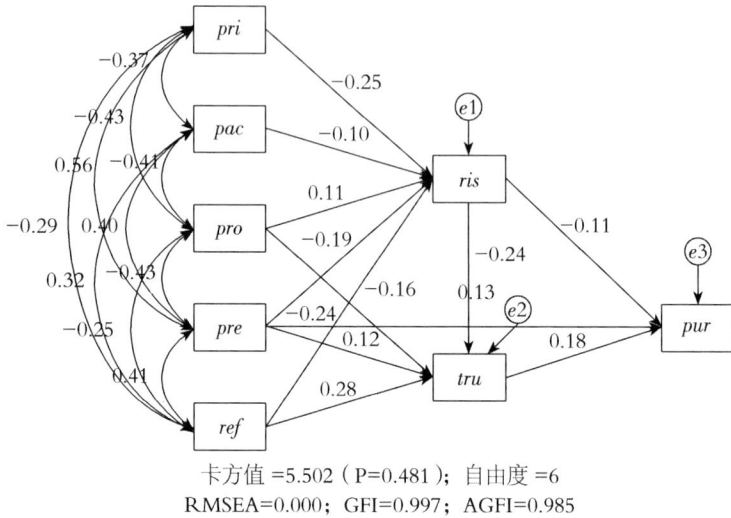

卡方值 =5.502（P=0.481）；自由度 =6
RMSEA=0.000；GFI=0.997；AGFI=0.985

图 7-2　修正模型

7.6　结论与讨论

7.6.1　讨论

首先，价格、包装对自有品牌感知风险有显著的负向影响，对自有品牌信任没有显著的影响。即自有品牌的价格越高、包装越精美，越能降低消费者对自有品牌的感知风险。因为低价、简陋的包装会引起消费者对自有品牌产品内在品质的怀疑，这对消费者而言意味着较高的风险。Richardson et al.（1994）就曾质疑自有品牌一味追求低价诉求的合理性。关于价格和包装，本研究没有发现其与自有品牌信任具有显著的相关关系，对此的解释如下：价格和包装可能只是降低消费者感知风险的重要外部线索，而要真正建立消费者对自有品牌的信任，更多的是依赖于其他外部线索及产品质量等内部线索。

其次，促销活动对自有品牌感知风险有显著的正向影响，对自有品牌信任有显著的负向影响，即促销活动的力度越大、频率越高，消费者对自有品牌的感知风险越高，信任度越低。自有品牌产品的价格相对于制造商品牌产品的价格而言就较低，如果再开展大规模的促销活动，则可能使消费者对自有品牌产品的质量产生怀疑，进一步提高消费者的感知风险。此外，消费者心中可能存在着促销门槛，促销规模过大会降低其对自有品牌的信任，这一结果也为假设 H1c，即促销活动与自有品牌感知风险正相关提供了一种解释。

第三，商店声誉对自有品牌感知风险有显著的负向影响，对自有品牌信任有显著的正向影响，即零售商的商店声誉越高，消费者对自有品牌的感知风险越低，对自有品牌越信任。这与 Jarvenpaa et al.（1999）的研究"零售商声誉是影响消费者信任的重要因素"相一致。较高的商店声誉本身就向消费者传达了高品质的产品、较低交易风险的信号，这在一定程度上有利于降低消费者的感知风险，提高消费者对其产品的信任，尤其是对初次购买的消费者更是如此（蒋青云等，2007）。

第四，口碑推荐对自有品牌感知风险有显著的负向影响，对自有品牌信任有显著的正向影响。即自有品牌的口碑推荐越好，消费者对自有品牌的感知风向越低，对自有品牌越信任。消费者在进行购买决策的过程中，会受到感知风险的影响，消费者的感知风险越高，他们在口碑推荐中寻求的信息越多，也越容易受到口碑信息的影响（Brown 和 Reingen，1987）；当消费者对自有品牌缺乏认识和了解时，就更易于接受推荐者的意见（李东进等，2005）。因此，良好的口碑推荐有利于降低消费者对自有品牌的感知风险，强加其对自有品牌的信任。

第五，自有品牌感知风险对自有品牌的信任和购买意愿具有显著的负向影响，自有品牌信任对自有品牌购买意愿有显著的正向影响。即消费者对自有品牌的感知风险越低，其对自有品牌越信任，购买意愿也越高。这与 Corbitt et al.（2003）的观点"感知风险是信任的前因"、"感知风险既能直接影响购买意愿，也能通过信任间接影响购买意愿"相符。这是因为消费者在选购自有品牌时往往会产生顾虑，这些顾虑可能来自消费者对自有品牌产品的品质不确定、不熟悉，以及购买后是否会后悔、是否会影响身体健康等各种信息带给消费者的感知风险。当感知风险越高，消费者信任程度越低，消费者也就不愿意购买自有品牌产品。与之相反，消费者对自有品牌产品比较了解，具有相应的知识，其感知风险越小，信任程度越高，也就越愿意购买自有品牌产品。

本研究还发现，自有品牌感知风险和自有品牌信任部分中介了商店声誉对自有品牌购买意愿的正向影响关系，完全中介了口碑推荐对自有品牌购买意愿的正向影响关系。上述中介效应在一定程度上解释了商店声誉、口碑推荐对自有品牌购买意愿的影响路径。商店声誉和口碑推荐会提高消费者的自有品牌购买意愿，但这种影响关系取决于消费者对自有品牌的感知风险和信任。这是因为当消费者受到商店声誉和口碑推荐的影响试图改变自己的行为或态度时，对自有品牌的感知风险和信任成为其对行为或态度的决定因素。因此，零售商若想通过商店声誉和口碑推荐提高消费者的自有品牌购买意愿，就要充分考虑消费者的自有品牌感知风险和自有品牌信任。通过加深消费者对自有品牌的了解和认识，降低其对自有品牌的感知风险，同时提升其对自有品牌的信任，商店声誉和口碑推荐才能使消费者对购买行为给予肯定，提升自有品牌购买意愿。因此，零售商在运用商店声誉和口碑推荐提升消费者自有品牌购买意愿的路径上，要消除那些使消费者产生感知风险的因素。

7.6.2 管理建议

本研究的结果对零售商发展自有品牌的管理实践具有重要启示意义。

（1）有效地利用和改善自有品牌产品的外部线索；面对各种自有品牌的不确定性，消费者无法获得产品的内部信息，所以只能利用外部线索作为评价的工具。本研究发现价格、包装、促销活动、商店声誉、口碑推荐与感知风险和信任的显著关系，可以为零售商提供具体解决方法：①零售商可以对自有品牌产品进行不同档次的定位，并依据产品定位制定不同的价格策略，改变消费者对自有品牌产品整体"低价低质"的印象；②改善自有品牌产品包装，突出自身特色，充分传递产品信息，让消费者对自有品牌产品有更深入的了解；③选择合适的促销产品、时机和方式，控制好促销规模和力度，一方面既能吸引消费者的注意力，另一方面也能有效降低消费者的感知风险；④改善核心产品、服务的质量，支持慈善、环保事业，与知名企业建立战略联盟，灵活运用媒体宣传,以此建立商店声誉;⑤正确认识和处理顾客抱怨,对消费者的负面口碑进行有效疏导,建立顾客忠诚计划和口碑推荐奖励计划,让消费者帮助零售商对自有品牌进行正面的口碑传播。

(2)重视感知风险对自有品牌信任和购买意愿的影响作用;消费者是否愿意购买决定了自有品牌能否为零售商带来利益,而感知风险的高低又是其购买行为的重要影响因素。因此,零售商要提高消费者的自有品牌购买意愿,可以通过降低自有品牌产品的感知风险来实现。一方面,零售商可以加强对自有品牌的店内宣传,让消费者免费试吃、试用自有品牌产品等方法,增加消费者对自有品牌的认知和了解,通过外部线索和内部线索的共同作用降低其感知风险;另一方面,零售商可以选择平均价格低、购买频率高、技术含量低、与消费者健康关系不大的品类进行自有品牌的开发,以此来降低消费者的感知风险。

(3)建立、强化消费者对自有品牌的信任;零售商往往在价格、包装等外部线索方面寻求提升消费者自有品牌购买意愿的方法,却忽视了信任对消费者的购买决策所产生的作用。本研究发现自有品牌信任对购买意愿有显著的正向影响。因此,零售商应着重从建立消费者信心、提高消费者满意度等方面入手,实施消费者自有品牌信任战略。例如,设立消费者服务中心,及时解决消费者在使用自有品牌产品过程中出现的问题,并承诺对消费者不满意的自有品牌产品进行无条件退货,建立第三方质量保障机制等,以此建立、强化消费者对自有品牌的信任,提升购买意愿。

7.6.3　研究局限性及未来研究方向

首先,本研究只考察了价格、包装、促销活动、商店声誉和口碑推荐等外部线索,并没有考虑其他线索。而在消费者进行购买决策的现实情境中,影响消费者行为的线索还有很多,而且消费者最终的决策受到内外部线索的共同影响,只有同时引入内外部线索才能更逼近消费者决策的现实状态。

其次,消费者自有品牌感知风险和信任的形成是一个复杂的动态过程,本研究只考察了消费者自有品牌感知风险、自有品牌信任在外部线索和消费者自有品牌购买意愿中的中介效应，并没有深入分析消费者的自有品牌感知风险和信任的内在作用机制。未来的研究可以分别引入产品种类、转换成本等变量作为中介变量或调解变量，全面揭示外部线索对消费者自有品牌购买意愿的作用机制。

第8章　感知风险对自有品牌购买倾向的影响
——中英两国跨文化比较研究

8.1　引言

　　由于全球化和国际竞争，现代企业大多在多元文化背景下生存（Luna 和 Gupta，2001）。在过去的十年内，大型连锁超市多采用国际性扩张战略来维持和扩大市场份额，但结果却好坏参半。自有品牌策略在一些国家取得了骄人的成绩，对大型连锁超市而言，自有品牌战略也是其国际化进程的重要一步（Corstjens 和 Lal，2000；Wulf 和 Odekerken-Schroder，2005）。但在新兴经济体国家，自有品牌产品的市场份额却十分有限（Steenkamp et al.，2010）。自有品牌虽已引起广泛的关注，但就感知风险和消费者的可接受程度而言，有关自有品牌的跨文化比较研究还很少。此外，一些跨文化研究的对象主要以学生群体为研究对象也存在一定的局限性（Lupton et al.，2010）。

　　受益于消费者更高的价值追求，自有品牌以强劲的增长势头迅速占领新兴市场的份额（Cheng et al.，2007）。瑞士、英国和德国是自有品牌产品普及率最高的三大市场（Planet Retail，2010）。相比之下，墨西哥和中国虽被视为具有巨大潜力的新兴市场，但自有品牌渗透率仍然很低且相对较不发达。消费者对自有品牌的不信任和误解，加上购买行为中的文化差异都会导致自有品牌不同的购买倾向。有学者指出，在经济低迷时期，消费者会转向购买自有品牌产品（Deloitte 和 Touche，2003；Lamey et al，2007）。

自有品牌产品在发达国家市场已相当成熟并被广泛研究，大型超市都在争夺自有品牌的市场份额，而不是简单刺激市场销量的增长。而新兴市场国家却很少给予关注，这部分地区虽然自有品牌产品的渗透很低，但其增长潜力却是巨大的（Berg 和 Queck，2010）。

本研究旨在探讨乐购——世界最大同时执行着复杂的自有品牌战略的零售商之一（Berg 和 Queck，2010）——其超市购物者在两个不同国家市场的购买行为。其中乐购在英国的自有品牌策略已经非常成功（大致占乐购 50%的销售额，Planet Retail 2010），而中国则拥有世界上最多的人口和零售市场。这项研究有助于在霍夫斯坦特的文化维度理论上，分析感知风险、熟悉度、感知质量差异和自有品牌购买倾向的关系。它代表了英国这一主要西方经济体和中国这一最大的新兴经济体之间的一流的跨文化研究，同时该研究努力摆脱了以往研究中人口因素对自有品牌购买倾向制约而造成的复杂结果（Burton et al. 1998；Dick et al.，1995；Richardson et al.，1996）。

本书通过建立有效的跨文化分析模型探讨中英两国超市自有品牌产品购买倾向。具体而言有三大目标：（1）评估感知风险对自有品牌购买倾向的影响，识别哪些类型的感知风险在这些经济体中更重要；（2）以感知风险为中介变量，探讨文化价值观维度对自有品牌购买倾向的影响；（3）探讨人口统计学特征对自有品牌购买倾向的影响。

8.2　本章理论框架与研究假设

8.2.1　理论框架

自 20 世纪 60 年代营销学者首次涉猎自有品牌研究以来，学者们一直尝试运用各种不同的标准来描述自有品牌购买行为的特征。20 世

90 年代后，除社会人口细分因素之外，学者们引入更多的心理和行为因素来评估自有品牌购买倾向（Baltas，1997；Dick，1995），如外在和内在的线索影响（Richardson，1994；Yang，2008）、支付（货币）的感知价值及容忍度（Richardson，1996）、创新性（Jin 和 Suh，2005）和趣味性（Shannon 和 Mandhachitara，2005）。此外，在测量自有品牌购买倾向时，品类差异已得到学界广泛的认同（Gamliel 和 Herstein，2007；Kwon et al.，2008；Pauwels 和 Srinivasan，2004）。在过去的十年中，尽管特定品类仍是自有品牌购买偏好的一个重要调节器，但对自有品牌购买倾向的研究重点已转向对不同文化和感知风险影响的研究（Beneke et al.，2012；Mieres et al.，2006a；Shannon 和 Mandhachitara，2005）。

根据 Baltas（1997）的观点，影响自有品牌发展成败的因素有三个：宏观市场（如市场结构，自有品牌的成熟度，经济环境）；顾客对自有品牌的感知（如质量，风险等）和购物者的特征（如年龄，性别，教育）。

由于霍夫斯坦特的文化维度理论被广泛用于研究不同国家之间的跨文化差异（Rapp et al.，2011）和风险感知（Chui et al.，2002）。所以本书将文化维度中的不确定性规避和权力差距列为独立变量，感知风险（感知功能、经济、社会、时间风险）设计为主要调节变量，熟悉度、感知质量差异作为辅助调节变量来构建模型。其中，权力差距对于衡量社会地位具有举足轻重的作用（De Mooij，2004）；低不确定性规避更容易接受风险（Money，1998），而高不确定性规避则倾向于规避风险（Chui et al.，2002）。由于乐购超市自有品牌作为全球著名商标，在中国具有相对较高的地位，因此有人认为，权力差距大小和不确定性规避对于风险感知和自由品牌的购买具有重要影响。

本研究的概念框架（图 8-1）由感知风险理论（Shanon 和 Mandhachitara，2005）和霍夫斯坦特的文化维度理论构成（Hofsetde，2001a，b）。其中根据感知风险理论，采用四个感知风险维度进行研究，分别为感知功能风险、感知社会风险、感知经济风险和感知时间风险（Jacoby 和 Kaplan，1972；Mitchell，1998；Shimp 和 Beardem，

1982）。

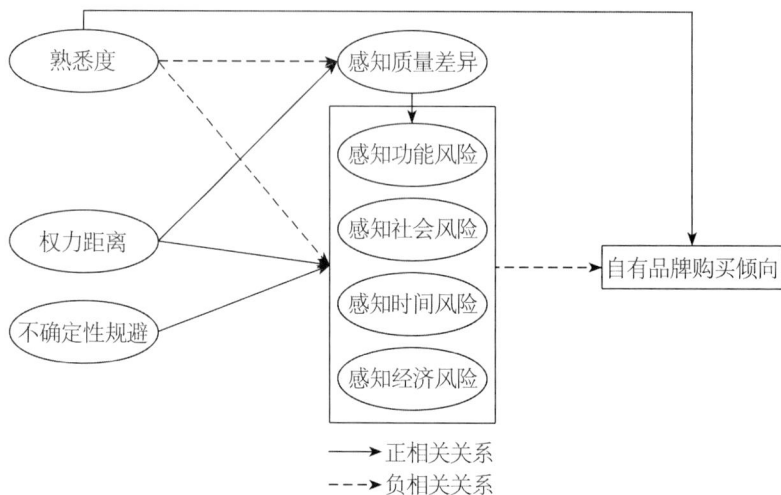

图 8-1　理论框架

资料来源：Adapted from Dick et al.（1995）；Mieres et al.（2006a and b）；Shannon 和 Mandhachitara（2005）；Steenkamp et al.（2007）。

　　我们认为，对自有品牌的熟悉程度会影响消费者的风险感知和所获取的有关自有品牌的信息量。在低涉入的情况下，消费者对于经常购买的物品熟悉度越高越有可能发生购买行为（Park 和 Lessig，1981）。同时，熟悉度作为独立的调节变量，已经应用于许多消费者购买自有品牌行为的相关研究（Baltas，1997；Dick et al.，1995）。熟悉自有品牌的消费者认为该产品包含的信息更多，故对购买行为充满了信心。因此，自有品牌的固有印象——"风险的替代品"——被视为是与熟悉度直接相关的，消费者可通过购买自有品牌产品来减少风险和质量差异的感知（Richardson et al.，1996）。

　　Shannon 和 Mandhachitara（2005）在对美国和泰国消费者的对比研究中提出，文化对于75%的消费者行为和自有品牌的消费态度有显著影响。同时，Steenkamp（2007）等人也引入了两个霍夫斯坦特文化维度用以研究影响消费者购买自有品牌产品的动机。所以研究不同文化维度是如何影响自有品牌购买行为，对于了解自有品牌销售率的增长情况具有重要意义。

由于消费选择的结果只能在消费后才能显现，所以消费者被迫处理其消费行为的不确定性程度，即当消费者意识到无法达到购买目标时，风险感知便应运而生（Mitchell，1998）。

将感知风险作为影响消费者行为变量的研究由来已久（Agarwal 和 Tea，2004；Kaplan et al.，1974；Popielarz，1967）。特别是，感知风险已应用于作为中介变量影响自有品牌购买行为的研究中。例如，Semeijn 等人（2004）指出店面形象和消费者对于自有品牌的态度受到感知心理、经济、功能风险的调节作用的影响。Mieres 等人（2006b）认为感知风险水平是决定自有品牌购买倾向的重要因素。自有品牌和制造商品牌之间感知风险水平的差异会影响消费者购买自有品牌产品的倾向。因此，本模型假设感知风险会受到个人消费者文化特征的影响。

此外，零售商也纷纷通过提高自有品牌质量来吸引众多对价格敏感的消费者。有研究表明，感知质量差异是消费者愿意付出更多来购买制造商品牌产品最重要的原因（Sethuraman 和 Cole，1997）。另一项研究也支持了感知质量差异对购买自有品牌倾向有调节作用，即 Batra 和 Sinha（2000）发现，对于自有品牌和制造商品牌感知质量的差异可通过品牌选择中的可能失误来间接影响自有品牌的购买，所以感知质量差异也是影响购买自有品牌倾向的重要因素。

8.2.2 研究假设

本书通过一系列的研究假设来探讨文化维度与对自有品牌购买倾向具有调节作用的感知风险之间的关系。

（1）不确定性规避

不确定性规避是指社会中人们感受到的不确定性和模糊情境的威胁程度。有研究表明，不确定性规避的文化维度与产品购买的风险感知之间存在一定的关系（Mitchell 和 Vassons，1997）。在不确定性规避程度高的文化下，人们感知到的风险更大，消费过程中感知到的不确定性更多。认知失调理论（Festinger，1957）也指出，尤其是当个体厌恶风险时，个体对风险的看法将导致认知失调，所以在不确定性规避程度高的社会中，风险规避的倾向可能会更高。故假设：

假设1：不确定性规避程度越高，在购买自有品牌时所感知的功能/经济/社会/时间风险越高。

（2）权力距离

在高权力差距文化中的购物者更倾向于关注其所购买的产品，并不像低权力差距文化下的购物者所表现的方式。例如，DeMooij（2004）研究发现，在欧洲，权力差距与矿泉水消费之间存在显著相关关系，因为在较高的权力差距文化中，对高品质（以水的纯净度为例）的需求是较高的，在这种文化背景下，人们往往倾向于获知产品标签上更多的信息。因此，研究假定在权力差距较大的文化背景下，消费者更有可能认为购买自有品牌产品存在较高的感知功能风险。

在高权力差距文化中，消费者普遍认为财富、社会地位和时间的利用能反映各自的社会特征。显示出高权力差距的个人和团体特别关注自己对品牌的选择是否会使其接近或区别于其他的个人或团体（Hofstede，2001b）。本研究认为，高权力差距文化中的人们更容易感知到较高的经济、社会、心理和时间风险。因此，在其他条件相同的情况下，这部分人群不太可能购买自有品牌产品。如果自有品牌被赋予较低社会地位这一形象，那么乐购的自有品牌在中国的发展很大程度上会受到感知社会风险的影响。但在英国这种成熟的消费市场，自有品牌的感知社会风险会少一些。故假设：

假设2a：权力差距程度越高，与购买自有品牌倾向相关的感知功能/经济/社会/时间风险越高。

假设2b：权力差距对中国感知社会风险的影响高于英国。

（3）感知风险

感知风险广泛存在于大多数购买行为之中。感知风险对某一特定产品或品牌的购买会产生消极效用（Skelly，1986）。更确切地说，现有文献表明与自有品牌相关的风险感知水平对自有品牌购买倾向有至关重要的影响（Erdem et al.，2004；Mitchell，1998；Montgomery 和 Wernerfelt，1992；Peterson 和 Wilson，1985；Richardson et al.，1996）。Mieres 等人（2006a）研究证实了自有品牌和制造商品牌在六个感知风险维度（功能风险，经济风险，社会风险，身体风险，心理风险和时间风险）方面存在显著差异，尤其是考虑到功能风险和时间风险时，自有品牌相对于制造商品牌而言风险更大。

以经济风险为例，在其他条件不变的情况下，金融赌博风险越大，消费者越不太可能会购买某产品（Mieres et al.，2006a）。因此，当其他条件都相同的情况下，如果自有品牌产品的定价被认为相对高于品牌竞争对手，则超市购物者将不大可能购买这些产品。同时，与购买决策方式相关的社会风险也会对他人（例如，同龄群体，家属，社交网络）如何看待个体的消费行为产生积极或者消极的影响。有研究表明，社会风险感知与自有品牌购买意愿之间存在负相关关系（Martinez 和Montaner，2007；Mieres et al.，2006a；Semeijn et al.，2004）。当消费者认为购买自有品牌产品可能会使其"丢面子"时，尤其是在集体主义和高权力差距文化中，消费者倾向于避免购买自有品牌产品。而中国集体主义的文化背景深厚，消费者更加注重同一社会群体的评价，故感知到"丢面子"的风险要高于英国。因此假设：

假设3a：功能/经济/社会/时间风险感知水平对自有品牌购买倾向存在负向影响。

假设3b：中国消费者在购买自有品牌时感知到的社会风险水平高于英国。

（4）熟悉度

Bettman（1974）认为，自有品牌熟悉度可通过降低品牌之间的感知风险和感知质量差异来提高购买倾向。我们认为，通过自有品牌与制造商品牌之间的风险和质量差异的感知，熟悉度对自有品牌购买倾向有间接影响。在感知风险以及感知质量的双重影响下，熟悉度与自有品牌产品购买倾向之间存在负向关系。

如前所述，自有品牌熟悉度在欧洲和北美地区比在其他地区要高得多，这两个地区超市内自有品牌产品已上架数十年，并逐渐进入国际市场。而中国和东欧，自有品牌虽然在这些地区超市所占的市场份额低，但却处于不断上升的阶段（AC Nieslen，2005b）。因此本研究提出，熟悉度与自有品牌购买倾向之间存在正相关关系。英国消费者对超市自有品牌十分熟悉，而在中国，自有品牌还是一个新生事物并且同制造商品牌之间的竞争不像英国那么激烈。所以只要消费者感知到乐购自有品牌产品的质量，相对于英国，自有品牌将会为中国零售带来更多的收益。故假设如下：

假设 4：熟悉度对在购买自有品牌时所感知的功能/经济/社会/时间风险和感知质量差异存在负向影响。

假设 5a：熟悉度对自有品牌购买倾向存在正向影响。

假设 5b：购买自有品牌时，熟悉度水平对中国消费者的影响大于英国消费者。

Richardson（1996）等发现，食品品目中制造商品牌与自有品牌之间的感知质量变化越大，与自有品牌购买相关的感知风险越大。一般来说，产品的质量是由其性能和功能决定的。所以本研究提出自有品牌与制造商品牌之间的感知质量差异与购买自有品牌时所感知的功能风险之间存在正相关关系。在比较成熟的市场中，如英国较之中国新兴市场，其制造商品牌与自有品牌之间的竞争更为激烈。因此，英国消费者有更广泛的选择机会，感知质量差异增大会导致感知功能风险增加。故假设如下：

假设 6a：感知质量差异水平对于在购买自有品牌购买时所感知的功能风险存有正向影响。

假设 6b：英国消费者在购买自有品牌购买时所感知的功能风险而带来的感知质量差异水平要高于中国消费者。

先前对制造商品牌和自有品牌的实证研究证实，两者不能明显割裂开来（Burger 和 Scott，1972；Frank 和 Boyd，1965；Myers，1967）。Baltas（1997）则认为随着时间的推移，自由品牌渐趋多元化，人口因素对自有品牌购买倾向的影响也会逐渐减弱。一项对上海消费者自有品牌购买选择行为的案例研究也证实了同样的观点（Yunlian 和 Qingyun，2007）。然而，还有研究表明年轻消费者使用自有品牌概率更高、更广泛（Cunningham et al.，1982；Granzin 和 Schjelderup，1980；Omar，1996），但也研究表明年龄和自有品牌购买倾向之间没有显著关系（Burton et al.，1998；Richardson et al.，1996）。

本书认为，较之年轻人，老年人对感知功能风险更为敏感，他们往往会采取降低风险的策略（Moschis，1994），彰显较高的产品体验诉求（Lannon，1994）。故假设：

假设7：感知功能风险对老年消费者购买自有品牌倾向的影响大于年轻消费者。

而且，老年消费者往往被认为消费更为谨慎、偏向于规避经济风险（Flanagan，1994；Moschis，1994）。故假设：

假设8：感知经济风险对老年消费者购买自有品牌倾向的影响大于年轻消费者。

年轻消费者容易受到同一社会群体（Wolfe，1990）和产品品牌地位的影响（Lanon，1994）。也有学者认为在社会化过程中，年轻人的消费行为很大程度上会受到同伴的影响（Mangleburg et al.，1997；Moschis，1985），并且更加看重其自身的社会形象（Petrovici et al，2007），故假设：

假设9：感知社会风险对年轻消费者购买自有品牌倾向的影响大于老年消费者。

由以往研究得知时间风险和年龄结构之间的关系十分复杂，一般认为对老年人而言，短期需求优先于长期需求（Guy et al，1994），老年人对时间的感受可能会受到可自由支配时间的影响（Hauser 和 Scarisbrick-Hauser，1995）。正如 Simcock 等人（2006）所指出的：年龄和感知风险并非线性相关的，故我们认为老年人对时间风险的感知并不敏感。

假设10：感知时间风险对年轻消费者购买自有品牌倾向影响大于老年消费者。

8.3 本章研究设计

8.3.1 样本选择

本研究的目标人群是中英两国的乐购超市消费者，并选择英国肯特郡与中国辽宁省作为调查地区。这两个国家调查地区均选择各自的代表性城市：①这两个地区有相对同质的群体，在肯特，96.5％的人口为英国白人（在整个英国该比例为92.1％），在辽宁，93.94％的人口是中国汉族人（在整个中国为92%）；②这两个地区所占面积比例相似，它们都占国家总地理面积的1.5％，肯特占整个英国人口的2.7％，而辽宁占中国人口的3.2％；③每个地区所选择的城镇/城市都设有行政总部——肯特的梅德斯通，辽宁沈阳；沿海城市——肯特的威斯特堡市，辽宁大连市；内陆城市——肯特郡阿什福德，辽宁省抚顺市。从地理覆盖范围来看，本研究选择的抽样遵循了跨文化研究中的可比性原则（Hunt et al.，2008）。最后，乐购超市及其自有品牌在所有这些目标城市均有分布且满足取样要求。

本研究采用两阶段系统抽样方法（Malhotra 和 Birks，2005）。第一阶段考虑发展控制指标（例如性别）。在英国，性别比例男性为42.1％，女性占57.9％；在中国，这一比例为男性占43.7％，女性占57.3％。第二阶段，受访者在特定店铺内选择。10％的顾客参与了本次调查，对超市的到访安排在不同星期的不同时间进行，以扩大受访人群范围。

8.3.2 研究方法

本书采用结构效度对等的理念来检测同一环境和文化中目的、观念或行为的差异性（Craig 和 Douglas，2005；Kumar，2000），这其中包括三个基本方面的测量，即功能对等（即跨文化中目的或行为在充当角色或发挥功能方面的相同程度）、概念对等（即跨文化中观念/行为的涵盖内容的相同程度）和范畴对等（即采用相同分类方式来测量跨文化观念和行为的有效性）（Craig 和 Douglas，2005）。

在中国和英国，零售模式和自有品牌的实用性存在差异，但消费者普遍将购物看作具有实用功能的集合。本书的构念效度通过单维测试、可靠性测试和结构有效性测试进行评价。此外，本书选择同一国际零售商—乐购（Tesco）作为国家间的共同零售商，并选取 Tesco Value 和 Tesco Regular 品牌系列来进行分类比较。原因有三：①Tesco 是一家在中国也有门店的英国公司；②Tesco Value 和 Tesco Regular 普遍应用于这两个国家；③在这两个国家中，Tesco Value 和 Tesco Regular 的市场战略都是根据同一原则来制定的。本书采用李克特 5 级量表法，由于初始调查量表是用英语表达的，故在翻译成中文后还需四位中国双语学者进行回译，以保证中英文语义的等值（Brislin，1986）。同时，前测问卷的发放也保证了量表的适用性和问卷结构的对等性，独立的语言评判有助于评估源工具和语法的对错。

自有品牌购买倾向是指人们购买自有品牌的概率，并以购买自有品牌的频率来衡量（从某种意义上说，可以看做是自有品牌的购买习惯，仅限于购买大宗商品的特定情况下才会减少对自有品牌产品的购买）。Dick 等人（1995）最先采用这种测量方式，用来测量在不同产品类别中的自有品牌购买倾向。

熟悉度是指对品牌、产品知识或其判断标准的了解程度，自有品牌熟悉度的衡量由 Mieres 等人（2005）的量表得出。

本书采用 Yoo 和 Donthu（2005）的文化维度测量方式，该测量方式通过两个经检验的霍夫斯坦特（1983；2001a）的文化维度——不确定性规避和权力距离为基础并归结为六个题项（见附录 1）。其中标灰色部分题项是根据对乐购消费者的前测问卷（N=100）结论，需要被剔除的题项。

感知风险维度的测量以 Jacoby 和 Kaplan（1972）发展的感知风险量表为基础，同时采纳了 Mieres 等人（2005）的感知风险量表。熟悉度可通过减少感知风险的不确定性程度和感知质量差异来增加消费者购买自有品牌倾向（Bettman，1974）。感知质量意指消费者对产品的整体性能和优势的评价（cheng et al，2007）。

根据研究分析，部分感知功能风险题项需要修正，比如第二、三个题项可被合二为一，感知社会风险的量表需剔除第一、三个题项，代之以 A.C. Nielsen（2005a）的表述："超市自有品牌是为那部分预算紧张且买不起高端制造商品牌产品的人设计的"。感知质量差异量表的创新在于采用了 Dick et al.（1995）的量表，这一量表被多次成功用于包括产品营养和产品安全方面差异的测量。自由品牌购买倾向的评价一般可通过固定时期内购买自由品牌的频率来衡量（Batra 和 Sinha，2000；

Dick et al.，1995；Richardson et al.，1996），通过李克特 5 级量表（1=从不，5=总是）表示消费者对乐购自由品牌产品的偏好。

8.3.3 构建效度

本模型的建构效度是得到理论支撑的（Anderson 和 Gerbing，1988；Hair et al.，2010）。首先，本研究量表的 AVE 和复平方相关系数都在建构效度允许范围之内（表 8-1 和表 8-5）。其次，模型的所有约束条件都通过了独立的 CFA 结构效度检验。

表 8-1   **相关系数**

英国								
	PQD	PFUR	PFIR	PSR	PTR	FAM	UNA	POD
PQD	1.00							
PFUR	0.31	1.00						
PFIR	0.07	0.20	1.00					
PSR	0.04	0.09	0.12	1.00				
PTR	0.07	0.18	0.22	0.10	1.00			
FAM	0.13	0.30	0.29	0.11	0.30	1.00		
UNA	0.00	0.10	0.19	0.08	0.12	0.00	1.00	
POD	0.07	0.06	0.10	0.10	0.10	0.10	0.04	1.00
中国								
	PQD	PFUR	PFIR	PSR	PTR	FAM	UNA	POD
PQD	1.00							
PFUR	0.31	1.00						
PFIR	0.01	0.01	1.00					
PSR	0.01	0.00	0.01	1.00				
PTR	0.03	0.03	0.02	0.02	1.00			
FAM	0.13	0.18	0.07	0.01	0.14	1.00		
UNA	0.00	0.04	0.01	0.00	0.00	0.04	1.00	
POD	0.01	0.00	0.04	0.15	0.04	0.01	0.00	1.00

注：PQD：感知质量差异；PFUR：感知功能风险；PFIR：感知经济风险；PSR：感知社会风险；PTR：感知时间风险；FAM：对自有品牌的熟悉程度；UNA：不确定性规避；POD：权力差距。

表 8-2 表明所有测量指标都具有充足的因子负荷。

表 8-2 **验证性因子分析：因子负荷**

问卷题项	英国	中国
不确定性规避		
当得到明确的程序和指令，就会很重视严格执行。	0.78	0.63
规则/规章是十分重要的，因为它表明了行为期望。	0.85	0.92
标准化的工作程序通常十分有用	0.62	0.57
权力差距		
地位较高的人不应该频繁征询下属意见	0.74	0.66
地位较高的人应当避免与下属的社交行为	0.86	0.79
地位较高的人不应当将重要任务委托给下属	0.83	0.68
感知功能风险		
有时候我会质疑乐购自有品牌的质量	0.78	0.72
我经常对乐购自有品牌的质量感到失望	0.79	0.85
感知经济风险		
我有时会认为购买乐购自有品牌产品是一种浪费行为	0.83	0.79
我有时会认为不值得去购买乐购自有品牌产品	0.90	0.83
购买乐购自有品牌产品并非花钱良策	0.82	0.77
感知社会风险		
自有品牌应该是为了那些预算紧张且负担不起更好品牌的人准备的	0.85	0.72
我有时会担心当别人知道我购买了乐购自有品牌产品后，会对我的评价产生负面影响	0.81	0.90
感知时间风险		
我有时会担心购买乐购自有品牌商品是在浪费时间，因为如果我对其不满意还要不得不重新寻找替代产品	0.80	0.83

续表

问卷题项	英国	中国
我有时会担心购买乐购自有品牌商品会浪费时间在投诉和退款上面	0.82	0.82
熟悉度		
我十分熟悉乐购有哪些自有品牌产品	0.89	0.78
我对于购买乐购自有品牌产品经验丰富	0.91	0.82
感知质量差异		
部分乐购自有品牌在营养价值方面不如制造商品牌产品	0.74	0.80
部分乐购自有品牌产品不如制造商品牌那样安全	0.77	0.75
自有品牌购买倾向		
购买乐购自有品牌 Tesco Regular 商品的频率	0.67	0.79
购买乐购自有品牌 Tesco Value 商品的频率	0.65	0.75

注：所有的因子负荷都是显著的（$p<.01$）。

量表的多组 CFA 拟合指数和适配度详见表 8-3。

表 8-3   **多组 CFA 拟合指数**

组别	变量	X2	Df	RMSEA	CFI	GFI
县级	感知风险	297.66	61	0.080	0.968	0.951
	其余变量	517.37	115	0.081	0.911	0.927

问卷所有题项的信度检验和 AVE 检验均表明量表的内部一致性较好，其收敛效度和信度分析见表 8-4（Diamantopoulos 和 Siguaw，2000）。

为明确量表各因子之间的结构，研究还通过 LISREL 软件进行多组别检验，中英两国被分为两个组别，通过定义各组间因子载荷相对不变来进行跨组别比较研究（Steenkamp 和 Bamgartner，1998）。与此同时，测量模型的相对不变性（$\Delta\chi2$（13）=54.89）和局部因素方差不变性（只有不确定性规避的约束松弛）保证了测量的有效性，故本模型适宜

表 8-4   结构信度

	英国		中国	
类别	CR	AVE	CR	AVE
不确定性规避	.864	.682	.865	.691
权力差距	.868	.687	.777	.539
感知功能风险	.777	.636	.803	.674
感知经济风险	.902	.756	.851	.657
感知社会风险	.848	.735	.793	.662
感知时间风险	.813	.685	.819	.693
感知质量差异	.740	.588	.662	.498
熟悉度	.915	.844	.785	.647

注：CR：组合信度；AVE：平均方差萃取值。

做跨文化比较研究（Taylor 和 Okazaki，2006）。两组别间量表的信度较高，回归模型的风险偏差最小化（Steenkamp 和 Baumgartner，1998）。

8.4 假设检验结果

由 Preacher 和 Hayes（2008）的方法可测试文化维度的调节作用，表 8-5a 和表 8-5b 分别表明功能、经济和时间风险对不确定性规避和自有品牌购买倾向有显著调节作用，而经济风险和时间风险对权力距离和自有品牌购买倾向有部分调节作用。

表 8-5a   感知风险和不确定性规避的标准回归系数

路径	标准化系数	P值
间接影响		
UNA ->PFUR	−0.189	0.000
UNA -> PFIR	−0.247	0.000
UNA -> PSR	−0.069	0.601
UNA -> PTR	−0.151	0.001
PFUR -> PPL	−0.231	0.000
PFIR -> PPL	−0.198	0.000
PSR -> PPL	−0.017	0.627
PTR -> PPL	−0.117	0.007
加入中介变量不确定性规避的间接影响	.111	0.001
直接影响		
UNA -> PPL (without mediation)	0.150	0.001
UNA -> PPL (with mediation)	0.038	Ns
偏差修正和置信区间 (95% CL)		
PFUR	0.234	0.073
PFIR	0.271	0.077
PSR	−0.003	0.008
PTR	0.005	0.040

表 8-5b   感知风险和权力差距的标准回归系数

路径	标准化系数	P值
间接影响		
POD ->PFUR	0.009	0.000
POD -> PFIR	0.145	0.000
POD -> PSR	0.134	0.601
POD -> PTR	0.168	0.001
PFUR -> PPL	−0.230	0.000
PFIR -> PPL	−0.206	0.000
PSR -> PPL	−0.020	0.627
PTR -> PPL	−0.120	0.007
加入中介变量权力差距的间接影响	−.055	Ns
直接影响		
POD -> PPL (without mediation)	−0.085	Ns
POD -> PPL (with mediation)	−0.020	Ns
偏差修正和置信区间 (95% CL)		
PFUR	0.234	0.073
PFIR	0.271	0.077
PSR	−0.003	0.008
PTR	0.005	0.040

概念模型中提出的假设可通过结构方程建模检验（Jöreskog et al.，1993），具体结论详见表 8-6 和表 8-7，它揭示了中英两国乐购超市消费者购买自有品牌倾向的差异，以及年轻人、老年人两个年龄段群体购买自有品牌倾向的差异。在英国的调查中，概念模型的 20 个关系假设中有 17 条假设得到支持；而在中国，只有 10 条假设得到支持（表 8-6）。即跨文化研究中，有 2/3 的假设被实证研究所接受。

表 8-6 假设检验结论（假设 1-6）

假设	决策		标准化系数（t-值）	
	英国	中国	英国	中国
假设 1.1 不确定性规避程度越高，在购买自有品牌时所感知的功能风险越高	接受	接受	0.28 (6.08)***	0.12 (2.44)***
假设 1.2 不确定性规避程度越高，在购买自有品牌时所感知的经济风险越高	接受	拒绝	0.39 (9.15)***	0.04 (0.87)
假设 1.3 不确定性规避程度越高，在购买自有品牌时所感知的社会风险越高	接受	拒绝	0.26 (5.31)***	0.03 (0.67)
假设 1.4 不确定性规避程度越高，在购买自有品牌时所感知的时间风险越高	接受	拒绝	0.30 (6.22)***	0.01 (0.12)
假设 2a.1 权力差距越大，购买自有品牌时所感知的功能风险越大	拒绝	拒绝	0.05 (1.09)	−0.04 (−0.79)
假设 2a.2 权力差距越大，购买自有品牌时所感知的经济风险越大	接受	接受	0.16 (3.69)***	0.22 (4.12)***
假设 2a.3 权力差距越大，购买自有品牌时所感知的社会风险越大	接受	接受	0.20 (3.86)***	0.40 (6.18)***
假设 2a.4 权力差距越大，购买自有品牌时所感知的时间风险越大	接受	接受	0.19 (4.13)***	0.24 (4.44)***
假设 2b 权力差距对中国感知社会风险的影响高于英国	接受			
假设 3a.1 功能风险感知水平对自有品牌购买倾向存在负向影响	接受	拒绝	−0.13 (−1.52)*	0.19 (2.92)***
假设 3a.2 经济、风险感知水平对自有品牌购买倾向存在负向影响	接受	拒绝	−0.20 (−2.95)***	−0.02 (−0.53)
假设 3a.3 社会风险感知水平对有品牌购买倾向存在负向影响	拒绝	接受	0.09 (1.58)*	−0.10 (−2.28)***

续表

假设	决策		标准化系数 （t-值）	
	英国	中国	英国	中国
假设 3a.4 时间风险感知水平对自有品牌购买倾向存在负向影响	拒绝	拒绝	0.05 （0.69）	0.03 （0.66）
假说 3b 中国消费者在购买自有品牌时感知到的社会风险水平高于英国	接受			
假设 4.1 熟悉度对在购买自有品牌时所感知的功能风险存在负向影响	接受	接受	−0.39 （−7.82）***	−0.23 （−3.81）***
假设 4.2 熟悉度对在购买自有品牌时所感知的经济风险存在负向影响	接受	接受	−0.51 （−12.02）***	−0.27 （−4.90）***
假设 4.3 熟悉度对在购买自有品牌时所感知的社会风险存在负向影响	接受	接受	−0.30 （−6.22）***	−0.15 （−2.70）***
假设 4.4 熟悉度对在购买自有品牌时所感知的时间风险存在负向影响	接受	接受	−0.52 （−10.70）***	−0.39 （−6.80）***
假设 4.5 熟悉度对在购买自有品牌时所感知的质量差异存在负向影响	接受	拒绝	−0.34 （−6.26）***	0.37 （5.66）***
假设 5a 熟悉度对自有品牌购买倾向存在正向影响	接受	接受	0.47 （5.91）***	0.87 （13.0）***
假设 5b 购买自有品牌时，熟悉度水平对中国消费者的影响大于英国消费者	接受			
假设 6a 感知质量差异水平对与在购买自有品牌购买时所感知的功能风险存有正向影响	接受	拒绝	0.39 （6.45）***	−0.47 （−6.28）***
假设 6b 英国消费者购买自有品牌产品时的感知功能风险所带来的感知质量差异水平要高于中国消费者	接受			

与中国消费者相比，英国消费者对自有品牌比较熟悉，对自有品牌
的功能、经济、社会心理等风险感知较小，同时与制造商品牌相比，感
知质量差异也较小。但中国消费者对自有品牌的概念较为陌生，故英国
消费者自有品牌产品的购买倾向明显高于中国。此外，英国消费者感知
时间风险较高，而时间风险对中国消费者自有品牌产品购买倾向的影响
是微不足道的。

结构模型中的复平方相关系数较高，对消费者自有品牌产品购买倾
向有较好的解释力（英国测试中复平方相关系数=0.44，而中国为
0.74）。中国感知风险的复平方系数值介于 0.11−0.38 之间，而英国介于
0.23−0.51 之间。

为检验代际差异，我们通过四种类型的感知风险来研究自有品牌产
品的购买倾向。特假设这种年龄方面差异在中英两国中都是存在的
（H8 对时间风险的决策），而 H7 和 H9 分别只在中国和英国单个国家
得到证实（见表 8−7）。

表 8−7　　　　　　　　不同年龄组之间的假设检验结果

假设	中国			英国		
	决策	年轻人	老年人	决策	年轻人	老年人
假设 7 感知功能风险对老年消费者购买自有品牌倾向的影响大于年轻消费者。	接受	−0.13**	−0.20**	拒绝	−0.25***	0.02
假设 8 感知经济风险对老年消费者购买自有品牌倾向的影响大于年轻消费者。	拒绝	−0.09	0.44**	接受	−0.19**	−0.33**
假设 9 感知社会风险对年轻消费者购买自有品牌倾向的影响大于老年消费者。	接受	−0.03	−0.40**	拒绝	−0.04	−0.10
假设 10 感知时间风险对年轻消费者购买自有品牌倾向影响大于老年消费者。	拒绝	−0.12*	0.88***	接受	0.08	0.22*

8.5　本章结论与讨论

本研究结论有助于理解跨文化背景下自有品牌产品的购买倾向。研究表明，购买自有品牌产品倾向是受到感知风险、熟悉度和文化维度影响的。消费者的人口统计学特征对于了解其特定的市场需求和细分自有品牌市场有所助益。

本研究发现特定文化维度对于感知风险如何影响消费者行为是有解释力度的。感知风险维度对于不同国家和不同年龄的消费者购买自有品牌倾向的影响是不一致的。熟悉度对于感知风险的影响是一致的，但是感知质量差异并不能作为区分自有品牌和制造商品牌产品的标准。

（1）不确定性规避对感知风险的影响

本研究支持了以前关于不确定性规避和感知风险之间关系研究的成果，即二者存在正相关关系（Javenpaa 和 Tractinsky，1999；Mitchell 和 Vassons，1997）。有意思的是，这种关系只在英国的研究模型下被充分地反映出来，即不确定性规避对自有品牌产品购买倾向的四种类型感知风险有正向影响。然而，在中国的研究模型中，不确定性规避只对感知功能风险有着显著的正向影响。由于中国消费者对自有品牌产品的消费经验很少，加之中国零售业中自有品牌的发展还未成熟，毫无疑问自有品牌产品的差异化程度会比一个更成熟的市场（如英国）小得多。

（2）权力差距对感知风险的影响

在权力差距较大的社会，地位和权威非常重要。制定购买决策时，这些社会中的消费者将更依赖于他人而不是独立地做出决策。因此，在这些社会接纳新产品或品牌比在权力差距较小的社会要慢。研究结果显示，社会权利差距越大，消费者在购买自有品牌产品时将感知更多的风险，选择也更加谨慎。这也可以解释为什么权力差距对三种感知风险（经济、社会和时间）有正向影响，在两个国家这三个要素都与社会地位有关。

（3）感知风险对自有品牌产品购买倾向的影响

根据 Dunn 等人（1986）的观点，消费者在购买大多数产品时都会感知到风险，该感知风险是指预期的与购买一个特定产品或品牌相关的负效用。然而，本研究中，这一观点并不总是得到支持。在英国，只有感知功能风险和感知经济风险对自有品牌产品的购买倾向具有负面影响。从感知社会—心理风险方面来说，关系的建立实际上是积极的，这正如英国拥有各类自有品牌产品以适应众多消费者的需求。因此如果消费者感知到社会—心理风险较高，他们更愿意购买能够反映自身社会地位和身份特征的自有品牌产品。一旦消费者认为该产品的性能可能达不到他们的期望，或会导致潜在的金钱损失，他们就不太愿意购买自有品牌产品。

中国得出的研究结论与英国截然不同，购买自有品牌产品时，中国消费者比英国消费者感知到的风险更大，特别是产品功能风险（在英国，感知功能风险却是促进其购买自有品牌产品的动因之一）。以前的讨论已经提到自有品牌在中国的发展是落后于英国、欧洲其他国家和北美的，这意味着，在中国超市销售的多数自有品牌产品仍然被认为是价格低廉、质量低下的，因此中国消费者在购买自有品牌产品时无疑会面临更高的功能风险。另一方面，"自有品牌"在中国仍然是一个新现象（如在中国的乐购），因此，中国消费者在购买自有品牌产品时可能会感知到更大的功能风险，但这并不足以阻碍消费者购买该产品，因为商家仍可能采取诸如营业推广和价格折扣的方式鼓励消费者购买。感知功能风险还可能是由自有品牌产品和制造商品牌之间较大的价格差异造成的，因此，对于价格敏感的中国超市消费者，即使感知到更大的功能风险仍愿意购买低价的自有品牌产品。

此外，在中国，感知社会—心理风险会对自有品牌产品的购买倾向产生负面影响。对于中国消费者而言，他们更关注自己的社会地位和自尊，购买自有品牌产品是不符合他们的自我形象定位的，也可能导致社会或心理的失望。这一研究结论与先前认为感知社会风险在超市产品购买中的重要性相对较小的结论（Dunn et al.，1986）形成了鲜明的对比。研究还表明：中国老年人感知到的社会风险更大的结论也与 Tok

和 Heeren（1982）的结论相悖。

无论是英国还是中国，感知时间风险对购买自有品牌产品倾向没有显著影响。但对年轻组调查结果显示出与以往研究的一致性（Berry，1979；Cotte et al.，2004；Graham 1981），即感知时间风险对自有品牌购买意愿有显著正向影响。可以得出结论，年轻的中国消费者购买自有品牌产品是出于节约时间的考虑，其对于个人信息更为敏感（Zhang，2010）。因此购买自有品牌产品可以看作是节约时间的个人诉求。

（4）熟悉度对感知质量差异、感知风险和自有品牌购买倾向的影响

本研究中与熟识度相关的大部分假设都得到了支持，然而，只有一个假设在中国模型中被拒绝。这一假设是：在购买自有品牌产品时熟识度对感知质量差异产生积极影响。正如之前的讨论，尽管自有品牌在中国已具有近二十年的历史，但是相比于其他制造商品牌它们依然被视为低质、低价的产品。事实上，中国零售商开发及推广自己品牌经验的缺乏导致自有品牌产品和主流制造商品牌之间的质量差异变得更加明显。而认为自己熟识自有品牌的消费者也必然会意识到这一情况。在英国，根据不同的消费需求，自有品牌产品的设计、分类和促销都做得非常好，自有品牌产品质量的改善使其成为大批消费者的购买选择，并且多数消费者相信与其他品牌质量相比，超市自有品牌是一种很好的选择（Kumar 和 Steenkamp，2007）。

此外，熟悉度和感知风险之间呈显著负相关关系，以往的研究也已经证实熟悉度会通过感知质量差异对感知风险产生负向影响（Mieres et al.，2005；Richardson et al.，1996）。在本研究中的两个国家，消费者对自有品牌产品越熟悉，购买该类产品时感知到的风险也就越小。

此外，正如我们所料，中国消费者对自有品牌没有英国消费者那么熟悉，因此，中国消费者是否愿意购买自有品牌产品很大程度上取决于他们对自有品牌的了解程度。在中国，熟悉度对自有品牌产品购买倾向的积极、直接效应比英国更重要。

（5）感知质量差异与感知风险

Mieres 等人（2005）和 Richardson 等人（1996）都曾经得出结论，

自有品牌产品的感知质量差异和感知风险之间存在正相关关系。本研究英国模型中的结果与先前研究一致，一旦英国消费者感知到自有品牌和制造商品牌之间的较大质量差距，他们会更加关心是否再次购买自有品牌产品。但在中国则相反，这说明将结果置于国情中来分析是很重要的。由于中英两国受访者购买自有品牌产品的经验不同，感知质量差异还没有影响到他们对自有品牌如何的感知。同时，Wang 和 Yang（2007）的线索理论也表明，产品质量好并不代表感知质量就好。因此，中国消费者对自有品牌和制造商品牌间的感知质量差异较高，并不代表自有品牌产品本身质量低下，这可能是由于他们对自有品牌不熟悉导致的。

（6）补充发现

本研究还带来一个额外发现，权力差距和感知质量差异之间相关度较大，但权力差距在中英两国中的实证研究却得到相反的结论。在英国，自有品牌涵盖的范围相当广，由于消费者的财富、权力、地位等不均等导致英国消费者能够通过购买不同等级的自有品牌产品来辨别其身份地位。也即，拥有高权力地位等级的消费者倾向于购买高端的自有品牌产品（例如，乐购高端自有品牌产品）。相反，在中国超市自有品牌产品范围有限，权力差距对自有品牌和制造商品牌产品之间的质量差异感知具有负向影响。此时消费者的购买行为是显著受到相关的社会伙伴的意见（如为了寻求支持）影响的，那么针对同一质量产品，感知质量差异会很大。

研究结论还表明，尽管零售商努力提升消费者对自有品牌产品质量的感知，但是相对于制造商品牌而言，自有品牌产品仍属于制造商品牌的劣质替代品（Mieres et al.，2006a）。但如果在减少自有品牌产品感知风险方面做出相应努力，那么自有品牌的定位就会相应改变。我们认为，不同于英国的自有品牌定位策略，自有品牌能够拥有发展空间并与制造商品牌竞争除价格之外的其他属性。

虽然在英国这样成熟的零售商市场，自有品牌熟悉度会增加自有品牌和制造商品牌产品之间的感知质量差异，但在中国这样的新兴市场所得到的结论恰恰相反。因此，零售商和国际市场营销者应当主动刺激消费者对于自有品牌的熟悉度以提升质量印象。

鉴于熟悉度在本研究中的关键角色，故对零售商来说，一个合适的出发点是增强广告力度来推销自己的品牌，特别是在新兴市场。例如，本研究结果可能意味着中国零售商应该发展其品牌形象而不是实施低价策略。广告效果与文化密切相关，因此，针对特定文化取向的目标购物者的营销传播细分将是区别于低价策略的创新，这一创新有利于自有品牌产品的发展。除了价格之外，自有品牌产品的一个更为重要的利益诉求是有助于降低消费者的感知风险，通过这种方式，消费者不仅可以基于品牌的外部特征来评估自有品牌的性能，还可以从其内在属性来进行。

由于价格和质量不是影响自有品牌购买倾向仅有的两个因素，零售商应该考虑加强其品牌形象和企业形象，这样可以增加产品熟识度而不是仅仅作为无足轻重的替代品。

旨在提高自有品牌在中国占领市场份额的零售商一方面可以通过定位与老年消费者地位相匹配的自有品牌商品，来提升自有品牌产品作为制造商品牌产品的替代品的功能感知和社会可接受程度；另一方面可以标榜购买自有品牌产品十分节约时间来吸引年轻消费者。

虽然自有品牌一直被看作是一个具有西方特征和个性化的现象（De Mooij，2004），但是自有品牌在韩国的成功增加了零售商的信心，同时他们拓展了在亚洲市场的自有品牌策略。因此，基于消费者的文化价值观建立促销或广告策略，在不久的将来可能是一种开拓自有品牌市场空间的有效方法。

8.6 研究局限与未来研究建议

本研究存在一定的研究局限，未来深入探讨时应给予充分重视。由于研究规定了特定的研究地域，所以不可能获得一个真正代表中、英两国广大人口的样本。鉴于中国经济正处于过渡状态，即其社会价值观和文化价值观正在迅速发生改变，以及超市规模从一个较低水平的快速增长，进行纵向研究将是一件很有趣的事情（可能更有价值），即随着时间推移，在不同的文化和经济社会环境下研究态度、感知和行为的变化。此外，本研究比较了两个极其不同的（文化）环境下购物者的行为，未来的研究可以建立这方面的工作，运用本研究模型，以增进我们对自有品牌产品购买影响因素在世界其他国家的理解。

第9章 零售商自有品牌发展策略研究

9.1 引言

自有品牌（PB）在世界范围内呈现蓬勃发展势头，在欧美国家一些零售企业中，PB产品市场份额已经达到20%~80%，甚至更多（Lorrie Grant，2004）。PB是零售商获得渠道权力和市场势力的重要战略手段（Narasimhan和Wilcox，1998），其发展水平代表了零售商的实力与营销管理的成熟度（Peter J.McGoldrick，2002），可见PB对零售商成长意义重大。

国内零售商于20世纪90年代初期开始起步发展PB，至今不到20年时间，相对于发达国家100多年的发展历史，国内零售PB的发展被认为处于萌芽状态（AC尼尔森，2005）。[①]由于起步晚、经验不足以及缺乏相关的理论指引，国内零售商在PB发展路途上更像是在"摸着石头过河"，"听着炮火去决策"的现象十分普遍（张丽君，2009）。

尽管国内零售商已经认识到发展PB能够给自身带来的诸多好处，

---

① 从某种意义上讲，自有品牌的历史可以说跟零售业自身的历史一样长，可以说，那些裁缝、鞋匠、面包坊主等都是在生产和销售自有品牌产品，如我国的张小泉剪刀、同仁堂等老字号。本书所关注的自有品牌则仅指伴随现代零售企业发展而应用的零售商自有品牌。

如获取高额边际利润、塑造店铺形象差异、培育顾客店铺忠诚、增添与供应商博弈手段等，但在发展 PB 的路途中却出现了重重误区（翁文涵，2006）。一些零售商虽纷纷试水 PB，但结果却远未达到预期，部分零售商甚至开始犹豫或怀疑自身的实力，是否要坚持或具备发展 PB 的实力？

那么，开发 PB 是否是大型零售商的专有权利？不同规模和经营状况（如业态、经营方式等）的零售商该如何结合自身的实际情况来发展 PB？零售商开发和规划发展 PB 有无规律或经验可循呢？本书选取 4 家不同规模和产权性质的零售商作为代表，通过对其 PB 发展策略进行比较研究，尝试着对上述问题做出回答。

9.2 零售商自有品牌发展策略的研究综述

与国外的学者一样，国内学者对 PB 的研究也大多是从三个视角展开的，即零售商视角、制造商视角和消费者视角。从零售商视角展开的研究，主要探索了零售商实施 PB 的优势、难点、条件和实施策略等；从制造商视角展开的研究，大多数是分析制造商该如何应对零售商 PB 策略的；从消费者视角展开的研究，主要从消费者对 PB 的认知和购买态度入手进行研究。其中，以零售商作为 PB 开发与收益主体视角开展的研究占据主导，据作者统计，目前国内关于 PB 的研究文献中，从零售商视角展开研究的文献占文献总数量的 85% 以上，这表明，目前学术界研究 PB 关注的焦点仍然在零售商本身。

国内外学者们一致认为：PB 能给零售商带来竞争优势是毋庸置疑的。国内外学者们通过研究发现 PB 能为零售商带来的贡献主要有：增加利润空间或边际利润（Mc-Goldrick，2002；涂志军，2007）；增添差异化和经营特色（Laforet 和 Saunders，1994；冯玉芹，1999；张玉荣，2006）；塑造消费者（店铺）忠诚（Steenkamp 和 Dekimpe，1997；洪珊，2002；涂永式，2005）；提高与制造商的对比力量（Pradeep K. Chintagunta 等，2002；陈祝平，2005；赵玻，2007）；提升零售商的企业形象（王新新、杨德峰，2007）等。有些学者指出：零售商需要具备一定的规模、足够的实力、大范围的连锁网络、良好的商誉、合理的人才体系等前提条件才能够开发 PB。

自 PB 诞生之初，企业界和学术界就开始探索 PB 发展策略问题了。近些年国内学者对于 PB 发展策略的研究，是依照传统营销组合的"4P 模型"来展开的，即产品、价格、渠道和促销四个方面的策略，以及相应的组合策略。这些策略的研究和讨论，无疑丰富了企业的决策认知（鉴于篇幅，这里便不一一列举观点）。事实上，单一的策略研究或分析是很难解决零售商 PB 发展过程中遇到的所有问题，能够针对零售商的实际情况，提供相应的组合策略进而推动 PB 快速成长才是企业所需要的。如 Nrimalya Kumar 等（2007）便强调了 PB 开发中组合策略的重要性，他们将零售商 PB 划分为无名 PB、仿造 PB、溢价 PB 和价值创造 PB 四种，指出零售商可根据价格、品类、产品价值等进行市场细分，进而将产品开发策略和市场细分策略对应起来。

国内个别零售商在引进 PB 之初，虽然通过模仿等策略取得了一些短期利润，但却未能引领 PB 走向深入。这种"浅尝辄止"的现象往往源于两个原因：一是未将 PB 提升到企业的战略高度；二是缺乏结合自身实际的合理规划，即在开发 PB 之前，没有根据企业规模、业态构成、经营方式等进行合理规划。事实上，国内学者对零售商 PB 发展策略的研究，相对于立足"企业现实"而言，更多的是立足国情。也就是说，从零售商整体概念上谈 PB 发展策略的较多，针对个案的研究则较少。事实上，零售商发展 PB 所采取的战略定位、品类开发、生产方式和营销组合策略等与其业态和主导经营模式紧密相关，不同的零售企业，有着不同的发展逻辑起点和过程，找到正确的要素组合是 PB 能否开发成功的关键因素，这一点，国内大多零售商缺少经验指导，乃至于陷入重重误区，这不得不说是一种由于理论缺失导致的实践盲从。

鉴于此，本书选取了 4 家具有典型代表意义的零售商，通过与 PB 主管人员的深度访谈和文献整理，归纳总结其 PB 发展经验并进行横向比较，探讨零售商 PB 的发展策略问题，包括业态和规模与产品品类选择、产品品类与生产方式选择、产品品类与定价策略选择、产品定位与目标市场选择，以及产品品类与促销手段的选择等要素组合问题。本书期望通过这 4 家零售企业 PB 发展经验的多案例比较研究，为国内零售商 PB 战略的实施提供相关经验和方法指导。

9.3 案例分析研究设计

目前国内以案例形式对 PB 开展实证研究的文献有限。本书之所以采用案例研究方法，一方面是因为国内零售商 PB 的发展处于初级阶段，案例研究有利于排除样本选择和调查实施的难度因素，避免问卷调查中取得数据的效度不佳和结论的显著水平不足等问题；另一方面是因为本书以零售商为研究主体，是个体研究视角而非整体研究视角，采取案例形式更为适合。与调查研究法相比，案例研究法为研究者提供了一个微观的企业视角，使研究者能够近距离地考察企业行为；而且多案例比较研究能够通过不同主体之间的相互印证来强化研究发现的信度与效度，从而增强了研究方法的严谨程度（董春艳、张闯，2007）。因此，本书通过多案例比较研究尝试着得出结论，对零售商的现实指导意义会更强。

9.3.1 研究对象的选择

本书选取了 4 家各具特点的零售企业作为案例研究对象，并应这些企业要求隐去真实名称而将这 4 家零售商编码为 T、D、K、S，这 4 家零售商分别代表全国性外资零售企业（T）、区域性本土股份制零售企业（D）、地方性民营小型零售企业（K）和地方性国有小型零售企业（S）。零售商 T 来自于 PB 的发源地——英国，是全球零售巨头，其在 PB 的开发和运营方面有相当成熟的经验，在中国市场正在逐步引入 PB，并呈现领先状态；零售商 D 是中国本土的区域性大型零售企业，其 PB 的开发尚处于起步阶段，PB 发展面临的问题具有一定的代表性；零售商 K 是大连市的一家地方性小型民营零售企业，该零售商主要面向特定消费群体集中开发 PB 绿色有机食品，并形成自身的经营特色与优势；零售商 S 是某市的一家地方性国有零售企业，与其他零售商大多采取贴牌方式生产 PB 不同，该零售商掌控着副食品 PB 的完整产销链，在经营上有着自身的鲜明特色。

本书之所以选择上述 4 家零售商作为研究对象，主要基于以下几个方面原因：首先，4 家零售商涵盖了不同的产权组织状态，分别代表了外资、股份制、国有和民营企业；其次，4 家零售商代表了不同规模的零售企业，包括了跨国零售企业、区域性零售企业和地方性的零售企业，利于展开比较分析；第三，这 4 家零售企业均经营 PB 多年，各具特色且又有所区别，能够代表不同层次零售商的 PB 发展策略；第四，这 4 家企业中有 3 家企业总部在辽宁省，另外一家企业的受访门店也在辽宁省，市场环境和消费群体具有地域的趋同性和一致性，有利于增加相关结论的可信性。通过对上述零售企业各自 PB 发展策略的横向比较研究，本书尝试着得出具有针对性和指导意义的结论。

9.3.2　数据收集方法

本书运用的数据收集方法主要是文献搜索法和访谈法。作者首先运用文献搜索法收集了 4 家零售企业的相关信息，包括关于这些零售商的网络及新闻报道、网站信息和相关研究文献。通过网络及新闻报道主要获取外界对这些零售商的评价，其中报纸新闻检索自"中国知网"，网络新闻检索自"百度"等搜索网站。作者通过企业的网站了解了这 4 家零售商的有关经营信息及 PB 开发状况，并依此制定了研究计划和访谈提纲。

在访谈大纲完成后，作者就访谈问项与多位零售学者进行了沟通，进而完善了研究计划与访谈计划。接下来，作者分别对这 4 家零售企业的 PB 主管及卖场服务人员进行了访谈，为保证信息的准确性和完整性，在征得访谈对象同意后，作者对访谈过程进行了录音，并在事后进行了系统的整理。通过访谈，作者获得了上述 4 家零售企业关于 PB 开发时间、开发品类、生产方式、定价区间和产品定位、顾客反馈等多方面的信息，这些信息的获得，对本书研究开展和结论生成发挥了关键作用。

9.3.3　访谈统计分析

4 家零售企业访谈的基本信息见表 9-1。

表 9-1 案例企业访谈信息表

零售商	T	D	S	K
访谈对象	辽宁某市分店总经理和卖场服务员	工业品PB负责人和卖场服务员	总店总经理、PB经理和卖场服务员	PB开发总监和卖场服务员
访谈时间	1小时20分钟	1小时30分钟	1小时20分钟	1小时50分钟
信息内容①	PB的管理方式，PB产品品类选择，PB产品生产方式，PB生产厂家选择，价格策略，促销方式，议价能力，采购模式，与供应商间的协同，PB销售额度，PB发展规划等			

4家零售企业 PB 开发的基本情况见表 9-2。

表 9-2 案例企业 PB 开发的基本信息统计

零售商	T	D	K	S
零售业态	连锁大型综合超市	连锁百货、连锁超市、连锁购物中心	单体百货店和连锁社区小超市	连锁副食商场
企业规模	2009年世界500强第56位，在国内拥有店铺87家	2009年全国500强第86位，在国内拥有160多家店铺	1家总店，38家社区小超市	共有6家店铺
PB开发历史	在国外起步较早，2004年进入中国市场，2007年开始采用英国模式在国内全面发展PB	2004年成立自有品牌公司，2008年拆分为：工业品PB和副食品PB公司	2000年开始推出PB产品	93年开始推出PB，2000年初步形成规模

---

① 四家企业的访谈均依据访谈大纲进行，在访谈过程中，作者根据访谈情况及企业特点，随时调整并增减了部分问题。

续表

零售商	T	D	K	S
PB数量	采用统一品牌策略，内地推出602种超值，741种优选系列	PB总数34个，单品922个	采用统一品牌，目前有29种40个单品	拥有PB 1个，数百（500以上）单品
品类特征	经营大部分食品品类和大部分工业品品类，其中食品类划分细致，深受消费者好评	经营大部分食品品类和大部分工业品品类	经营大部分食品品类，小部分工业品品类，其中食品类PB产品多数是绿色食品	公司性质决定了企业经营大部分食品类自有品牌和小部分工业品自有品牌
销售占比	小于10%①	不足1%	20%以上	35%左右
生产方式	绝大多数PB产品由企业自行开发设计，委托企业贴牌生产	企业自行开发设计或联合设计PB产品，委托企业贴牌生产	开发基地生产或投资设厂生产，共有9个生产基地	副食品类自行生产（前店后厂或开发农副产品基地），工业品则贴牌生产
定价策略	优惠10%~30%	优惠15%~20%	采取溢价策略	优惠20%左右

由以上案例企业 PB 开发基本信息统计可见，4 家零售商在 PB 开发状况上存有明显不同，这为下一步 PB 组合策略的分析奠定了基础。

9.4 零售商自有品牌发展策略的案例分析

9.4.1 自有品牌品类开发与业态规模的组合

哪些品类产品适合开发 PB 呢？零售商 PB 品类选择与其业态和规

---

① 该数据检索自网络，属于全国平均数字；但访谈门店店总介绍，在其门店移植了英国模式，突出了 PB 产品结构，PB 销售占比在 20%~30%之间。

模是否存有关联？目前学术界普遍认为，适合开发 PB 的产品应该具有产品单价低、消费者购买频率高、技术含量低，或者保鲜要求程度高、具有一定品牌惰性等特点。那么，是否符合上述特点的产品都可以被零售商用来开发 PB 呢？零售商开发 PB 时是否需要依据自身业态和规模大小对产品品类做出选择呢？本书将通过对案例企业的比较分析对上述问题做出回答。

零售商 T 在世界范围拥有 3 700 多家分店，其主力业态有四种，分别是便捷店（T Express）、大都市店（T Meto Stores）、超市（T Superstores）、超级大卖场（T Extra Hypermarkets）。截止调查时点，零售商 T 在中国拥有 87 家店铺，连锁超市是其主力业态。零售商 T 创建之初以食品起步，在其后续发展中始终将食品作为主要销售品类，其在开发 PB 时，食品类亦成为首选。在英国，零售商 T 的 PB 食品以其划分细致、品质优良而深受消费者欢迎。零售商 T 的 PB 在世界范围内都被认为是 PB 开发的典范，足以见得其成功之处。在英国，零售商 T 将食品类 PB 细化为 T 有机食品、T 健康食品、T 超值食品等，而在中国市场则统一使用"T 超值"这一品牌。零售商 T 的 PB 食品包括食用油、调味剂等家居厨房食品和巧克力、蛋黄派、威化饼等休闲食品。零售商 T 的 PB 食品均为包装产品，不存在散装 PB 食品。相比较食品类，零售商 T 的工业品 PB 同样数量众多，家居类洗化用品、生活日用品等 PB 同样创造了可观的业绩和良好的口碑。通过零售商 T 在 PB 经营上的成功经验，本书认为：大型连锁超市适合发展包装类食品和工业品 PB 产品。

零售商 D 是区域性大型连锁零售集团，目前店铺数量达到 160 余家。零售商 D 的主力业态包括百货店、超市和购物中心三类，并在其连锁超市中推出 PB 产品。截止到 2009 年，零售商 D 的 PB 总数为 34 个，单品 922 个。2008 年，出于对 PB 发展的重视，零售商 D 设立副食品 PB 公司和工业品 PB 公司，当年实现 PB 销售额 6 000 万元。2009 年，零售商 D 的 PB 实现销售额 1.58 亿元。零售商 D 经营的食品类 PB 多为饼干、萨琪玛、罐头等休闲类食品，工业品类 PB 多为洗化用品、纸巾类等产品，某些品类的产品销售已经进入店铺销售的前三名。虽然 PB 营业额仍不足总营业额的 1%，但零售商 D 与同处 PB 开发初期的国内其他零售商相比已经处于领先地位。零售商 D 的经验也同样表明：具有连锁规模优势的大型超市适合发展包装类食品和工业品 PB 产品。

从 T 与 D 两家零售商 PB 发展经验可以看出：大型连锁超市的 PB 发展，在品类开发上食品和工业品双管齐下，从单价低、技术含量低、购买频率高的产品着手的特点明显。

零售商 S 旗下有 6 大副食商场，以主食和副食品经营为主，从 1993 年起，公司开始陆续推出 PB 产品，目前公司拥有 1 个 PB，在某市广受消费者认可。虽然零售商 S 规模和实力不够强大，但其 PB 的销售额占到了总销售额的 30%，足见 PB 对零售商 S 的重要性。调查发现，零售商 S 是明显的"前店后厂"式经营，其销售的馒头、花卷、蛋糕以及肉制品等产品都能满足现场制作或店后加工的要求，另外这些产品都具有"保鲜保质"要求高的特点，通过垂直经营，零售商 S 几乎控制了 PB 产品的整个产销链。零售商 S 的 PB 成功经验表明：通过拉近产销距离，即便规模不大的零售商同样适合专注于开发"保鲜保质"要求高的食品类 PB 产品。

零售商 K 是位于某市开发区的一家地方性零售企业，该零售企业仅有一家总店和 38 家社区连锁小超市，在 4 家零售商中实力最弱小，但其 PB 开发却特色鲜明。零售商 K 自 2000 年开始发展 PB，目前拥有 29 种 40 个单品的 PB 产品，且其 PB 获辽宁省著名商标称号。零售商 K 在其总店中开发、引进了大量绿色食品，并利用社区小超市将这些产品延伸到居民社区，其绿色有机 PB 产品也因此成为开发区公务人员及外资企业雇员心目中的"抢手货"，其总店下的食品超市亦成为大连地区绿色有机食品相对比例最高的门店。零售商 K 的 PB 产品以初加工食品类产品为主，如小麦粉、大米、小米、猪肉、土鸡、鸡蛋、海蛎子等，上述产品一方面体现了绿色有机的特点；另一方面也涵盖了部分"保鲜保质"要求较高的产品。零售商 K 选择的 PB 开发品类与其拥有 38 家社区便利店资源关联密切，或者说零售商 K 围绕消费者的餐桌推出了全方位的绿色食蔬产品，将 PB 装满消费者的菜篮子、摆上消费者的餐桌。由零售商 K 的经验可见：具有终端优质客群吸引力的单体超市或社区连锁超市，适合开发"保质保鲜"要求高的食蔬类 PB 产品。

从 S 和 K 两家零售商发展 PB 的经验可见：PB 并非大型零售商的专利，只要开发策略得当，小零售商同样可以结合自身特点聚焦特定品类开发 PB 并取得成功。

9.4.2　产品品类与生产方式的组合

一般而言，零售商可选择的 PB 生产方式有四种，一是零售商自建工厂或基地，自行生产；二是委托制造商加工或基地定制，但随时监控 PB 产品的生产；三是将生产外包给制造商，直接进行 PB 贴牌；四是收购控股或参股制造商，以利益捆绑的形式开发 PB。不同品类的产品匹配的最佳生产方式不同，同时生产方式的选择与零售商的规模和实力也存在关系。

在 4 家零售企业中，零售商 T 和零售商 D 销售的 PB 产品品类包括了大部分食品类和工业品类，零售商 S 和零售商 K 的 PB 产品品类包括大部分食品类和少量的工业品类。调查表明，4 家企业的工业品类 PB 均由制造商代工生产。且规模越小的零售商，其工业品 PB 品类或品种越少，如零售商 K 的工业品 PB 产品仅包括两个单品，在 PB 中的比重极小，可以被忽略。而其余 3 家零售商中，T 和 D 两家零售商的工业品 PB 在产品数量和销售贡献方面都表现得十分可观，零售商 S 的工业品 PB 仅有 4 小类 4 种产品，也不具备代表性。

4 家零售商开发的 PB 中都包含大部分的食品类，但作者通过比较发现，4 家企业的食品类 PB 可进一步划分为两类，一类是以 T 和 D 两家零售商为代表的调味食品和休闲食品类，另一类是以 S 和 K 两家零售商为代表的主副食品类。两类食品在包装和生产流程等方面存在明显差异，调味食品和休闲食品一般为小包装、经过深加工的产品，如食用油、巧克力、饼干等；主副食品一般为大包装或散包装，仅经过初加工的产品，如面粉、肉类、蔬菜等。在生产方式选择上，两类零售商的选择恰好相反，T 和 D 选择代工生产、贴牌销售，而 S 和 K 选择自建加工基地或者基地定制生产，然后在店里销售。例如，零售商 S 就在自己商场楼层上开辟车间，进行副食品加工，进行前店后厂或下店上厂式的销售；零售商 K 将内蒙古的优质小麦采购到当地，自行投资设厂加工无任何添加剂的小麦粉，在自己的商场或超市里销售。可见，PB 生产方式的选择主要取决于 PB 的产品品类，并且，在食品类 PB 开发上，大型零售商如 T 和 D 倾向于包装食品，小型零售商如 S 和 K 倾向于初加工副食品，自行建厂或寻找基地进行加工或定制生产。

从 4 家零售商的 PB 发展经验可见：规模大的零售商，PB 开发在品类选择上则倾向于食品和工业品兼顾，且工业品 PB 由于需要深加工，适合于贴牌生产；规模小的零售商，PB 开发在品类上侧重于食品或副食品，在生产方式选择上倾向于自行建厂生产或基地定制；食品类 PB 产品开发在生产方式选择上，需要进行深加工的 PB 产品适于贴牌生产，而粗加工或"保鲜保质"要求较高的 PB 产品，适合采用自建工厂（现场）加工或基地定制生产。

9.4.3　产品品类与定价策略的组合

一般观点认为，PB 产品需要设定低价格来吸引价格敏感的消费者，调查中也似乎印证了该观点。在 4 家零售企业访谈中，T、D、S 等 3 家企业表示其 PB 产品的均价低于制造商品牌，而零售商 K 则表示其 PB 产品价格绝大多数超过制造商品牌产品。零售商 T 的食品系列划分细致，部分产品的质量和价格甚至超过了制造商品牌，但其在中国推出的 PB 全部为超值系列，其价格一般低于一线品牌 10% ~ 30%，因此目前其 PB 产品均价低于制造商品牌；零售商 D 的 PB 品类和单项十分丰富，涵盖范围广，但大部分 PB 产品仍处在模仿一线品牌阶段，为获取市场份额而采取了低价策略，其 PB 产品价格低于一线品牌 15% ~ 20%；零售商 S 的副食品系列 PB 产品深受当地消费者欢迎，销量巨大，但价格却比其他品牌便宜 20%，受访人表示该零售商及其所属集团下拥有农产品公司、食品加工公司等，关联交易或垂直经营节约了产品的采购、运输、损耗等费用，同时缩短了流通环节，缩减了加价空间，因此，PB 产品价格能够低于制造商品牌。

零售商 K 在 4 家零售企业中规模最小、实力最弱、市场地域范围也最窄，其 PB 产品却最具特色。K 经营的产品以绿色有机产品为主导，目前商场内已经引进或开发绿色食品 420 多个，成为某市销售绿色食品最多的零售商。商场开发的 PB 延续了这一理念，所有食品类 PB 均为绿色有机产品，而且为保证产品质量，商场自建或开发了 9 个 PB 生产基地，并严把采购关（董事长亲自找货源），从源头保证产品天然特性。优质的产品和良好的口碑促进了顾客忠诚，其 PB 产品目前已经成为开发区政府机关的福利品采购对象，同时也吸引了市内消费者定期专程采购。零售商 K 依托绿色有机 PB 产品开发和管理方式，采取溢价策略，不但提升了店铺差异化形象，而且还赢得了品牌忠诚和店铺忠诚，同时也为企业赢得了竞争优势。

零售商 K 的 PB 发展经验表明：小型零售商 PB 产品开发也可以走高端路线，绿色有机食品就是食品类中的高端，因其具有明显特色和不可替代性，既能实施溢价策略，又有利于提升店铺竞争力。

从 4 家零售商的 PB 发展经验可见：PB 发展从低价模仿起步无可厚非，但需要逐步依托品质提升和特色化经营实现从"边际利润"贡献到对企业发挥全面贡献的转变，相对工业品容易被替代而言，食品类更容易做到这一点。因此，零售商 PB 若想以"高质高价"的特点打破消费者心目中"低质低价"的原本印象，不妨从食品类特别是非工业化包装的食品类着手。

9.4.4　产品定位与目标市场的组合

可供零售商在 PB 产品定位中选择的定位点包括品类、质量、价格、差异化等，其中在"价格和质量"二维组合方面实现差异化，一直是零售商 PB 产品定位的核心，这一"二维组合"定位策略包括"低质低价、等质低价、高质溢价"等应用阶段，也是大多数零售商 PB 产品定位提升所沿循的路线。PB 产品定位的演化提升，不但会促进其在消费者心目中的形象从低档到高档的转换，而且也会带动不同的消费群体对 PB 的认知和购买。因此，PB 从诞生的一开始，就面临着产品如何定位，以及如何与目标市场对应起来的问题。

本书中的 4 家零售企业由于 PB 开发时间和发展速度的差异，目前正处于不同的产品定位阶段。零售商 T 的 PB 在世界范围内具有声誉，其三大类型 PB 产品满足了不同阶层消费者的需求，由于目前 T 在中国市场销售的全部为超值系列产品，因而其当前奉行的是低价策略。该企业受访人介绍，其 PB 产品全部由品牌制造商生产，质量与一线产品一致，但采取低价策略，一方面是为获取机会销售额，另一方面为赢得顾客忠诚。可见，零售商 T 的 PB 产品定位处于"等质低价"阶段。零售商 D 开发 PB 时间较短（2008 年全面发展），虽然 PB 品类广泛，但基本处于模仿 PB 阶段，为其代工的也非一线品牌，其 PB 产品定位处于"低质低价"阶段。D 企业受访人介绍，其 PB 开发采取了模仿制造商品牌畅销品策略，并以较低的价格获取机会市场份额，由于其 PB 的品类齐全，因而拥有广泛的目标群体，但低端消费者依然是核心目标市场。零售商 S 是专业的副食品零售企业，其 PB 产品主要用来满足消费者的副食购买需求。即便世界第一大零售商沃尔玛毗邻其选址开设分店对其构成威胁，零售商 S 依然成为当地百姓副食品消费的首选，这主要是由于其凭借自身经营特色采取了"高质低价"的 PB 产品定位，努力为目标市场即大众消费者提供性价比较高的副食产品，进而在与世界零售之王的比肩竞争中赢得主动。同样，虽然身处世界级竞争对手的包围之中，零售商 K 也同样依托 PB 战略，走出了一条成功之路。零售商 K 位于某市开发区，由于外资企业较多，其顾客群体消费理念比较超前。零售商 K 绿色有机类 PB 产品的开发，与其主动去开发并满足特殊消费群体的需求不无关系，并采取了"高质高价"的定位策略，进而赢得了目标市场的价值认同，凸显了店铺形象的差异化，提升了企业的竞争实力。

通过 4 家零售商的对比可见：将产品定位和目标市场对应起来是 PB 开发和成功的关键。大型零售商由于其目标市场群体比较广泛，PB 产品开发可以从"低质低价"起步，但需要推动其产品定位的不断提升，否则难以发挥 PB 的所有功效；小型零售商则由于其目标市场群体"相对单一"，相对而言更容易聚焦，PB 更容易走向定位提升，可以量身度体采取适当的组合策略，更好地发挥 PB 的功效。

9.4.5 产品品类与促销手段的组合

零售商的店内促销手段可谓花样繁多。零售 PB 的推广或促销手段主要包括：人员推销，如在店铺内安排营业员向消费者推荐或请消费者品尝；销售促进，如采用更优惠的组合包装等；货架陈列，如将 PB 产品与知名品牌靠近摆放或利用控制货架的便利将 PB 摆放在显著位置等。通过对 4 家零售企业的调查和访谈，发现并非所有的 PB 产品都需要采取促销，不同品类的产品采取的促销手段不宜相同。在 S 和 K 零售商的卖场发现，并不需要采取专门的促销手段，其 PB 产品同样销售"火爆"，究其原因发现，这两家零售商的 PB 产品已经得到消费者的高度认可，顾客忠诚度较高，因而即使不采取深度促销也可达到销售目标；其中零售商 K 的某些 PB 产品甚至出现了脱销，产品只有半年的供应时间。而 T 和 D 两家零售商，均采取了不同程度的促销，有的安排了导购人员和 PB 促销员，在食品类的促销中安排了免费品尝活动，而在工业品的促销中，则综合运用了货架陈列和销售促进。例如，零售商 D 的洗化用品采取了"推头陈列"，纸巾类采用了优惠包装。货架空间是零售商手中的致命武器，也是零售商实施促销活动的重要支点。调查发现，4 家零售商都为 PB 产品安排了有利货架，并做了明显标识，例如零售商 D 将 PB 安排在每排货架的排头位置，并做出了显著标识，让消费者更容易发现。

结合案例分析，本书认为，食品类 PB 产品适于进行人员推销和安排优质货架空间；工业品类 PB 产品适于运用销售促进并配合以合理的陈列方式。

9.5 结论与讨论

本书选取了 4 家规模不同、产权主体不同以及 PB 发展状态不同的零售商，通过文献检索、现场调查和高层访谈等手段，对其 PB 发展策略进行案例比较分析，并依托这 4 家企业的经验，尝试着对零售商 PB 发展的关键要素进行组合分析，进而为国内零售商发展 PB 提供决策依据。综合前面的多案例比较研究，本书尝试着归纳并总结出以下结论：

首先，发展 PB 并非是大型零售商的专有权利。中小型零售商如果采取适当的策略，同样可以开发 PB 并取得成功。通过案例比较可见，零售商发展 PB 成功的关键不在于其规模的大小，相反，小型零售商如果策略得当，更容易取得好于大型零售商的功效。

其次，零售商基于不同的起点发展 PB，其品类选择应与其业态规模相匹配。大型零售商适合优先发展包装食品和工业快销品；小型零售商适合优先发展"保质保鲜"要求高的主副食品，特别是采取垂直经营，实施产销一体化策略。

第三，不同品类的 PB 产品适合不同的生产方式。一般而言，工业品 PB 适合于贴牌生产；需要进行深加工的食品类 PB 也同样适于贴牌生产；而粗加工食品和"保鲜保质"要求较高的产品适合采用自行加工或基地定制生产。

第四，低价与模仿不应成为 PB 产品的永恒诉求和开发手段。PB 同样也需要从产品经营走向品牌经营，也需要依托品质提升和特色化经营来提升对零售商的贡献层次。相对工业品容易替代而言，食品类更容易"取信于民"。国外零售商 PB 发展大多从食品类起步似乎也能印证这一点。

第五，零售商发展 PB 更要注重市场定位问题。这一市场定位包括产品定位、品牌定位和企业定位的有效整合，其中，在起步时将产品定位和目标市场对应起来是 PB 开发和成功的关键。如果这一策略坚持并贯彻的好，相对大型零售商而言，小型零售商更容易获得 PB 战略的成功。通过案例对比得出的这一结论，也让作者感到惊讶，这不但说明发展 PB 并非是大型零售商的专有权利，同样也预示着小型零售商的发展机会。

上述结论也蕴含着一定的管理启示，即策略匹配是 PB 发展成功的关键。对中小型零售商而言，不应该自叹实力不足进而放弃发展 PB 的机会，而应积极进取，采用垂直经营和目标市场导向策略发展特定品类的 PB 产品；对大型零售商而言，也不能自恃强大仅凭规模优势盲目投入，漫无目的复制和一味的模仿，都不是其 PB 发展的最佳策略。零售商无论大小，在开发引入 PB 之前，都需要进行细致的分析和规划研究，选择与自身实际情况相匹配的要素组合策略。还有一个启示：正如引言中所指，从某种程度上讲，PB 是零售商发展成熟的标志（Peter J. McGoldrick，2002），但 PB 自身成熟的标志，不是品类数量和销售收入的多少，而是其作为品牌而不仅仅是商品为消费者贡献价值的多少。从这一点上讲，零售商成熟与否，与其规模无关。

本书研究存有一定的局限性。首先，同国外发展历程相比较，国内零售 PB 处于发展的初级阶段，虽然在案例选择上考虑了外资背景的零售商，但毕竟是在国内同一时点做出的比较研究，相关结论也是立足目前阶段背景生成的，难免会有国情或时点上的局限性。其次，尽管在 4 家案例企业的选择上注意了代表性，并采取多案例比较研究避免了单案例研究的单一性，但仍然难免"盲人摸象"之嫌，毕竟 4 个个体难以代表全部整体，经验的总结不能代替理论的生成，相应的结论不一定具有普适性。另外，本书基于 4 家零售商的调查和高层访谈开展研究，在过程中剔除了制造商和消费者这两个重要的主体，因此所讨论的零售 PB 发展策略难免具有单边性。当然，上述局限或不足的存在，也为后续跨国、跨阶段比较研究和大样本实证研究留下了空间。

第10章 本书研究结论、讨论与展望

10.1 研究结论

10.1.1 研究总结

（1）本书从零供关系视角开展的研究

本书先从零供关系视角出发，将零售商自有品牌开发置于自变量的考察位置，研究其对零供关系及其质量产生的影响，并依托供应链协同理论、渠道理论和博弈理论对零供关系完成了界定，确定了主要的衡量维度及与其相对应的研究方法和路径。

基于上述研究工作，本书经由零供协同关系、零供渠道权力关系、零供渠道博弈关系和零供战略关系，考察了自有品牌开发对零供关系及其质量的影响。其中，零供协同关系代表了"合"的维度；零供渠道权力关系和零供渠道博弈关系代表了"竞"的维度，零供战略关系代表了"竞合"维度。

针对以上不同维度，本书首先通过实证模型构建，检验了自有品牌开发对零供协同、渠道权力关系的影响，进而检验了自有品牌开发对零供关系质量的影响。其次，本书通过数理逻辑推导，探讨了自有品牌开发对零供渠道博弈关系的影响。最后，本书通过案例研究，探讨了自有品牌开发对零供战略关系的影响。

（2）本书从零售商—消费者视角开展的研究

本书从零售商—消费者视角，展开了外部线索、感知风险、信任、自有品牌购买意愿等变量的实证研究，检验了外部线索、感知风险、感知质量差异、熟悉度、信任等变量对自有品牌购买意愿的影响机制，以及自有品牌认知度对塑造消费者店铺忠诚的作用，并对不同规模、产权性质的零售商自有品牌发展策略进行了研究。

本书通过一系列实证模型构建，首先检验了自有品牌认知度对店铺忠诚的影响；其次，检验了外部线索、感知风险、信任对自有品牌购买意愿的影响，并基于霍夫斯泰德文化维度理论，进一步检验了中英两国消费者的自有品牌感知风险、感知质量差异和熟悉度对自有品牌购买意愿的影响差异；最后，通过案例研究，探讨了不同规模、产权性质的零售商自有品牌的发展策略。

10.1.2 主要结论

本书研究发现：一方面，尽管国内零售商自有品牌开发尚处于起步阶段，但已经在不同程度上对零供关系及其质量产生了影响；另一方面，消费者态度和购买行为倾向是自有品牌开发成功与否的关键；自有品牌已经成为零售商的重要利润来源，是其手中的一个重要的战略武器。

本书主要研究结论有：

结论 1：零售商自有品牌获取独立性越大，越会有效促进零供协同水平的提高，进而有效降低零供冲突，加强零供沟通和信任。

结论 2：与发达国家市场不同，目前中国市场自有品牌开发尚未对零售商渠道权力产生显著性正向影响，但零售商渠道权力的提升却能够有效加强零供之间的沟通、信任和承诺关系。

结论 3：零售商自有品牌开发规模对零供之间的承诺关系产生了显著性负向影响；而零售商自有品牌获取独立性对零供之间的信任、承诺关系产生了显著性正向影响。

结论 4：自有品牌开发可以被视为零售商的一种渠道行为，其改变了零供双方的渠道博弈关系；自有品牌开发不仅是零售商获取高额利润的重要手段，更是对抗制造商直销渠道策略的重要武器。

结论 5：自有品牌是一把"双刃剑"，因零供之间战略关系的选择不同而发挥不同的杠杆作用；自有品牌既可以促进零供之间的战略合作，也可以加剧零供之间的竞争博弈，是零供战略关系的一个重要调节手段。

结论 6：自有品牌的品牌识别、品质认知、品牌联想对店铺忠诚具有显著的正向影响；在自有品牌的品牌回忆、品质认知、品牌联想对店铺忠诚的影响中，价格敏感性具有显著的负向调节作用。

结论 7：价格、包装、商店声誉及口碑推荐对自有品牌感知风险有显著的负向影响；促销活动对自有品牌感知风险有显著的正向影响；价格、包装对自有品牌信任没有显著的影响，促销活动对自有品牌信任有显著的负向影响，商店声誉、口碑推荐对自有品牌信任有显著的正向影响；感知风险对自有品牌信任、自有品牌购买意愿有显著的负向影响；信任对自有品牌购买意愿有显著的正向影响；商店声誉对自有品牌购买意愿有显著的正向影响，感知风险和信任在二者之间起到了部分中介作用。

结论 8：权力距离对自有品牌感知经济、社会、时间风险有显著的正向影响，不确定性规避对自有品牌感知功能风险有显著的负向影响；在英国，感知功能、经济风险对自有品牌购买倾向有负向影响；在中国，只有感知社会风险影响消费者的自有品牌购买倾向，其中自有品牌熟悉度对感知风险有显著的负向影响，对自有品牌购买倾向有显著的正向影响。

结论 9：自有品牌开发并非大型零售商的专有权利，小型零售商也可以努力做好。零售商无论大小，策略匹配是其自有品牌开发成功与否的关键，零售商在引入自有品牌之前，需要细致的分析和规划研究，然后选择与自身实际情况相匹配的要素组合策略。

10.2　相关讨论

10.2.1　自有品牌开发对零供关系及其质量影响的讨论

如前面所述，零供关系的演化是零售商与制造商长期博弈的结果，任何时候和任何环境下，零供关系中有竞争的一面，也有合作的一面。具体到两个零供主体呈现何种关系状态，取决于双方的实力对比以及彼此运营理念的成熟度，当然还有市场环境和政策规制环境的影响。

本书认为，应该立足零供双方的动机来解读零供双方选择何种相处之道的根源。从渠道权力理论来看，零供双方无时无刻不在追求渠道权力的最大化，这是因为任何情况下，零供双方不会放弃对渠道权力形成所依赖的资源和能力进行掌控的动机。从这一点上来讲，零供双方没有妥协，只是基于零供实力对比不同而会形成不同的渠道权力结构。零供双方进行渠道博弈，其动机无外乎在于利润空间和市场门户的争夺，双渠道营销模式的出现，打破了传统零售商作为"守门人"的单边优势，这也是传统零售商积极开展网上零售的根源。而零供双方进行供应链协同合作，其动机主要是降低彼此的系统运营成本，从而分享共创的价值空间。可见，渠道理论、博弈理论和供应链协同理论，均能对零供竞合动机和根源做出相应解释，这使得我们对零供关系的研究和分析有了理论根基。

显然，自有品牌开发给零售商带来了诸多利益，也对制造商构成了威胁。而站在零供关系的视角，依托上述理论所确立的关系维度分析，本书发现自有品牌开发的确推动了零供关系的演进。首先，自有品牌开发可以被视为零售商的一种渠道行为，其在零供渠道博弈中发挥了重要的杠杆作用，成为零售商对抗制造商前向整合渠道的重要战略武器，其对制造商而言，既具有前向的（货架）替代（或强化门户）威胁，又具有后向的利润空间侵蚀威胁。其次，在零供渠道权力争夺中，自有品牌不但增加了零售商的谈判筹码，同时也让零售商获得了资源集聚和纵向价值整合能力。最后，自有品牌已成为零售商发展成熟的重要标志，其获取方式的独立性，能够有效促进零供协同水平的提升，并改进零供关系质量。

因此，本书通过研究发现，自有品牌开发对零供关系产生了重要的调节作用，并且只要遵守承诺，会在总体上促进零供关系质量的改进。随着国内零售商自有品牌开发规模和开发水平的进一步提升，相信这一积极作用会越来越明显。

诚然，正如研究结论所揭示的，零售商若想充分发挥自有品牌的战略作用，还要从单一追求边际利润贡献中走出来——通过自有品牌开发"恢复自身武功"，完善自身的价值创造和整合能力，进而最大化的掌控产业和市场资源，重新锻造零售价值链条。因此，在零供关系的"竞"与"合"当中，零售商自有品牌扮演了不同的角色并发挥了不同的作用，也对零供关系质量产生了不同程度的影响。

下面，笔者结合渠道权力结构模型（即依托零售商和制造商实力大小而形成的四种渠道权力结构）以及零供博弈选择来进一步开展分析。本书假设：在某种单一产品的供应链上有一家制造商和一家零售商，在博弈过程中它们可以采用的策略非"竞争"即"合作"。

（1）如果零售商和制造商实力相当，且双方都是坚决的价格谈判者，则二者必然都采取竞争策略。为了达成交易，双方不得不各让一步，结果零售商没有得到理想的购入价，制造商也没有达到预期的销售价。

（2）如果零售商的实力强大，而制造商的实力较弱且严重依赖于该零售商的渠道，那么零售商就占据了供应链的主导地位。结果零售商不断压低购入价（竞争策略），而制造商不得不一再让步（合作策略）。

（3）如果制造商实力强大，而零售商实力较弱且严重依赖于该制造商的货源，那么制造商就占据了供应链的主导地位。结果制造商不断抬高售价（竞争策略）而零售商不得不一再让步（合作策略）。

（4）如果零售商和制造商的实力相当，或者（即使实力有差距）双方都看好对方的发展前景，并且愿意为双方共同的长期利益着想，那么二者就会通过某种协议进行合作。结果制造商可能因为零售商所要求的低价格损失了短期利润，但通过与零售商共享信息并更多地参与到对方的经营活动中，最终双方长期利润之和最大。见图 10-1 所示。

		制造商：竞争	制造商：合作
零售商	竞争	1，1	5，0
	合作	0，5	3，3

图 10-1 零售商与制造商的支付矩阵①

图 10-1 基于零供博弈分析了在多次合作的过程中，零售商和制造商选择合作是帕累托最优选择，零供双方可以通过信息共享、资源整合、供应链重组等方式来加强合作，进而提高整个供应链的竞争力。

如上，博弈分析表明选择合作是零供关系和谐发展的方向，那么，本书更愿意把自有品牌开发理解为零供关系发展的和谐因素而不是威胁因素。本书实证结果也表明，尽管处于发展的起步阶段，自有品牌开发（获取独立性）已经对零供协同水平及其关系质量产生了积极的影响，这个结论让笔者看到了零供关系走向和谐未来的曙光。

当然，这并不意味零售商要放下“武器”等待黎明，因为零供关系走向和谐需要一个演进的历程，更需要外部环境的配合。从某种意义上讲，零供合作也不等于就是放弃了竞争，和谐也是需要通过实力来赢取的，更何况还有那么多中小零售商需要不断成长。因此，在实证研究结果的支持下，本书确认了自有品牌开发对零供关系存在影响的事实，也肯定了其对零供协同水平和关系质量影响的积极作用，但在自有品牌开

① 我们可以用一个支付矩阵来表示以上的四种情况，如图 10-1 所示。Ⅰ. 如果双方都采取竞争策略，则零售商和制造商获得的支付均为 1;Ⅱ. 如果零售商采取竞争策略，制造商采取合作策略，则前者获得的支付为 5，后者获得的支付为 0;Ⅲ. 如果零售商采取合作策略，制造商采取竞争策略，则前者获得的支付为 0，后者获得的支付为 5;Ⅳ. 如果双方都采取合作策略，则零售商和制造商获得的支付均为 3。虽然零售商在Ⅳ中获得的支付 3 低于他在Ⅱ中获得的 5，制造商在Ⅳ中获得的支付 3 也低于他在Ⅱ中获得的 5，但是双方在Ⅳ中获得的总的支付 6（3+3）要高于他们在其他三种情况下所获得的（1+1，5+0，5+0）。考虑只交易一次的情况:对零售商而言，选择竞争的收益总是优于选择合作（1 大于 0，5 大于 3）;对制造商而言，竞争也优于合作（1 大于 0，5 大于 3）。所以，（竞争，竞争）是一个占优策略，即无论对方如何选择，参与的一方都有一个最优策略选择，但是该策略并不是一个帕累托有效的策略，这是因为，如果双方都选择合作，那么双方就都能得到支付 3，这显然要优于双方都只能得到支付 1 的情况，从总的支付来看也优于（5，0）、（0，5）。因此，策略（合作，合作）才是帕累托有效的策略，即没有其他策略选择能使双方的境况比在该策略下更好些。

发对零供关系调解的作用上，我们更宁愿将其描述为一把"双刃剑"，如何发挥其作用，取决于零售商如何挥舞并使用它，也取决于制造商对其采取何种认知态度，总之，一个巴掌是拍不响的。

10.2.2　零售商自有品牌开发的讨论

如前文所述，自有品牌可以成为零售商的战略武器，其不仅可以提升零售商的盈利能力，同时也是与供应商谈判的重要筹码。对于零售商而言，自有品牌开发策略的选择是其成功的关键。自有品牌开发不仅仅是大型零售商的专利，小型零售商如采取恰当的策略也能获得成功。零售商不管规模大小，都需要进行细致的分析和规划，选择与自身实际情况相匹配的要素组合策略，才能确保自有品牌开发战略的成功。然而，仅从零售商单边视角讨论自有品牌的开发策略，难免会存有一定的局限性。

显然，除了零售商自身的策略选择，消费者、制造商的因素都会对零售商自有品牌开发产生重要的影响，更为重要的是消费者的相关因素。因为自有品牌开发成功与否，消费者的认同和积极购买才是最关键的。因此，针对自有品牌购买意愿及其相关影响因素进行研究得到了学者们的普遍关注。

本书研究结果显示：消费者对自有品牌的认知度越高，其对零售商店铺的忠诚度也越高。随着国内零售商自有品牌的不断成长，消费者对其的接受程度和购买积极性会越来越高，其对店铺忠诚的塑造作用也会更加明显。对于消费者而言，如果其对自有品牌不熟悉，且在购买过程中存在不确定性，将会影响其对自有品牌的信任，进而降低其购买意愿。可见，在消费者购买自有品牌的整个过程中，感知风险扮演着重要的角色。本书的相关章节（第 7、8 章）的研究表明，感知风险越高，消费者的自有品牌购买意愿越低，而且在不同的国家，不同类别的感知风险作用效果也存在一定的差异。由此可见，如何降低消费者的感知风险成为零售商自有品牌开发面临的"关键"问题，而找到消费者感知风险的影响因素及其对自有品牌购买意愿的影响路径及作用机理，则成为学者们应该关注的核心命题。本书针对相关问题进行了探索，经过实证研究发现，自有品牌的价格、包装、促销活动、商店声誉、口碑推荐等外部线索不仅会对消费者的自有品牌购买意愿产生影响，而且也会对消费者的感知风险和信任程度产生影响。换言之，自有品牌的外部线索在相当程度上对自有品牌的发展产生了重要影响。然而，自有品牌在国内零售市场尚处于初级阶段，大多数零售商仅仅以低价吸引消费者购买自有品牌产品，并且大部分产品都是模仿制造商品牌产品，未能充分考虑到其他外部线索的重要影响作用，从而导致消费者的购买意愿较低，相应也就造成自有品牌市场份额较低的"尴尬"现状。实际上，在本书相关章节（第6章）的研究结果显示：消费者的价格敏感性会减弱自有品牌认知度对店铺忠诚的影响，但在消费者的品质认知对店铺忠诚的影响中，价格敏感性没有显著的调节作用。这说明，自有品牌的"质量"已经逐渐取代"价格"成为消费者进行购买决策的重要依据。与此同时，良好的商店声誉和口碑推荐则能降低消费者的感知风险，加强其对自有品牌的信任程度，一方面既能提高其购买意愿，另一方面也能加强其对自有品牌的认知度。

自有品牌在中国市场上尚处于成长期，零售商在自有品牌开发的过程中，必须根据中国消费者的特点进行开发，而不是一味盲目模仿国外零售商的开发路径和策略。本书通过跨文化比较实证研究发现，由于文化差异，不同国家消费者的感知风险不尽相同，其对自有品牌购买意愿的影响也就存在一定的差异，这就意味着要让中国的消费者接受并积极购买自有品牌产品，还有一段很长的探索实践之路要走。根据上述研究发现，国内零售商有必要根据中国消费者的特点，积极改善并合理利用自有品牌的外部线索，以此来降低消费者的感知风险，提高其购买意愿，进而促进自有品牌更快速地成长。

当然，除了本书的相关研究，影响零售商自有品牌开发成功与否的因素还有很多，还有待我们进一步去挖掘。虽然在国外市场自有品牌发展已经进入了成熟阶段，也为国内零售商自有品牌开发提供了借鉴，但是由于社会、文化、经济等因素的差异影响，国外的经验不一定完全适用于国内。因此，一方面，本书立足于中国市场，开展了相关实证研究，以期为国内零售商提供相应的理论借鉴；另一方面，通过跨文化比较研究，发现东西方零售市场自有品牌发展环境是存有差异的，本书期望通过一系列实证研究，找到自有品牌开发和消费的一些关键影响因素，从而形成相应的理论框架和逻辑路线，为零售商决策提供方向指导。

10.2.3　对零售商的启示

如上所述，对零售商而言，自有品牌开发让零售商在依托连锁组织方式获得水平（横向）能力的基础上，又获得了垂直（纵向）能力。但能否全面发挥自有品牌的作用，取决于零售商的发展理念和应用战略。

（1）将自有品牌培育为战略武器而不是盈利工具。自有品牌也是品牌，而不仅仅是零售商自有产品的代名词。既然是品牌，就要根据企业资源和市场目标进行精心培育，完善其价值定位，并匹配相应的发展策略，而不是盲目的进行发展，一味地追求边际利润贡献。本书认为，自有品牌是零售商发展成熟的重要标志，是不是一个成熟的品牌，则是自有品牌自身成熟的标志，成熟的品牌能够为消费者创造并贡献价值，盈利则是必然结果。

（2）自有品牌可以模仿起步但不能一味抄袭。在自有品牌起步阶段，对制造商品牌的模仿有时是必要的，可以学习并积累经验。但如果形成路径依赖总是走捷径一味地进行抄袭，则会引起制造商反感甚至投诉或起诉，会引发零供冲突，对零供关系带来不良影响。本书认为，抄袭不会让零售商获得价值整合能力，也不利于零供关系质量提高，零售商应积极培养自有品牌独立开发与获取能力。

（3）借由自有品牌积极发展与供应商的协同关系。21世纪的竞争已经从企业层面扩展到供应链层面，通过协同建立稳定的合作关系，这是零售供应链的必然选择，共同面向终端消费者进行价值链的整合是零供和谐制胜的关键。本书认为，零售商和供应商是零售供应链的两个重要关联结点，零供通过协同能够降低供应链总成本、提高整体利润，而自有品牌开发则是零供协同的开路先锋。

（4）根据企业规模大小采取不同的自有品牌开发策略。在自有品牌开发方式上，零售商应因地制宜。对于大规模的零售商，可以采取"自行开发设计并委托企业贴牌生产"的开发方式，以发挥规模效应；对于规模较小的零售商，由于难以形成规模效应，宜采用"自行开发设计并投资设厂生产或基地定制"的开发方式，这种独立生产、垂直供应的方式，有助于零售商向顾客传递更多的价值。本书认为，零售商应根据自身的实际情况选择相匹配的自有品牌开发组合策略。

（5）把握好自有品牌开发尺度不要排斥制造商品牌。许多研究和事实表明，自有品牌开发为零售商带来了诸多好处，但并非比例越高越好，进而排斥制造商品牌。例如，由于 Lidl 拥有更大比例的制造商品牌，使它已经超越了阿尔迪，迫使阿尔迪不得不考虑降低自有品牌的比例而增加制造商品牌的比例。本书认为，如果零售商自有品牌比例过高，会导致消费者丧失选择权，同时也会导致其失去大量偏爱制造商品牌的消费者。

（6）关注消费者感知风险提升其自有品牌购买意愿。在自有品牌发展的过程中，消费者发挥了关键作用。很多研究表明，消费者的感知风险会对自有品牌购买意愿产生负向影响。对于此，一方面，零售商应该致力于提升自有品牌质量；另一方面，零售商可以积极改善自有品牌的外部线索，一来降低消费者的自有品牌感知风险，二来强化消费者对自有品牌的认知度和信任度。

10.2.4　对制造商的启示

如上所述，对制造商而言，对零售商自有品牌持一种什么样的认知态度是很重要的。本书认为制造商不应该忽视零售商自有品牌带来的竞争和挑战，但也不应该夸大事实，既要知道"狼来了"，又要知道如何"与狼共舞"。

（1）与零售商合作发展纵向价值流控制力。如前所述，自有品牌获取方式的独立性体现了零售商的纵向价值流控制力，这是因为如果零售商能把握从产品设计、开发生产以及物流配送到销售的整个流程，则意味着其将控制整个纵向价值流动的过程。那么，制造商也可以向零售商学习，或者通过合作共同发展纵向价值流控制力。本书认为，无论零售商还是制造商，都需要发展上述能力，制造商可进行"草船借箭"，即借由与零售商自有品牌合作开发发展自己的纵向价值流控制能力。

（2）与零售商建立并维护零供战略关系。美国宝洁公司和沃尔玛的战略联盟（宝玛模式）开创了零供战略联盟和协同合作的典范，其模式也代表了零供合作的未来发展方向。如果零售商不滥用市场势力，制造商还是愿意选择协同合作的，当然，这取决于零售商的协同合作能力。本书认为，虽然并非所有的零供双方都要结成战略关系，但战略联盟也绝非大企业的专利，一些区域性或地方性的厂商之间，也是可以采取战略联盟的。

（3）利用零售商自有品牌建立防护阵地。虽然零售商自有品牌造成了制造商品牌市场份额减少，但就个别制造商而言，完全可以通过与零售商共同开发联合品牌，扩大自己的市场份额。本书认为，制造商品牌可以采取与零售商自有品牌不同的市场定位策略，并将零售商自有品牌作为自己的战斗品牌（fighter brand）[①]，从而建立有序的产品定位与价格体系，建立自己的防护阵地，甚至参股零售商，进行渠道垂直整合。

10.3　研究局限与展望

10.3.1　研究局限

第一，鉴于目前对零供关系缺乏完整分类，本书在研究中难以完成对零供关系衡量维度的完整划分，只能从不同的视角做出观察，显然这并非是完整的。正如本书在零供关系界定中做出的解释和说明，这里还需要进一步指出的是，零供关系本身并非本书研究的重点，本书研究的重心是借由零供主导关系来观察和研究自有品牌，举个例子来说，零供关系只是"磨刀石"，自有品牌才是需要研磨的"刀"。

第二，本书在实证研究中，关于零供关系方面的问卷调查是基于零售商自测来完成的，虽然单方面取得数据在研究方法上是可以接受的，但其局限性显然是存在的。在面向消费者的实证研究中，数据取得亦有

---

① 战斗品牌是为了抗击竞争对手的干扰，推出一些品牌进行大规模的促销和降价，以确保主要品牌的地位。

其地域或空间上的局限性，显然，若要面向广域市场做出样本选择是很困难的。

第三，本书通过案例研究，对"宝玛模式"进行观察和剖析，探索了自有品牌开发对零供战略关系的影响，并归纳出了相应的研究结论。尽管在理论上能够解释清楚，但单案例研究的局限性是存在的，其生成的理论框架还需要进一步的实证研究来检验。

第四，本书在跨文化比较研究中，基于霍夫斯泰德的文化维度理论，探索了中英两国消费者的感知风险对自有品牌购买意愿的影响。但除了文化因素，本书的研究未能充分考虑其他因素对自有品牌在不同市场成长差异的影响，下一步有待于进一步扩展研究视野。

第五，本书研究了感知风险、信任等消费者感知变量对自有品牌购买意愿的影响，但消费者购买自有品牌是一个复杂的过程，还有众多因素会对其产生影响，本书只考察了代表性的主观因素，还有一些客观因素有待考查。

当然，上述局限或不足的存在，也为后续研究留下了空间。

10.3.2　研究展望

（1）完善性研究

主要包括：

第一，增加样本数量进行跨时点比较研究。可在今后一定时间间隔后进行重复调研，扩大样本数量，进行跨时点的比较，再行验证相关研究结论，并挖掘时序变化的内在原因。

第二，引入相关控制变量的实证研究。本书在研究中着重考查了中介变量，但缺少相关控制变量设计，如零售商连锁规模，虽然本书通过案例研究得出自有品牌不是大型零售商发展专利的结论，但不得不承认零售商自身规模与实力对零供协同和渠道权力具有重要的影响。鉴于本书研究的重心所在，在后续研究中引入相关控制变量将是完善研究的方向。

第三，基于案例研究构建理论模型。本书的多案例比较研究侧重了经验的总结，缺少理论框架或模型的构建思考，后续可以继续探索研究，如不同规模的零售商自有品牌开发路径的理论框架研究，以及零售商自有品牌成长与作用机理的逻辑模型等。

（2）扩展性研究

主要包括：

第一，以自有品牌开发为自变量做相关实证研究。一方面可以继续完善自变量开发设计；另一方面可以结合零售商绩效或消费者感知构建新的研究模型，从而扩展以自有品牌开发为自变量的研究范畴与路径。

第二，完成对渠道权力和零供协同结构变量的检验。本书以渠道权力水平和零供协同水平为中介变量，将其作为一个单独变量进行相关假设检验。事实上，渠道权力和零供协同均有其结构变量，如强制性权力和非强制性权力，信息共享、协同决策和激励相容，下一步可以针对其结构变量做出相关模型的实证检验。

第三，跨文化比较研究。不同国家/地区的自有品牌处于不同的发展阶段，有着不同的历史文化、生活方式和消费观念，零售商也有着不同的经营环境。上述因素差异都将对自有品牌发展产生不同程度的影响，因此有必要进一步扩展跨文化比较研究。

第四，零供关系视角下的扩展研究。即继续完善零供关系的不同视角挖掘，如在本书渠道博弈研究基础上，构建更加深化的零供博弈模型，考察自有品牌对零供博弈的深入影响；还有基于零供渠道关系视角探讨自有品牌的双渠道营销问题等。

第五，电商自有品牌的研究。在目前"互联网+零售"大发展背景下，自有品牌有了新形态，如直接面向消费者的电商自有品牌快速发展，其和以往的实体店铺自有品牌形态有了很大差别，因此有待进行扩展研究。

第六，高溢价自有品牌的研究。随着国内零售商自有品牌产品质量的不断提升，消费者对其的认可程度越来越高，低价格已经不再是其吸引消费者的重点。因此，有必要对高溢价自有品牌进行深入研究。

第七，多渠道问题研究。互联网技术的快速发展，很多经营传统实体店铺的零售商开始涉足线上渠道销售，如何应用多渠道才能更好地促进自有品牌成长有待于进一步探索研究。

第八，"老字号"自有品牌的研究。"老字号"品牌从某种程度上来说也属于自有品牌，但是其特质与传统零售商自有品牌的特质存有一定的差异，后续可对"老字号"自有品牌进行扩展研究。

参考文献

一、中文著作

[1]陈晓萍，徐淑英，樊景立，等.组织与管理研究的实证方法[M].北京：北京大学出版社，2008.

[2]胡继灵.供应链的合作与冲突管理[M].上海：上海财经大学出版社，2007.

[3]林肯，托马森.自有品牌：与狼共舞[M].李健生，译.大连：东北财经大学出版社，2012.

[4]库马尔，斯丁坎.自有品牌：狼来了——制造商如何应对销售商产品的挑战[M].段纪超，译.北京：商务印书馆，2009.

[5]宋志刚，谢蕾蕾，何红旭.SPSS16.0实用教程[M].北京：人民邮电出版社，2008.

[6]庄贵军.营销渠道管理[M].北京：北京大学出版社，2004.

[7]庄贵军.中国企业的营销渠道行为研究[M].北京：北京大学出版社，2007.

[8]邹辉霞.供应链协同管理：理论与方法[M].北京：北京大学出版社，2007.

二、中文论文

[1]毕新华，刘彦.供应链协同管理研究评述[J].社会科学战线，2008（9）.

[2]曹静，方名山.关于流通渠道中生产商与零售商关系的博弈分析[J].商业经济与管理，2007（9）.

[3]陈国庆，黄培清.供应链中的信息共享与激励制度[J].上海交通大学学报，2007（12）.

[4]陈立平.日本百货店的经营困境——对"食利型"盈利模式不可持续性的验证[J].上海商业，2009（12）.

[5]范惟翔，黄昱凯，张瑞铉.消费者对产品评价影响因素之研究——品牌形象与知觉风险所扮演的中介角色[J].中大管理研究，2011（1）.

[6]方敏，黄玲.零售商自有品牌战略：竞争优势视角[J].经济研究导刊，2008（5）.

[7]房师华，魏文斌.零售商自有品牌开发的动因及其策略[J].商业经济，2009（23）.

[8]费明胜，李社球.基于感知的自有品牌消费者行为研究[J].经济管理，2007（4）.

[9]高昉，余明阳.顾客忠诚从何而来？——顾客忠诚影响因素的研究综述[J].市场营销导刊，2008（4）.

[10]顾巍，范贵华，唐华.顾客满意与顾客忠诚的关系研究[J].软科学，2004（5）.

[11]韩飞，于洪彦.消费者价格敏感影响因素的实证研究[J].价格理论与实践，2012（11）.

[12]郝春晖，李从东.品牌管理的价格敏感性研究[J].价格理论与实践，2005（7）.

[13]贺爱忠，李钰.商店形象对自有品牌信任及购买意愿影响的实证研究[J].南开管理评论，2010（2）.

[14]贺和平.零售商市场权力研究综述[J].外国经济与管理，2006（3）.

[15]贺继红.中国商业企业自有品牌研究[J].科技与管理，2000（3）.

[16]胡保玲，郑浩.渠道成员相互依赖对权力运用影响的实证研究——私人关系的调节作用[J].石家庄经济学院学报，2009（5）.

[17]胡保玲.渠道关系治理研究综述[J].市场营销导刊，2008，（2）.

[18]江敏华.中国零售商之间的自有品牌投资选择博弈模型研究——零售商之间的非对称双头垄断期权博弈模型[J].改革与战略，2008，（9）.

[19]江明华，郭磊.商店形象与自有品牌感知质量的实证研究[J].经济科学，2003（4）.

[20]蒋青云，黄珣，陈卓浩.消费者对电子中介的信任影响机制研究：以酒店预订网站为例[J].营销科学学报，2007（2）.

[21]金常飞，赖明勇.双源渠道模式下供应链协调的斯塔克伯格博弈分析[J].中国流通经济，2009（7）.

[22]金玉芳，董大海，刘瑞明.消费者品牌信任机制建立及影响因素的实证研究[J].南开管理评论，2006（5）.

[23]李陈华.基于渠道需求函数的直销—零售双渠道价格博弈[J].中南财经政法大学学报，2009（2）.

[24]李东进，金玉华，秦勇.WOM信息依赖性及其影响因素的实证研究[J].管理学报，2005（1）.

[25]李健生，闫传强.零售商自有品牌发展策略研究——基于四家零售企业的案例比较[J].中国零售研究，2011（1）.

[26]李健生，闫传强.自有品牌对零供博弈关系的影响分析[J].中国零售研究，2010（1）.

[27]李骏阳，肖璐.消费者选择对零供博弈结果的影响——基于心理经济学视角分析[J].商业经济与管理，2010（5）.

[28]李骏阳.通道费与协调工商关系的机制研究[J].财贸经济，2007（1）.

[29]刘人怀，姚作为.关系质量研究述评[J].外国经济与管理，

2005（1）．

[30]陆彬，高阳，黄福华，等．供应链协同合作关系：基于关系理论的视角[J]．现代管理科学，2009（5）．

[31]路永和，邹一秀，杨亮，等．供应链协同决策问题的探讨[J]．物流科技，2006（6）．

[32]毛文晋，江林．影响零售商与供应商信息共享意愿的行为因素研究[J]．市场营销导刊，2007（6）．

[33]欧阳卓飞．战略联盟：营销渠道关系的理想境界[J]．中南财经政法大学学报，2006（5）．

[34]彭峰，程小又．自有品牌产品影响感知质量因素的实证研究[J]．四川大学学报（哲学社会科学版），2008（3）．

[35]彭雷清，张丽娜．B2B情境下渠道间关系质量的影响因素研究[J]．现代管理科学，2009（6）．

[36]彭志忠．供应链协同绩效评价体系实证效应分析[J]．中国流通经济，2008（9）．

[37]钱丽萍，刘益．制造商影响战略的使用与零售商的知识转移——渠道关系持续时间的调节影响[J]．管理世界，2010（2）．

[38]乔志强．从信息流与知识传递探究供应链协同运行[J]．情报科学，2009（5）．

[39]邱景红．批发企业的自有品牌战略[J]．中国流通经济，2001（2）．

[40]阮平南，姜宁．组织间合作的关系质量评价方法研究[J]．科技管理研究，2009（4）．

[41]宋亦平，王晓艳，许云莲．网上商店形象对网上购物者商店忠诚度的影响[J]．管理评论，2007（11）．

[42]唐鸿．营销渠道权力对渠道关系质量影响的实证分析[J]．软科学，2009（11）．

[43]涂永式．实施自有品牌战略提高中国零售业竞争能力[J]．市场营销导刊，2005（6）．

[44]汪旭晖．基于供应链协作的零供关系体系框架研究[J]．北京

工业大学学报（社会科学版），2009（2）.

[45]汪长江.企业战略关系研究：基于博弈论的理性思考[J].经济社会体制比较，2010（2）.

[46]王红梅，史成东.供应链协同管理的绩效评估[J].计算机工程与应用，2009（1）.

[47]王霞，赵平，王高，等.中国消费者价格容忍度的特点[J].心理学报，2004（5）.

[48]王新新，杨德锋.自有品牌与零售商竞争力研究[J].哈尔滨商业大学学报（社会科学版），2007（6）.

[49]温忠麟，张雷，侯杰泰，等.中介效应检验程序及其应用[J].心理学报，2004（5）.

[50]吴佩勋，李力.零售商自有品牌的购买意向因素研究[J].中国流通经济，2011（5）.

[51]谢凤玲，黄梯云.供应商关系管理中的关系质量满意模型研究[J].计算机应用研究，2009（4）.

[52]薛可，余明阳，刘春章.消费者人格对品牌认知的影响研究[J].天津师范大学学报：社会科学版，2007（5）.

[53]闫传强.自有品牌开发对零供协同水平影响的实证研究[D].东北财经大学，2010.

[54]严广全，吴清烈，程玉白，等.面向品牌渠道建设的供应链协同问题研究[J].价值工程，2008（3）.

[55]杨达.渠道权力理论基础上渠道沟通与渠道产出的实证研究[D].首都经济贸易大学，2010.

[56]杨德锋，王新新.零售商自有品牌感知质量的形成与提升研究基于线索视角[J].消费经济，2007（6）.

[57]杨德锋，王新新.制造商线索与零售商自有品牌感知质量[J].中国工业经济，2008（1）.

[58]杨佳，杨倩.消费者自有品牌购买倾向的影响因素研究[J].经济论坛，2009（22）.

[59]杨树林.自有品牌开发对零供渠道权力影响的实证研究[D].

东北财经大学，2011.

[60]杨伟文，刘新.品牌认知对消费者购买行为的影响[J].商业研究，2010（3）.

[61]杨宜苗.零售店铺形象的量表设计——从百货商店，超级市场和购物中心的角度[J].北京工商大学学报：社会科学版，2010（1）.

[62]于坤章，王亚飞.消费者对大型超市的商店印象与其忠诚行为关系实证研究[J].商业经济与管理，2006（8）.

[63]于晓霖，周朝玺.渠道权力结构对供应链协同效应影响研究[J].管理科学，2008（12）.

[64]张闯，董春艳.渠道权力转移了吗——SCP范式下中国消费品渠道的实证研究[J].中国零售研究，2009（2）.

[65]张闯.渠道依赖、权力结构与策略：社会网络视角的研究[D].东北财经大学，2007.

[66]张翠华，周红.供应链协同的因素模型及对我国的启示[J].现代管理科学，2005（6）.

[67]张欣，马士华.信息共享与协同合作对两级供应链的收益影响[J].管理学报，2007（1）.

[68]张玉荣.零售业实施自有品牌战略SWOT分析[J].经济研究导刊，2006（5）.

[69]张赟.零售商引入自有品牌动机的博弈分析[J].财贸经济，2009（4）.

[70]赵玻.零售商自有品牌及其竞争效应[J].商业经济与管理，2007（11）.

[71]赵玻.制造商应对零售商自有品牌竞争的策略[J].科技资讯，2006（3）.

[72]赵金实，霍佳震.基于消费者行为的零售商双边博弈策略研究[J].南开管理评论，2010（3）.

[73]赵卫宏.网络顾客关系价值及其对再购买和口传意图的影响[J].商业经济与管理，2010（5）.

[74]周军.自有品牌：零售企业市场营销新境界[J].经营与管理，2003（12）.

[75]周荣辅，赵俊仙.供应链协同效果评价指标体系的构建[J].统计与决策，2008（13）.

[76]朱瑞庭，许林峰.自有品牌对连锁商业品牌战略的影响分析[J].财经论丛，2009（1）.

[77]朱瑞庭，尹卫华.上海市连锁商业自有品牌发展战略研究[J].华东经济管理，2010（2）.

[78]朱瑞庭.零售商PB的功能和市场定位[J].北京工商大学学报（社会科学版），2004（2）.

[79]庄贵军，周筱莲.权力、冲突与合作：中国工商企业之间渠道行为的实证研究[J].管理世界，2002（3）.

[80]庄贵军.权力、冲突与合作：西方的渠道行为理论[J].北京商学院学报，2000（1）.

三、英文著作

[1]Aaker D A. Managing Brand Equity[M].New York: The Free Press, 1991.

[2]De Mooij M. Consumer behavior and culture: Consequences for global marketing and advertising [M]. London: Sage, 2010.

[3]Fitzell P B. Private Label marketing in the 21st century: store brands/exclusive brands on the cutting edge[M].New York: Global Book Productions, 2003.

[4]Hofstede, G. Culture´s consequences. London: Sage Publications, 2001.

[5]Manfred. Krafft, Mantrala M K. Retailing in the 21st century: current and future trends[M]. Berlin: Springer, 2006.

[6]Quelch J A, Harding D. Brands versus private

labels: fighting to win[M].Boston: Harvard Business School Press, 1996.

四、英文论文

[1]Ailawadi K L, Bradlow E T, Draganska M, et al. Empirical models of manufacturer- retailer interaction: A review and agenda for future research [J]. Marketing Letters, 2010, 21 (3): 273-285.

[2]Ailawadi K L, Keller K L. Understanding retail branding: conceptual insights and research priorities[J]. Journal of retailing, 2004, 80 (4): 331-342.

[3]Ailawadi K L, Neslin S A, Gedenk K. Pursuing the value-conscious consumer: store brands versus national brand promotions[J]. Journal of marketing, 2001, 65 (1): 71-89.

[4]Ailawadi K L, Pauwels K, Steenkamp J B E M. Private-label use and store loyalty[J]. Journal of Marketing, 2008, 72 (6): 19-30.

[5]Balabanis G, Craven S. Consumer confusion from own brand lookalikes: an exploratory investigation[J]. Journal of Marketing Management, 1997, 13 (4): 299-313.

[6]Baltas G, Argouslidis P C. Consumer characteristics and demand for store brands[J]. International Journal of Retail & Distribution Management, 2007, 35 (5): 328-341.

[7]Baltas G. Determinants of store brand choice: a behavioral analysis[J]. Journal of product & brand management, 1997, 6 (5): 315-324.

[8]Batra R, Sinha I. Consumer - level factors

moderating the success of private label brands[J]. Journal of retailing, 2000, 76 (2): 175-191.

[9]Beneke J, Greene A, Lok I, et al. The influence of perceived risk on purchase intent-the case of premium grocery private label brands in South Africa[J]. Journal of Product & Brand Management, 2012, 21 (1): 4-14.

[10]Bhasin A, Dickinson R, Nandan S. Retailer brands: a channel perspective: the United states [J]. Journal of Marketing Channels, 1995, 4 (4): 17-36.

[11]Binninger A S. Exploring the relationships between retail brands and consumer store loyalty [J].International Journal of Retail & Distribution Management, 2008, 36 (2): 94-110.

[12]Bloom P N, Perry V G. Retailer power and supplier welfare: The case of Wal-Mart[J]. Journal of Retailing, 2001, 77 (3): 379-396.

[13]Brown J R, Lusch R F, Muehling D D. Conflict and power- dependence relations in retailer- supplier channels[J]. Journal of retailing, 1983, 59 (4): 53-80.

[14]Bucklin L P. A theory of channel control [J]. The Journal of Marketing, 1973, 37 (1): 39-47.

[15]Cachon G P, Fisher M. Supply chain inventory management and the value of shared information[J]. Management science, 2000, 46 (8): 1032-1048.

[16]Chen F, Drezner Z, Ryan J K, et al. Quantifying the bullwhip effect in a simple supply

chain: The impact of forecasting, lead times, and information[J]. Management science, 2000, 46 (3): 436-443.

[17]Chintagunta P K, Bonfrer A, Song I. Investigating the effects of store- brand introduction on retailer demand and pricing behavior[J]. Management Science, 2002, 48 (10): 1242-1267.

[18]Choi S C. Price competition in a channel structure with a common retailer[J]. Marketing Science, 1991, 10 (4): 271-296.

[19]Corsten D, Kumar N. Do suppliers benefit from collaborative relationships with large retailers? An empirical investigation of efficient consumer response adoption[J].Journal of Marketing, 2005, 69 (3): 80-94.

[20]Corstjens M, Lal R. Building store loyalty through store brands[J]. Journal of Marketing Research, 2000, 37 (3): 281-291.

[21]Crosby L A, Evans K R, Cowles D. Relationship quality in services selling: an interpersonal influence perspective[J].The journal of marketing, 1990, 54 (3): 68-81.

[22]Crosby L A, Stephens N. Effects of Relationship Marketing on Satisfaction, Retention, and Prices in the Life Insurance Industry[J]. Journal of Marketing Research, 1987, 24 (4): 404-411.

[23]Dawes J, Nenycz- Thiel M. Analyzing the intensity of private label competition across retailers[J]. Journal of Business Research, 2013, 66

(1): 60-66.

[24]Delgado- Ballester E, Munuera- Aleman J L, Yague-Guillen M J. Development and validation of a brand trust scale[J]. International Journal of Market Research, 2003, 45 (1): 35-54.

[25]Dhar S K, Hoch S J. Why store brand penetration varies by retailer[J]. Marketing Science, 1997, 16 (3): 208-227.

[26]Dick A S, Basu K. Customer loyalty: toward an integrated conceptual framework[J]. Journal of the academy of marketing science, 1994, 22 (2): 99-113.

[27]Draganska M, Klapper D, Villas-Boas S B. A larger slice or a larger pie? An empirical investigation of bargaining power in the distribution channel[J]. Marketing Science, 2010, 29 (1): 57-74.

[28]Gable M, Fairhurst A, Dickinson R. The use of benchmarking to enhance marketing decision making[J]. Journal of consumer Marketing, 1993, 10 (1): 52-60.

[29]Gavirneni S. Benefits of co-operation in a production distribution environment[J]. European Journal of Operational Research, 2001, 130 (3): 612-622.

[30]Goldfarb A, Lu Q, Moorthy S. Measuring brand value in an equilibrium framework[J]. Marketing Science, 2009, 28 (1): 69-86.

[31]Gómez M, Rubio N. Shelf management of store brands: analysis of manufacturers´ perceptions[J].

International Journal of Retail & Distribution Management, 2008, 36 (1): 50-70.

[32]Grewal D, Krishnan R, Baker J, et al. The effect of store name, brand name and price discounts on consumers' evaluations and purchase intentions[J]. Journal of retailing, 1998, 74 (3): 331-352.

[33]Gürbüz E. Retail store branding in Turkey: its effect on perceived quality, satisfaction and loyalty[J]. EuroMed Journal of Business, 2008, 3 (3): 286-304.

[34]Herstein R, Gamliel E. An investigation of private branding as a global phenomenon[J]. Journal of Euromarketing, 2004, 13 (4): 59-77.

[35]Hewett K, Money R B, Sharma S. An exploration of the moderating role of buyer corporate culture in industrial buyer- seller relationships[J]. Journal of the Academy of marketing Science, 2002, 30 (3): 229-239.

[36]Hoch S J, Banerji S. When do private labels succeed[J]. Sloan management review, 1993, 34 (4): 57-67.

[37]Hoch S J. How Should National Brands Think about Private Labels? [J]. Sloan Management Review, 1996, 37: 89-102.

[38]Huddleston P, Whipple J, VanAuken A. Food store loyalty: Application of a consumer loyalty framework[J]. Journal of Targeting, Measurement and Analysis for Marketing, 2004, 12 (3): 213-230.

[39]Jarvenpaa S L, Tractinsky N, Saarinen L.

Consumer trust in an internet store: a cross-cultural validation[J]. Journal of Computer-Mediated Communication, 1999, 5 (2): 1-36.

[40]Jin B, Gu Suh Y. Integrating effect of consumer perception factors in predicting private brand purchase in a Korean discount store context [J]. Journal of Consumer Marketing, 2005, 22 (2): 62-71.

[41]Johnson D, Grayson K. Cognitive and affective trust in service relationships[J]. Journal of Business research, 2005, 58 (4): 500-507.

[42]Kadiyali V, Chintagunta P, Vilcassim N. Manufacturer- retailer channel interactions and implications for channel power: An empirical investigation of pricing in a local market[J]. Marketing Science, 2000, 19 (2): 127-148.

[43]Keller K L. Brand synthesis: The multidimensionality of brand knowledge[J]. Journal of consumer research, 2003, 29 (4): 595-600.

[44]Kim N, Parker P M. Collusive conduct in private label markets[J]. International Journal of Research in Marketing, 1999, 16 (2): 143-155.

[45]Kumar N, Radhakrishnan S, Rao R C. Private label vendor selection in a supply chain: Quality and clientele effects[J]. Journal of retailing, 2010, 86 (2): 148-158.

[46]Kumar N, Scheer L K, Steenkamp J B E M. The effects of supplier fairness on vulnerable resellers[J]. Journal of marketing research, 1995, 32 (1): 54-65.

[47]Lee H L, Padmanabhan V, Whang S. Information distortion in a supply chain: the bullwhip effect [J]. Management science, 2004, 50 (12): 1875-1886.

[48]Lee H L, So K C, Tang C S. The value of information sharing in a two-level supply chain [J]. Management science, 2000, 46 (5): 626-643.

[49]Martos-Partal M, González-Benito Ó. Store brand and store loyalty: The moderating role of store brand positioning[J]. Marketing Letters, 2011, 22 (3): 297-313.

[50]McAllister D J. Affect and cognition based trust as foundations for interpersonal cooperation in organizations[J]. Academy of management journal, 1995, 38 (1): 24-59.

[51]Mieres C G, Martín A M D, Gutiérrez J A T. Influence of perceived risk on store brand proneness[J]. International Journal of Retail & Distribution Management, 2006, 34 (10): 761-772.

[52]Morgan R M, Hunt S D. The commitment-trust theory of relationship marketing[J]. The journal of marketing, 1994, 58 (3): 20-38.

[53]Morton F S, Zettelmeyer F. The strategic positioning of store brands in retailer - manufacturer negotiations[J]. Review of industrial organization, 2004, 24 (2): 161-194.

[54]Nandan S, Dickinson R. Private brands: major brand perspective[J].Journal of Consumer Marketing, 1994, 11 (4): 18-28.

[55]Narasimhan C, Wilcox R T. Private Labels and the Channel Relationship: A Cross-Category

Analysis[J]. The journal of business, 1998, 71 (4): 573-600.

[56]Nenycz- Thiel M, Sharp B, Dawes J, et al. Competition for memory retrieval between private label and national brands[J]. Journal of Business research, 2010, 63 (11): 1142-1147.

[57]Olson E L. Supplier inferences to enhance private label perceptions[J]. Journal of Business Research, 2012, 65 (1): 100-105.

[58]Payan J M. A review and delineation of cooperation and coordination in marketing channels [J]. European Business Review, 2007, 19 (3): 216-233.

[59]Piplani R, Fu Y. A coordination framework for supply chain inventory alignment[J]. Journal of manufacturing technology management, 2005, 16 (6): 598-614.

[60]Richardson P S, Jain A K, Dick A. Household store brand proneness: a framework[J]. Journal of Retailing, 1996, 72 (2): 159-185.

[61]Roberts K, Varki S, Brodie R. Measuring the quality of relationships in consumer services: an empirical study[J]. European Journal of marketing, 2003, 37 (1): 169-196.

[62]Sethuraman R, Gielens K. Determinants of Store Brand Share[J]. Journal of Retailing, 2014, 90 (2): 141-153.

[63]Simatupang T M, Sridharan R.The collaboration index: a measure for supply chain collaboration[J]. International Journal of Physical Distribution & Logistics Management, 2005, 35 (1): 44-62.

[64]Steenkamp J B E M, Baumgartner H. Assessing measurement invariance in cross-national consumer research[J]. Journal of consumer research, 1998, 25 (1): 78-107.

[65]Steenkamp J B E M, Dekimpe M G. The increasing power of store brands: building loyalty and market share[J]. Long range planning, 1997, 30 (6): 917-930.

[66]Steenkamp J B E M, Van Heerde H J, Geyskens I. What makes consumers willing to pay a price premium for national brands over private labels? [J]. Journal of Marketing Research, 2010, 47 (6): 1011-1024.

[67]Verhoef P C, Nijssen E J, Sloot L M. Strategic reactions of national brand manufacturers towards private labels: An empirical study in the Netherlands[J]. European Journal of Marketing, 2002, 36 (11): 1309-1326.

[68]Villas-Boas S B. Vertical relationships between manufacturers and retailers: Inference with limited data[J]. The Review of Economic Studies, 2007, 74 (2): 625-652.

[69]Wu P C S, Yeh G Y Y, Hsiao C R. The effect of store image and service quality on brand image and purchase intention for private label brands[J]. Australasian Marketing Journal, 2011, 19 (1): 30-39.

[70]Yoo B, Donthu N. Developing and validating a multidimensional consumer-based brand equity scale[J]. Journal of business research, 2001, 52 (1): 1-14.

附录

附录1　零售商调查问卷

零售商　自有品牌　调查问卷

尊敬的经理，您好！

感谢您接受本次问卷调查。

该调查用于国内零售商自有品牌发展的学术研究，作为样本店铺负责人，您的意见对研究成果生成有着非常重要影响，期望您能拿出30分钟左右的时间帮助我们填答此份问卷。

我们在此郑重声明：调查仅用于学术性研究，问卷主要针对与自有品牌相关的一些问题或现象进行态度测量，不涉及店铺或企业的具体经营数据，即便如此，我们依然会对问卷信息严格保密。

感谢您对我们研究工作的支持！

I 量表题项：请您根据对每个题项的赞同程度，在相应的"□"上打√

※以下所说的"供应商"，是指贵零售企业（或店铺）关键品类商品的某一重要供应商。		很不符合	不符合	一般	基本符合	很符合
RSC 1	关于"促销活动"的信息，贵零售企业与上述供应商共享	1 □	2 □	3 □	4 □	5 □
RSC 2	关于"需求预测"的信息，贵零售企业与上述供应商共享	1 □	2 □	3 □	4 □	5 □
RSC 3	关于"销售时点数据"的信息，即Points-of-sale (POS) data，贵零售企业与上述供应商共享	1 □	2 □	3 □	4 □	5 □
RSC 4	关于"价格调整"的信息，贵零售企业与上述供应商共享	1 □	2 □	3 □	4 □	5 □
RSC 5	关于"存货成本"的信息，贵零售企业与上述供应商共享	1 □	2 □	3 □	4 □	5 □
RSC 6	关于"在库数量"的信息，贵零售企业与上述供应商共享	1 □	2 □	3 □	4 □	5 □
RSC 7	关于"库存政策"的信息，贵零售企业与上述供应商共享	1 □	2 □	3 □	4 □	5 □
RSC 8	关于"断货"的信息，贵零售企业与上述供应商共享	1 □	2 □	3 □	4 □	5 □
RSC 9	关于"订单执行状态或跟踪"信息，贵企业与上述供应商共享	1 □	2 □	3 □	4 □	5 □
RSC10	关于"运输安排"的信息，贵零售企业与上述供应商共享	1 □	2 □	3 □	4 □	5 □
RSC11	关于"产品种类"的规划，贵零售企业与上述供应商共同进行	1 □	2 □	3 □	4 □	5 □

续表

	※以下所说的"供应商",是指贵零售企业（或店铺）关键品类商品的某一重要供应商。	很不符合	不符合	一般	基本符合	很符合
RSC12	关于"促销活动"的策划，贵零售企业与上述供应商一起制定	1 □	2 □	3 □	4 □	5 □
RSC13	关于"需求预测"的发展，贵零售企业与上述供应商联合进行	1 □	2 □	3 □	4 □	5 □
RSC14	关于预测之外的"突发事情"，贵零售企业与上述供应商共同商讨解决	1 □	2 □	3 □	4 □	5 □
RSC15	对"价格策略或政策"，贵企业与上述供应商相互商讨制定	1 □	2 □	3 □	4 □	5 □
RSC16	对"如何降低断货率"，贵企业与上述供应商共同研究决定	1 □	2 □	3 □	4 □	5 □
RSC17	关于"零售库存需求"，贵零售企业与上述供应商共同确定	1 □	2 □	3 □	4 □	5 □
RSC18	关于"最佳订货批量"，贵零售企业与上述供应商联合决定	1 □	2 □	3 □	4 □	5 □
RSC19	关于"订单执行异常问题"，贵企业与上述供应商联合解决	1 □	2 □	3 □	4 □	5 □
RSC20	针对"经常购物者"，贵零售企业与上述供应商联合制定相关激励项目或方案	1 □	2 □	3 □	4 □	5 □
RSC21	对"库存成本降低带来的节约"，贵企业与上述供应商分享	1 □	2 □	3 □	4 □	5 □
RSC22	对"需求高峰期"，贵零售企业与上述供应商能够保障运输	1 □	2 □	3 □	4 □	5 □

	※以下所说的"供应商"，是指贵零售企业（或店铺）关键品类商品的某一重要供应商。	很不符合	不符合	一般	基本符合	很符合
RSC23	对"产品瑕疵"，贵零售企业能够获得供上述应商的补贴	1 □	2 □	3 □	4 □	5 □
RSC24	对"零售减价或打折"，贵零售企业能够获得上述供应商的促销津贴	1 □	2 □	3 □	4 □	5 □
RSC25	对于"订单变动"，贵零售企业与上述供应商能够达成协议	1 □	2 □	3 □	4 □	5 □
RBP1	采购谈判时，贵企业在确定商品"采购价格"时，比上述供应商更具主导性	1 □	2 □	3 □	4 □	5 □
RBP2	采购谈判时，贵企业在确定商品"促销支援"时，比上述供应商更具主导性	1 □	2 □	3 □	4 □	5 □
RBP3	采购谈判时，贵企业在确定商品"折扣条件"时，比上述供应商更具主导性	1 □	2 □	3 □	4 □	5 □
RBP4	采购谈判时，贵企业在确定商品"折扣数量"时，比上述供应商更具主导性	1 □	2 □	3 □	4 □	5 □
RBP5	采购谈判时，贵企业在确定商品"运输安排"时，比上述供应商更具主导性	1 □	2 □	3 □	4 □	5 □
RBP6	采购谈判时，贵企业在确定商品"付款方式"时，比上述供应商更具主导性	1 □	2 □	3 □	4 □	5 □
RPW1	若贵企业要求上述供应商降低其产品出厂价或批发价，你认为其降价响应的最大限度是多少？	1 □	2 □	3 □	4 □	5 □
RPW2	若贵企业要求上述供应商增加某产品产量，你认为其提高产量的最大限度是多少？	1 □	2 □	3 □	4 □	5 □

续表

	※以下所说的"供应商",是指贵零售企业（或店铺）关键品类商品的某一重要供应商。	很不符合	不符合	一般	基本符合	很符合
RPW3	若贵企业要求上述供应商减少某产品产量，你认为其降低产量的最大限度是多少？	1 ☐	2 ☐	3 ☐	4 ☐	5 ☐
RPW4	若贵企业要求上述供应商改变其产品广告或促销活动，你认为其改变的最大限度是多少？	1 ☐	2 ☐	3 ☐	4 ☐	5 ☐
RPW5	若贵企业要求上述供应商改变其产品顾客服务方式，你认为其改变的最大限度是多少？	1 ☐	2 ☐	3 ☐	4 ☐	5 ☐
RPW6	若贵企业要求上述供应商改变其产品店内展示方式，你认为其改变的最大限度是多少？	1 ☐	2 ☐	3 ☐	4 ☐	5 ☐
RPW7	若贵企业要求上述供应商改变其产品保证政策（如增加或减少"三包"的内容），你认为其改变的最大限度是多少？	1 ☐	2 ☐	3 ☐	4 ☐	5 ☐
RPW8	若贵企业要求上述供应商改变其产品线结构（如在现有产品中增加或减少某一种规格或型号的产品），你认为其改变的最大限度是多少？	1 ☐	2 ☐	3 ☐	4 ☐	5 ☐
CCT1	有时，上述供应商阻止贵零售企业做自己想做的事	1 ☐	2 ☐	3 ☐	4 ☐	5 ☐
CCT2	上述供应商并不把贵零售企业的最佳利益放在心上	1 ☐	2 ☐	3 ☐	4 ☐	5 ☐
CCT3	在重要的问题上，贵零售企业常常与上述供应商的观点不一致	1 ☐	2 ☐	3 ☐	4 ☐	5 ☐
CMN1	贵零售企业的相关业务人员经常亲自拜访上述供应商	1 ☐	2 ☐	3 ☐	4 ☐	5 ☐

	※以下所说的"供应商"，是指贵零售企业（或店铺）关键品类商品的某一重要供应商。	很不符合	不符合	一般	基本符合	很符合
CMN2	贵零售企业与上述供应商经常进行沟通	1 ☐	2 ☐	3 ☐	4 ☐	5 ☐
CMN3	贵零售企业与上述供应商共享信息的范围很广	1 ☐	2 ☐	3 ☐	4 ☐	5 ☐
CMN4	贵零售企业与上述供应商建立了高效的信息流通机制	1 ☐	2 ☐	3 ☐	4 ☐	5 ☐
PMS1	作重要决策的时候，上述供应商会考虑贵零售企业的利益	1 ☐	2 ☐	3 ☐	4 ☐	5 ☐
PMS 2	对贵零售企业的重要要求，能得到上述供应商的支持	1 ☐	2 ☐	3 ☐	4 ☐	5 ☐
PMS 3	贵零售企业确信上述供应商在履行其任务时非常专业	1 ☐	2 ☐	3 ☐	4 ☐	5 ☐
PMS 4	贵零售企业能够相信上述供应商所做的许诺	1 ☐	2 ☐	3 ☐	4 ☐	5 ☐
PMS 5	上述供应商具有良好的声誉	1 ☐	2 ☐	3 ☐	4 ☐	5 ☐
CMT1	如果有其他供应商能够提供更优惠的条件，贵零售企业便会终止与上述供应商的合作（反向计分）	1 ☐	2 ☐	3 ☐	4 ☐	5 ☐
CMT2	贵零售企业很看重与上述供应商的关系	1 ☐	2 ☐	3 ☐	4 ☐	5 ☐
CMT3	贵零售企业愿意保持与上述供应商的关系	1 ☐	2 ☐	3 ☐	4 ☐	5 ☐
CMT4	贵零售企业希望与上述供应商保持长期的关系	1 ☐	2 ☐	3 ☐	4 ☐	5 ☐

Ⅱ选择题项：请您根据题项的提示，对所属企业自有品牌的相关信息做出判断或区间选择，在相应的"□"上打√。

贵零售企业自有品牌（PB）的基本情况

1.贵零售企业的所有制性质是：单选

□国有或国有控股　□民营或股份制　□外资或外资控股

□集体所有　　　　□其他

2.贵零售企业下属业态及其连锁门店数量所处区间：请据实对业态及其门店数做出区间选择

□超市	□20个以内	□21~40个
□41~60个	□61~80个	□81个以上
□大型综合超市（大卖场）	□20个以内	□21~40个
□41~60个	□61~80个	□81个以上
□便利店	□20个以内	□21~40个
□41~60个	□61~80个	□81个以上
□仓储式会员商店	□20个以内	□21~40个
□41~60个	□61~80个	□81个以上
□百货店	□20个以内	□21~40个
□41~60个	□61~80个	□81个以上

3.贵零售企业截至到目前，在市场上推出自有品牌产品的时间长度：单选

□1年以内　□2—5年　□6—9年　□10年以上

4.贵零售企业目前自有品牌的子品牌总数量是：单选

□10个以内　□11~20个　□21~30个　□31~40个　□41~50个　□51个以上

5.截至目前，贵零售企业开发的自有品牌产品，其品类总数是：单选

□10个以内　□10~20个　□21~30个　□31~40个　□41~50个　□51个以上

6.贵零售企业开发自有品牌产品，截至目前，其产品品目总数量是：单选

□50个以内　□51·100个　□101~500个　□501~1 000个

□1 001~5 000个　□5 001以上

7.贵零售企业自有品牌最近一年度 实现的销售额占企业总销售的比例，其所在的区间是：单选

□千分之一以内　□1%以内　□1%—10%以内　□11%—20%

□21%—30%　□31%以上

8.贵零售企业自有品牌产品中，不以低价为诉求的具有一定功能特色或附加价值的产品（如有机食品、超值包装、高品质产品等）占自有品牌产品总量的比例，其所在的区间是：单选

☐ 1%以内　☐1%—10%　☐11%—20%　☐21%—50%　☐51%以上

9.贵零售企业目前开发的自有品牌产品，其品类组合的特征是：单选

☐ 仅小部分食品品类，没有工业品品类

☐ 仅小部分工业品品类，没有食品品类

☐ 仅大部分食品品类，没有工业品品类

☐ 大部分工业品品类，没有食品品类

☐ 小部分食品品类和小部分工业品品类

☐ 大部分食品品类和小部分工业品品类

☐ 小部分食品品类和大部分工业品品类

☐ 大部分食品品类和大部分工业品品类

10.贵零售企业自有品牌产品的开发与管理，其组织管理层级设置属于：单选

☐ 管理层级高于采购部门，由采购部门上级管理者负责

☐ 管理层级并列于采购部门，部门负责人与采购经理平行，或由采购经理或总监兼任

☐ 归属于采购部门，由采购经理或总监负责

☐ 管理层级低于采购部门，有专人负责，但与采购部门无关

11.贵零售企业自有品牌产品品目的开发生产方式，属于以下形式的有：可多选

☐零售企业自行开发设计，并投资设厂生产

☐零售企业自行开发，在卖场现场加工或前店后厂

☐零售企业自行开发设计，委托企业贴牌生产

☐零售企业与贴牌企业联合开发设计

☐贴牌企业开发设计，零售企业直接下订单

☐零售企业自建生产基地组织供货

12.贵零售企业自有品牌产品采取的物流配送方式是：可多选

☐ 门店下订单，总部统一配送计划，自营物流

☐ 门店下订单，总部统一配送计划，委托第三方物流（外包）

☐ 门店向贴牌制造商订货，由制造商组织配货至各门店

附录2　消费者调查问卷

调查问卷

尊敬的女士/先生：

您好！

我们目前在做关于自有品牌认知度对店铺忠诚影响的研究。您所做的答案没有任何对错之分，您只需根据自己的经验及感受，真实客观地回答下述问题即可。本调查问卷仅作学术研究之用，不涉及您单位机密或个人隐私，请您不要有任何顾虑，在此感谢您的合作与支持！

一、基本情况调查

1、您的性别：

A. 男　　B. 女

2、您的年龄：

A.25 岁以下　　　B.26—35 岁　　　C.36—45 岁

D.46—55 岁　　E. 大于 56 岁

3、您的学历：

A. 初中及以下　B. 高中或技校　C. 本科或大专　D. 硕士及以上

4、您的月收入：

A.2 000 元以下　　　　B.2 000 元—4 000 元

C.4 001 元—6 000 元　D.6 000 元以上

5、您在开发区商场的购物年限：

A.1 年以下　　B.1—3 年　　C.3—5 年　　D.5 年以上

二、各变量的测量

题项中 1 代表"非常不同意"、2 代表"较不同意"、3 代表"一般"、4 代表"较同意"、5 代表"非常同意"，请在能够代表您真实想法的选项上打对号

说明：问题中"开商"为开发区商场的简称，开商的自有品牌产品是指开商牌的商品，如开商牌的大米、面粉、蔬菜、香油等等。

	非常不同意	较不同意	一般	较同意	非常同意
Q1.我经常听说开商的自主品牌产品	1	2	3	4	5
Q2.我很了解开商的自有（主）品牌产品	1	2	3	4	5
Q3.我能把开商的自有品牌和其他品牌区分开来	1	2	3	4	5
Q4.当我去开商购物时，首先想到的是它的自有品牌产品	1	2	3	4	5
Q5.看到从开商购买了很久的物品时，我能想到开商的自有品牌产品	1	2	3	4	5
Q6.我认为开商的自有品牌产品质量好，值得信赖	1	2	3	4	5
Q7.我认为开商的自有品牌产品质量比其他同类产品更好	1	2	3	4	5
Q8.我认为开商的自有品牌产品性价比高	1	2	3	4	5
Q9.因为认可"开商牌商品"，所以经常到开商购物	1	2	3	4	5
Q10.提到自有品牌，我能很快联想到"开商牌商品"	1	2	3	4	5
Q11.我能很快想起"开商牌商品"的标志或符号	1	2	3	4	5
Q12.我能很快想起"开商牌商品"的一些特征及独特性	1	2	3	4	5
Q13.购买一件商品时，我往往进入多家店铺寻找更低的价格	1	2	3	4	5
Q14.购买一件商品时，我需要搜集许多产品价格方面的信息	1	2	3	4	5
Q15.花时间、经历逛不同商店，寻找低价格的产品是值得的	1	2	3	4	5
Q16.比起周围其他超市，我在开商购物的次数最多	1	2	3	4	5
Q17.比起周围其他超市，我在开商花钱最多	1	2	3	4	5
Q18.我以后会愿意常来开商购物	1	2	3	4	5
Q19.下次如需购物，我会首选开商	1	2	3	4	5
Q20.我会向亲戚朋友推荐来开商购物	1	2	3	4	5

问卷到此结束，为避免造成废卷，请您再次检查一下是否有遗漏的题目。再次感谢您对我们研究的参与和帮助！

附录3　消费者调查问卷

调查问卷

尊敬的先生／女士，您好！

非常感谢您能在百忙之中抽出时间参与本次调查问卷。我们目前在做感知风险对自有品牌购买倾向影响的论文研究，需要收集相关数据作为分析样本。希望您能按照自己的实际情况进行填写，感谢您的合作与支持。为了便于您更好地理解问项的意思，请您先了解以下关于自有品牌的资料信息。

第一部分

1、您的性别：A.男 B.女

2、您的年龄：A. 21—30 岁 B.31—40 岁 C.41—50 岁 D.51 岁以上

3、您的月收入：A.2 000 元以下　B.2 001-4 000 元　C .4 001-6 000 元　D.6 000 元以上

4、您的学历：A. 初中及以下 B.高中或技校 C.大专及本科 D. 硕士以以上

第二部分

根据第一部分的问题，请对下面的题项进行打分（1 表示完全不同意，2 表示不太同意，3 表示一般同意，4 表示比较同意，5 表示完全同意）。

序号	测量问题	完全不同意	不太同意	一般同意	比较同意	完全同意
1	有时我会质疑该产品的质量和功效	1	2	3	4	5
2	我经常会对该产品的质量和功效感到失望	1	2	3	4	5
3	有时我认为购买该产品是一种浪费行为	1	2	3	4	5

续表

序号	测量问题	完全不同意	不太同意	一般同意	比较同意	完全同意
4	有时我会认为不值得花这个价钱去购买该产品	1	2	3	4	5
5	购买该产品对我的经济损失不大	1	2	3	4	5
6	该产品是为了那些负担不起更好品牌的人来准备的	1	2	3	4	5
7	有时我会担忧购买自有品牌产品会受到别人的嘲笑	1	2	3	4	5
8	自有品牌产品过于简陋导致了我没有购买动机	1	2	3	4	5
9	有时我会担心购买该产品后反而会失望，从而浪费时间	1	2	3	4	5
10	有时我会担心购买该产品后因为投诉行为而浪费时间	1	2	3	4	5
11	个人会为了社会整体利益而牺牲自我利益	1	2	3	4	5
12	社会整体利益高于个人利益	1	2	3	4	5
13	集体成就大于个人成就	1	2	3	4	5
14	即使个人利益受损也要保证团队忠诚	1	2	3	4	5
15	当得到明确的程序和指令，就会很重视严格执行	1	2	3	4	5
16	因为指令/规定能表明行为期望，所以需要足够重视	1	2	3	4	5
17	标准化工作流程一般都很起作用	1	2	3	4	5
18	在办事的时候，一定要按照说明和指示一步一步来	1	2	3	4	5

续表

序号	测量问题	完全不同意	不太同意	一般同意	比较同意	完全同意
19	管理人员不应太频繁地询问下属的意见	1	2	3	4	5
20	管理人员应该避免与下属的社交行为	1	2	3	4	5
21	管理人员不应该把重要的工作委托给下属	1	2	3	4	5
22	下级不应该对上级的决策提出异议	1	2	3	4	5
23	我经常购买自有品牌的相关产品	1	2	3	4	5
24	该自有品牌产品对我的吸引力很大	1	2	3	4	5
25	与制造商品牌相比，我更青睐自有品牌产品	1	2	3	4	5

问卷到此结束，为避免造成废卷，请您再次检查一下是否有遗漏的题目。再次感谢您对我们研究的参与和帮助！

致 谢

感谢我的博士生导师夏春玉教授。夏老师引领我走进流通与营销理论的殿堂，拓宽了我的研究视野。对零售商自有品牌的研究，是我十多年前在夏老师的博士生课堂上产生的想法：既然自有品牌在国外能大行其道，那么在国内也应该占有一席之地，于是便想针对中国市场做个跟踪研究。夏老师支持了我的想法，帮我指出了具体的探索方向，并鼓励我申报相关课题。通过 10 余年的坚持和不断积累，这本书最终得以出版，希望能给老师交上一份答卷。

记得在研究刚开始的时候，国内的参考文献很少，国内零售商自有品牌的开发实践也是刚刚起步。通过对国外文献进行追踪和消化，历经 5 年多的沉淀积累，终于形成了初步的研究思路，并着手申报课题。研究之路是艰难而又曲折的，从选题方向、研究方法、实证模型以及量表开发，到企业访谈、问卷调查、数据处理和观点讨论等，几乎每一个环节都少不了老师、师兄弟妹、同事、同仁及朋友们的帮助与支持。

感谢我的师兄弟妹们，他们是汪旭晖教授、张闯教授、杨宜苗副教授、徐健副教授、李文静副教授、毕克贵副教授、李桂艳副教授、卫丽华讲师、李孟涛讲师、任博华讲师、杨旭讲师，他们既是我情同手足的同门，又是我朝夕相处的同事。当然，还有那些还在刻苦攻读博士学位的我的师弟师妹们，他们也是思想活跃分子。在每一次的流通与营销博士沙龙上，他们都提出很多真知灼见，给了我很多灵感和启发。

感谢东北财经大学工商管理学院的老领导与同仁们，他们是老院长刘庆元教授，对我进行研究方法论训练的老院长卢昌崇教授，给我不懈支持与鼓励的林忠教授、李怀斌教授，给我工作支持的原党总支雷晓敏书记，以及原团委修新路书记。

感谢东北财经大学工商管理学院院长高良谋教授、王玮书记、副院长郑文全教授、副院长汪旭晖教授、副院长李斌教授和何方副书记对我工作的支持。

感谢支持我研究合作访谈和调研的企业，他们是大商集团、沈阳副食集团、大连开发区商场，以及 100 多家接受我们调查的国内零售企业。这些零售企业用自己的实践，支持了中国市场自有品牌的发展。正是因为这些样本企业的支持，本专著的系列研究才得以完成。在此，感谢这些企业的深耕者和前行者，特别是沈阳副食集团的原董事长李君先生，大连开发区商场总经理许毅先生、副总经理邹永凯先生、业务经理孙敏先生，他们不但配合了前期研究的访谈，而且为后续的合作研究提供了大力支持。

感谢我的课题组团队成员，他们是东北财经大学图书馆的张莉老师、大连海事大学的郭柳晨博士，她们为课题的申报和设计提供了大量外文参考文献，同时参加了与企业的访谈和问卷处理，特别是郭柳晨博士利用在英国的留学机会，与我们一起完成了自有品牌的跨文化比较选题研究。

感谢参加问卷调研的亲爱的本科生和硕士生们，他们克服诸多困难，奔向全国各地完成问卷调研。尽管他们目前都已毕业且天各一方，但我内心深处仍十分怀念和大家在一起努力的时光。

感谢我指导的研究生们，他们是 2008 级的闫传强，2009 级的杨树林，2010 级的吴娜丹、吴惠惠、张恋恋，2011 级的田维根、梁文萍、高洁、吴莹，2012 级的褚宏勇、李扬、马越超，2013 级的赵星宇、李泽宇、张爽，2014 级的陈永国、孙佳宇、唐玮。他们用自己的努力，协助我完成了很多研究工作，同时也顺利完成或正在完成自己的学业。

和大家在一起的时光，是人生中美好的记忆。

最后感谢我的家人对我研究工作的支持。

李健生

2015.9